HETTY
헤티

헤티

월스트리트의 마녀

찰스 슬랙 지음 • 권혁정 옮김

나무이야기 namustory

강하고 부드러운 영혼을 지닌 내 누이들

제니퍼 슬랙-갠스와 엘리슨 슬랙을 위하여

차례

서문

1916년 헤티 그린이 죽었을 당시 그녀는 미국에서 가장 부유한 여성이었다. 그녀의 재산은 줄잡아서 대략 1억 달러, 그러니까 현재 가치로 대략 160억 달러가 넘었다. 그러나 단순히 그녀가 남긴 재산의 부피보다도 당시 압도적으로 남성이 많았던 월스트리트에서 대단한 업적을 쌓았다는 사실에 주목할 필요가 있다. 더구나 그 시절은 여성에게 선거 투표권조차 허락되지 않던 시대였다.

그녀는 19세기의 흉악무도한 히어로들인 앤드루 카네기, 제이 굴드, J. P. 모건, 존 D. 록펠러, 두 명의 밴더빌트 속에 낀 유일한 여성이었다. 그녀는 부동산과 철도회사, 토지 등을 사고팔았고 광산을 소유했으며, 교회와 공장, 건물 등의 담보물을 소유했다. 뉴욕을 포함한 대도시들이 재정적 어려움을 겪을 때 그들은 몸을 숙이고 그녀에게 도움을 청했다. 헤티 그린이 평생을 고수한 아주 단순하지만 따르기 어려운 재정적 철칙은 '내려가면 사고 올라가면 팔라' 이다. 그녀는 이런 신념을 지키며 1907년 대공황이 닥쳤을 때에도 절대로 당황하지 않았다.

월스트리트Wall Street는 1650년대에 이곳으로 이민 온 네덜란드인이 세운 성벽wall에서 유래한다. 당시 맨해튼 섬 북단 끝 식민지였던 이 성벽은 영국인을 안에 들이지 않을 목적으로 지어졌으나 그 뜻을 이루진 못했다. 하지만 월스트리트는 점점 세계금융의 중요한 중심지로 성장하면서 그 성벽wall은 모든 것이 허용되는 곳으로 변했지만, 여성에게는 뚫고 들어갈 수 없는 무서운 장벽이었다. 1870년, 빅토리아 우드헐이 월스트리트 최초로 여성이 소유한 증권회사를 설립했다. 우드헐의 친구 코닐리어스 밴더빌트가 자금을 댄 이 증권회사는 실질적인 사업보다는 대중의 호기심을 끄는 데 그쳤다. 우드헐은 신문 출판과 대통령 후보에까지 손을 뻗쳤고, 19세기에 일시적으로 유행한 '인간은 죽은 사람과도 소통할 수 있다'는 개념에 기초한 종교심령술에 심취했다. 월스트리트는 빅토리아 우드헐이 확고한 빅토리아적 감각을 펼쳐 보인 최종 장소였으나 그 관심사는 금방 시들어갔다. 역사학자 존 스틸 고든은 "월스트리트는 보편적으로 전쟁터만큼 여성들에게는 부적절한 곳이라는 생각이 든다"고 말했다.

〈뉴욕타임스〉는 1909년 12월, 여성 투자자들이 감정에 지배되고 있다는 기사를 실었다 "월스트리트가 확신하건대, 여성들은 멋진 승리자인 동시에 아주 참담한 패배자들이기도 하다. 이런 이유로 많은 브로커가 고객으로 여성 투자자들을 반기지 않는다. 툭하면 화를 내거나 질질 짜대는 여성과 더불어 돈과 비즈니스를 논하기는 어렵다. 월스트리트를 바라보는 여성 투자자들은 어느 순간 완전히 감정적이 되기에, 무한한 인내심을 지닌 브로커들만이 그녀들을 진정시킬 수 있다." 기사는 이 규칙에 예외로 헤티를 선별해, "재정에 남성다운 본능을 지녔다"고 격찬했다. "그녀는 많은 남성보다도 재정을 바라보는 폭이 더 넓고, 철도주식과 부동산의 가치를 보는 시야가 늘 정확하다. 그녀는 남자들이 하는 논리적인 방식으로 투자하여 대체로 이익을 본다."

이 책의 부제처럼 헤티에게는 어떤 부정할 수 없는 광기가 있었다. 당시 부유한 사람들의 씀씀이가 지나치게 사치스러워 '금박시대Gilded Age 남북전쟁 후의 대호황시대-옮긴이' 라는 이름이 생겨날 정도였는데도, 헤티 그린은 집세를 내는데도 벌벌 떨었다. 그녀보다 훨씬 적은 재산을 지닌 사람들도 5번가에 유럽왕실처럼 집을 짓고 살았다. 그들의 선조가 유럽왕실을 피해 대양을 건너온 사실을 생각하면 아이러니가 아닐 수 없다. 하지만 헤티는 대중교통을 타고 호보컨이나 뉴저지, 혹은 브루클린의 작고 낡은 아파트를 전전했다.

이와 같은 헤티의 광기가 사업상 중대한 업적을 달성하게 한 요인인 것도 부인할 수 없다. 당시 사회적 기대와 구속을 벗어 던지고 그녀는 스스로 삶을 결정하여 원하는 대로 자유롭게 살았다.

자선사업을 통하여 오점투성이인 평판을 바꾸어놓은 카네기와 모건, 밴더빌트와는 다르게 헤티 그린은 자신을 위한 어떤 기념관도 남기지 않았다. 그렇기에 그녀는 타인이 자신의 유산을 어떻게 쓸 것인지를 결정하도록 내버려두었고, 이런 과정은 그다지 순조롭지만은 않았다. 그 시절에 그녀를 바라보는 시선은 재정 감각에 대한 찬사와 극도의 검소함에 대한 경멸이 거의 비슷하게 섞여 있었다. 어떤 이유에선지 죽은 지 백 년도 안 되어서 그녀의 재정적인 무용담은 사라졌고, 그녀 또한 점점 사람들의 기억 밖으로 잊혀가며 그저 엄청나게 많은 돈을 가졌는데도 너무나 인색한 마음을 지닌 노파로 밖에 기억되지 않는다.

이런 관점은 아마도 『기네스북*Guinness Book of World Records*』에 오른 지나치게 간결한 내용 때문일 것이다. 『기네스북』에 헤티는 가장 큰 랍

스터와 가장 작은 영양, 핫도그를 가장 많이 먹은 챔피언과 더불어 '가장 인색한 수전노'로 올라 있다. "그녀는 너무나 인색하여 '무료 진료'를 찾아다니느라고 치료시기를 놓쳐서 아들의 다리를 절단해야 하는 상황을 초래했다. 그녀는 하도 인색하여 난방조차하지 않았기 때문에 차가운 오트밀로 연명해야만 했고, 탈지유의 효능에 대해 언쟁하다가 뇌졸중으로 사망했다."

전설이 늘 그렇듯이, 이 표현에도 신화나 과장성이 진실의 열매에 얼기설기 엮여 있다. 사실 그녀는 지나치게 돈에 인색했다. 그녀가 한 행동 가운데 일부는 충격적이다. 그녀는 자신이 산 방식에 대해서 죄책감도 느끼지 않았고, 한 번도 변명한 적이 없었다. 하지만 그녀의 삶을 단순히 인색하다고 분류하는 것으로만은 이해되지 않는 것이 있다. 특히 '수전노'라고만 표현하는 것은 적당하지 않다. 왜냐하면 '수전노'는 시들고 무디고 생기를 잃은, 거의 활력을 잃은 영혼을 함축하고 있기 때문이다. 하지만 헤티 그린은 그렇지 않았다. 그녀는 활력으로 넘쳐났고, 사람됨은 남보다 뛰어났으며 단지 부에서만이 아니라 본질에서도 개척자였고, 선구자였다. 그녀는 위트 넘쳤고, 젊은 시절에는 아름다웠으며 적대자가 아무리 강력한 힘을 갖고 있다 해도 절대로 물러서지 않았다. "나는 늘 누구하고라도 정당하게 거래를 하려고 애를 씁니다. 하지만 누군가가 나와 싸우려고 한다면 언제든지 그 싸움을 받아줄 겁니다."

그녀가 예전에 한 말이다.

● 참고

헤티 그린의 재산은 거대한 미국인의 재산 가운데 몇 위 정도일까? 이 질문에 대답하려고 많은 과학기술을 도입하여 부의 막연한 추정, 시간을 초월한 돈의 가치 변화, 다른 수많은 가변성을 고려해 보았다. 1996년 마이클 크레퍼와 로버트 건서가 펴낸『미국 부자 100명*The Wealthy 100*』에서 저자들은 국민총생산GNP 퍼센트와 그들의 개인 자산 가운데 순자산을 비교해서 순위를 정했다. 저자들에 따르면, 헤티는 개인 자산 1억 달러로, 1916년 그녀가 죽었을 당시 GNP의 498분의 1로 36위를 차지해서 유일하게 100위 안에 든 여성이 되었다. 마이크로소프트의 창시자 빌 게이츠는 5위였고, 3위는 억만장자 투자자 워런 버핏이었다. 존 D. 록펠러는 1937년에 1억 4천 달러를 소유해, GNP의 65분의 1을 나타내어, 미국 역사상 가장 부유한 사람으로 기록된다.

1장

새로운정착지, 뉴베드퍼드

1840년대 초까지만 해도 말이 끄는 썰매가 매사추세츠 뉴베드퍼드의 눈 덮인 거리를 내달렸다. 마을 사람들은 썰매가 지나갈 때 고개를 돌릴 수밖에 없었다. 그들은 모두 검고 힘센 말이 끄는 썰매와 말고삐를 잡은 사나이를 알아보았다. 에드워드 모트 로빈슨은 본래 뉴베드퍼드 사람은 아니었지만 이곳으로 와서 마을의 부유한 집안 처자와 결혼했다. 그의 얼굴은 흡사 매와 비슷하여 검고 험악해 보였다. 사람들은 그를 '검은 매 로빈슨Black Hawk Robinson'이라고 불렀다. 그는 강인한 비즈니스맨으로, 날카롭고 감성적이지 않으며 검소하고 냉정했다. 그는 썰매를 타고 급하게 지나가면서 만나는 마을 사람에게 인사 나눌 시간조차 할애하지 않았다.

그의 옆에는 두꺼운 버펄로 옷에 파묻힌 대략 아홉 살이나 열 살 정도로 보이는 한 소녀가 앉아 있었다. 세찬 바람이 아이의 뺨을 붉게 물들였다. 아이의 두 눈은 푸른색으로 생기가 넘쳐흘렀다. 어둠 탓에 온몸에 거만함이 풍기는 남자는 물론 말과 썰매조차도 제대로 볼 수 없었지만, 어린 여자아이는 그래도 행복했다. 아이는 신선한 겨울 공기와 아버지 옷에서 나는 담배 냄새를 들이마셨다. 사나이는 부자였지만 좋은 시가를 피우지 않았다. 그가 피우는 것은 고작 4센트짜리 싸구려였다. 한번은 알고 지내는 사람이 그에게 10센트짜리 시가를 권한 적이 있었다. 그는 이를 사절했다. 10센트짜리 시가 맛을 알게 된다면 4센트짜리는 그에게 더는 만족감을 주지 않을 것이기 때문이었다. 하지만 이 싸구려 시가 향이 어린 여자아이에게는 형언할 수 없는 기분을 안겨주었다. 헤티 하우랜드 로빈슨은 이렇게 아버지 옆에 앉아서 영원히 썰매를 타고 싶었다.

썰매가 부두 근처에 도착하자 겨울 공기의 향과 담배 냄새는 뭔가 다른 향과 더욱 자극적인 것에 제압되었다. 헤아릴 수 없을 만큼이나 많은 큰 통에서 조금씩 새어나오는 고래기름은 어큐쉬넷 강으로 흘러들어 부두, 근처 도로, 인도, 공장과 가게의 계단을 오염시켰다. 뜨거운 여름 햇살로 말미암아 부패한 기름이 악취를 내뿜으며 모든 것에 속속들이 배어들었다. 겨울철이 되면 이 냄새는 좀 약해지지만 절대로 사라지지는 않는다. 부두로 연결되는 뒷동네에 로즈 앨리Rose Alley라는 곳이 있는데, 일부 낙천주의자가 기름통을 나르는 마차들이 남기고 간 냄새를 제거하려고 장미 덤불을 심어서 생겨난 이름이다. 하지만 코를 찌르는 듯한 악취가 섬세한 콧구멍을 자극한다 해도 뉴베드퍼드 주민은 고래기름이 바로 돈이라는 것을 충분히 인식했다.

부둣가 주위 몇 블록 내에는 대장장이들이 고래잡이용 철재기구와 작살, 대갈못, 기름을 담을 큰 통 등을 만든다. 그들은 그 지역 목재를 사용하여 견고한 고래잡이용 배를 만들었다. 금속을 내리치는 망치의 절거덕 소리와 나무 자르는 톱을 켜는 칼날 소리가 바람을 타고 들려왔다. 상점에는 말린 사과, 대구, 옥수수, 담배, 페인트, 캔버스가 쌓여 있었고, 종종 3~4년씩 지속하는 항해에 필요한 술도 잔뜩 있었다. 배에서 가져온 기름과 고래수염을 등유, 시계기름, 양초, 헤어핀, 코르셋 등으로 전환하는 것은 한창 혈기 있고 왕성한 사업이었다. 이 마을의 언어는 상스럽고, 단도직입적이며, 시끄러웠다. 로빈슨은 항만 근로자들에게 속도를 내어 물건을 더 빨리 싣고 내리라고 크게 목청 돋으며 소리를 질러댔다. 헤티는 아버지를 따라 이곳에 오는 것이 좋았다. 이곳은 그녀가 마을에서 가장 좋아하는 곳이다.

아이작하우랜드주니어앤컴퍼니Isaac Howland Jr. and Company의 본부는 부둣가 옆 유니언스트리트 맨 아래 3층짜리 건물이다. 이것은 돌과 벽돌로 쌓은 견고하고 단순한 건축물로, 1층은 이 회사의 선박에 공급할 준비용품을 넣어두는 창고로 쓰였고, 3층에서는 장인들이 돛과 삭구를 만들었다. 그리고 2층에는 이 회사의 심장부인 회계과가 있다. 이곳에서 로빈슨과 몇 명의 매니저와 직원들은 이익과 손실, 지출, 보험금, 임금 등을 관리했고, 변화무쌍한 기름 1배럴당 가격정보를 관리했다. 멀고 먼 바다에서 일어나는 격정과 폭력, 로맨스, 교훈, 모험 등은 고래잡이의 본질이 돈이라는 순순한 목적 앞에서는 색이 바랬다.

아마도 검은 매 로빈슨의 유일한 단점은 나쁜 시력이었을 것이다. 어릴 때부터 헤티는 아버지와 파트너였던 외할아버지 기드온 하우랜드 앞에서 경제신문을 읽었다. 그녀는 해운업 통계자료, 관세 뉴스, 통화논쟁, 유가증권과 투자에 대한 최근 소식, 뉴욕에서 벌어지는 무역 뉴스 등을 읽어주었다. 그녀는 이 모든 것을 흡수했다. 열다섯 살 즈음 헤티는 웬만한 재정전문가보다 더 많은 지식을 소유했다고 한다. 이따금 그녀는 자신이 사내아이가 아닌 여자아이로 태어난 원죄에 대해, 어린 남동생이 죽었을 때 민망하게도 자신은 건강하고 튼튼했던 죄에 대해, 용서한다는 아버지의 표정을 읽을 수 있었다. 아주 희미한 신호였지만, 그녀는 이것을 알아차렸다. 훗날 헤티는 어린 시절을 회고하면서 이렇게 말했다. "아버지는 내게 그 누구에게든, 그 무엇이든 절대로 빚지고 살면 안 된다고 가르쳤어요. 심지어 친절조차도요."

헤티가 어렸을 당시인 1830년대와 1840년대에 미국에서는 처음으로 어마어마한 오일이 텍사스에서 단단한 땅을 파내어 만들어낸 것이 아니라, 고래를 찾아 바다를 배회하는 뉴잉글랜드 선원들에 의해서 개발되는 행운을 누렸다. 난터켓 섬의 전통적인 포경산업은 커다란 최신식 배들이 이 섬의 얕은 항구의 한계선을 벗어나는 시기인 1800년대 초에 쇠퇴하였다. 이 산업은 서쪽과 뉴베드퍼드로 이동하였다. 1839년쯤 498개의 미국 고래잡이 어선 중 212척이 뉴베드퍼드나 인접한 패어해븐 소속이었다.

이 산업의 주요한 목적은 향유고래이다. 이 고래는 최고의 기름을 가지고 있기에 생물학적으로는 불운을 타고났다고 해도 과언은 아니다. 향유고래에서 채취한 기름은 다른 고래의 것보다 훨씬 우수할 뿐 아니라 헌터들이 입을 모아 칭찬하는 또 다른 특징이 있다. 향유고래의 거대한 머리 정상에는 퍼올리기만 하면 되는 순수하고 좋은 기름이 500갤런이나 들어 있다. 이 기름은 선원들에게 일종의 흥분제 역할을 한다. 그들은 향유고래의 거대한 머리 위로 기어올라가서 머리를 쪼개어 소중한 액체가 흘러나오지 않도록 조심스럽게 열어서, 밑이 둥근 양동이를 장대 끝에 부착하여 퍼낸다. 공기에 노출되면 기름이 남자의 정액 분비물 농도만큼 걸쭉해진다. 그래서 sperm(정자)이란 단어를 써서

sperm whale(향유고래)이라고 부른다. 머리의 기름통이 텅 비게 되면 선원들이 미끄러지듯이 안으로 들어가서 마지막 남은 귀중한 한 방울도 싹싹 긁어모은다.

오랜 항해의 끝자락에 고향으로 향하는 선박은 운이 좋으면 4천 배럴(10만 달러 이상의 가치가 있음)이 넘는 기름으로 불룩하게 채워지게 된다. 이 기름은 전국의 기계와 밤을 밝혀줄 용도로 사용된다. 미국은 도살된 고래의 부산물로 나라를 운영했다고 해도 과언이 아니었다. 고래의 기름은 시계와 총에도 쓰인다. 부유한 젊은 여성들은 고래수염으로 만든 코르셋을 입고, 고래 창자에서 꺼낸 물질인 용연향을 넣은 향수를 뿌린다.

보스턴에서 대략 서쪽으로 64킬로미터쯤 떨어진 어큐쉬넷 강의 서쪽 강기슭에 있는 뉴베드퍼드는 세련됨과 동시에 조잡함이 합친 기이한 도시였다. 기름으로 번 돈으로는 고래잡이 가족들 개개인이 부유한 삶을 누리지는 못했다. 이 수입은 재산세, 부동산세, 인두세 등을 통하여 이 도시의 금고를 채웠고, 또한 유권자 1인당 1달러 50센트씩을 징수하였다. 이 세금은 뉴베드퍼드가 시민의식이 높다는 본보기로 만드는데 충분했다. 당시 분주한 뉴욕거리를 걸으려면 진흙과 오물에 발목을 담가야 했는데, 뉴베드퍼드의 주요 도로는 깔끔하게 포장되었고, 인도도 확보되었다.

뉴베드퍼드의 중심부는 넓고 깔끔했고, 도로에는 가로수가 줄지어 늘어섰다. 1840년, 뉴베드퍼드는 고속도로와 가로등, 다른 편의시설 등에 6만 6천 달러 이상을 지출했다. 이 마을 인구는 1830년에서 1840년 사이 4배나 증가해서, 3천 명에서 1만 2천명으로 늘어났다. 이 도시는 5천 권이 넘는 책이 소장된 도서관, 겨울철에도 사용 가능한 임대

강당, 의료협회 두 곳, 문예 진흥관 등을 자랑으로 삼았다. 뉴베드퍼드에서는 흑인과 백인 거주민들의 지지를 받아 노예제 폐지운동이 활발히 벌어졌고, 지하 철도조직을 거쳐서 남부를 탈출한 프레더릭 더글러스를 포함해 수많은 노예의 종착역이기도 했다. 퀘이커교도들이 자식들을 배에 태워 사립 퀘이커 학교에 보내는 일도 있지만, 3천 명에 달하는 이 도시의 취학연령 아이 중 대다수는 공립학교에 다녔다. 찰스스트리트스쿨의 남학생 교장 벤저민 에번스는 1년에 600달러를 벌었고, 여자 교장인 줄리아 H. 해스켈은 300달러를 받았다.

"초창기에 뉴베드퍼드는 두 군데로 갈라졌어요. 하나는 언덕 꼭대기에 멋지고 품위 있는 지역으로, 이곳에는 화려한 정원을 갖춘 귀족 저택들이 많았는데, 대부분 고래잡이 상인과 선장들의 집이 있었어요. 또 다른 하나는 누추한 구역으로, 이곳에는 항해사와 그들을 등쳐먹는 사람들, 술집 등이 즐비했지요. 이곳에서는 정신착란과 죽음이 만연했고, 탐욕스런 여성들이 운영하는 하숙집과 댄스홀, 매춘과 폭력이 성행했어요." 뉴베드퍼드 역사학자 스바냐 피즈가 쓴 글이다. 집으로 돌아온 항해사들은 몇 년간 억압된 욕정을 발산하려고 홍등가의 매음굴과 술집에서 목마름을 해결했다.

1841년 1월, 허만 멜빌은 항해를 시작하기 전에 뉴베드퍼드에 잠시 머물렀다. 이 항해는 그의 걸작 『모비딕』의 소재를 찾고자 한 여행이었다. 이 책에서 그는 뉴베드퍼드의 모순점에 대해 "기묘한 곳이다"라고 표현했다. "미국 전역에서 공원과 정원을 갖춘 부유한 귀족 저택이 뉴베드퍼드보다 더 많은 곳은 아무 데도 없다." 그런데 이곳은 부산스러운 부둣가에서 불과 몇 블록밖에 떨어져 있지 않다. "실제 식인종들이 거리 모퉁이에 서서 담소를 나누고 있다. 야만적이고 노골적이다." 식인종 외에도 멜빌은 선원들과 항만 근로자들에게 더 속도를 내라고 버럭 소리 지르는 에드워드 로빈슨을 보았을 가능성도 있다. 그는 또 로빈슨의 뒤꿈치를 졸졸 따라다니는 이제 갓 여섯 번째 생일이 지난 헤티를 보았을지도 모를 일이다.

헤티 하우랜드 로빈슨은 스스로 메이플라워 후손이라고 칭하는 가계도의 한 혈족이다. 그녀의 직접적인 조상 헨리 하우랜드는 영국 에식스 카운티에서 태어나서, 형제 아서와 함께 1621년에 「포춘」이라는 배를 탔던지, 아니면 1623년에 「앤」이라는 배를 탔던지 둘 중 하나를 타고 아메리카 대륙에 도착했다. 그들의 형제 존은 메이플라워호를 타고 그들이 도착하기 직전에 먼저 도착했다. 형제들은 플리머스에 정착하여 땅을 일구면서 25년이 넘게 농부로 번창했다.

1648년, 기독교의 새로운 종파인 퀘이커교가 영국에서 시작되어 신세계에 신속하게 퍼져 나갔다. 이 종교는 처음에는 모욕감을 안겨주었다. 이 교를 창시한 조지 팍스의 지지자들은 하느님이란 단어만 들어도 벌벌 떨었기 때문이었다. 그들은 다른 남자를 만났을 때 모자를 벗는 행위를 거부했다. 하느님에 대한 존경의 표시로만 이런 행위가 가능하다고 주장했으며, 눈에 띄게 단순한 의상만 입었다. 이러한 습관으로 퀘이커교도들은 이국적이고 이상하게 보였다. 하지만 그들의 마음속에는 다소 명확하게 '하느님은 각자 개인의 마음속에 계신다'는 개념이 자리 잡고 있었다. 그들은 신부와 주교, 목사의 지배구조에 대해 폭로하면서 좀더 밀접한 영적 교감을 추구했다. 그들은 하느님과 자신의 경험을 나누면서 각자 개개인을 '프렌즈friends'로 만났다. 일부 사람이 이를 오인해서, 퀘이커는 모든 개개인이 하느님이라고 주장하며 성서를 제멋대로 무시한다고 중상모략했다. 사실, 퀘이커교도들은 성서에 무척 충실했고, 개인적 믿음이 너무 멀리 빗나간 사람들은 축출되었다.

하우랜드가는 엄청난 위험을 무릅쓰고 개종한 것으로 보아, 이 특이한 새로운 종교에 마음을 단단히 빼앗긴 것이 분명했다. 퀘이커교도들은 대서양 양쪽 연안에서 박해받았으나, 특히 뉴잉글랜드의 청교도 탄압이 가장 극심했다. 아이러니하게도 자신들도 다른 종교에 박해받은 역사를 지니고 있는데도, 청교도의 편협성은 지금까지도 유명하다. 그들은 침례교, 감독교회 신도, 마녀로 의심받은 사람, 자기들의 기준으로 신앙이 빗나간 사람 혹은 빗나간 것처럼 보이는 사람 등을 괴롭혔다. 특히 그들은 퀘이커교도들에게 특별한 혐오감을 품었다. 첫 퀘이커들이 매사추세츠 베이콜로니에 도착하자 앤 오스틴과 메리 피셔가 체포되어 갇혔고, 그들의 트렁크는 수색당했으며 책은 압수되어 공공장소에서 불태워졌다. 다른 퀘이커교도들은 채찍질 당해 투옥되거나, 심지어 교수형에 처해지거나 짐수레 뒤에 묶여서 이 마을 저 마을로 끌려다니며 대중의 비웃음거리가 되었다.

플리머스에서 저명한 가문인 하우랜드가는 공적인 위치를 저버리고 '프렌즈 모임'을 주최했고 국방세 징수를 거부했다. 압박이 점점 거세지자 그들은 남쪽으로 밀려났다. 1652년 헤티의 직계조상 헨리 하우랜드는 뉴베드퍼드의 전신인 다트머스의 최초 정착민이 되었다.

청교도들에게 쫓겨난 환경을 한층 긍정적으로 받아들인 뉴베드퍼드의 퀘이커교도들은 처음에는 농업에서 탁월함을 보여주더니, 어업으로 이어져 결국에는 고래사업에 뛰어들었다. 그들은 재산이 늘어남에 따라 자신들이 일군 기묘한 모순 속에서 살았다. 그들은 절약했고, 열심히 일했고, 소박한 집과 가구를 소유했고, 수수한 옷을 입었고, 행동 또한 겸손했다. 그들은 부유함이 죄라고 생각하며, 경건한 마음으로 고래를 대하였다.

헤티는 독실한 종교생활을 하지는 않았지만 퀘이커 삶의 전통이 스며들어 있었다. 항간에는 그녀가 단독으로 퀘이커를 받아들여 극단적이 되었다는 소문이 있는데, 그건 너무 지나치게 단순화시키는 말이다. 이런 극도로 청빈한 성격은 헤티가 유명해지자 대중을 당황시키기도 하고 매혹하기도 했다. 그녀의 강인함, 신앙심, 재산의 축적, 돈을 함부로 쓰는 사람들을 향한 비난, 어마어마한 재산을 모으는 동안 보여준 청빈함과 겸손, 이런 모든 요소가 칙칙함과 동시에 화려했던 뉴베드퍼드 퀘이커교도들의 작은 세상으로 더듬어 거슬러 올라갈 수 있게 해준다.

헤티의 아버지 에드워드 로빈슨은 로드아일랜드에 유구한 뿌리를 간직한 유명한 옛 퀘이커교도 가문의 한 사람으로 1800년에 필라델피아에서 태어났다. 헤티가 늘 얘기하기를 좋아했던 그의 조상 중에는 전 부지사 겸 지주인 윌리엄 로빈슨이 포함되어 있다. 에드워드 로빈슨은 형제 윌리엄과 함께 로드아일랜드에서 면과 울 제조업을 시작하였지만, 곧 좀더 이문이 좋은 오일 무역으로 확장하더니, 1833년, 뉴베드퍼드로 자리를 옮겼다. 천성 자체가 야망이 크고 적극적인 로빈슨은 자신이 할 수 있는 것은 어떤 방식으로든 헤쳐나갈 작정이었다. 그는 자연스럽게 아주 강렬한 포경회사 아이작하우랜드주니어앤컴퍼니에 이끌렸다.

여러 세대를 거쳐 하우랜드가는 바다에서 생계를 유지했다. 아이작

하우랜드 주니어는 1755년에 태어나 포경사업의 토대를 구축하여 헤티가 자신의 경제제국을 일으킬 기반을 마련했다. 아이작은 사업을 소박하게 시작하여 검소하게 꾸려나가다가 기회를 얻었다. 그는 서인도제도에 갔다 돌아오는 선원들이 종종 실크스타킹을 사 신고 오는 모습에 주목했다. 아이작은 선원들이 신은 스타킹을 사들인 다음, 조심스럽게 세탁하여 그것을 마을의 부유한 신사들에게 팔아 이익을 남겼다.

몸무게가 45킬로그램 정도밖에 되지 않는 왜소한 체구에도, 보기 드문 에너지와 추진력을 갖춘 아이작은 18세기 후반 선박회사 아이작하우랜드주니어앤컴퍼니를 시작했다. 그는 또 가게를 열어 지역 상품뿐만이 아니라 유럽과 서인도제도에서 수입한 상품을 팔았다. 하지만 포경무역이 난터켓에서 뉴베드퍼드로 바뀌는 과정에서 아이작은 이 사업의 잠재 가능성을 보고 1815년경 포경선박에 투자하기 시작했다. 선박을 30여 채 이상을 보유한 아이작하우랜드주니어앤컴퍼니(이하 아이작하우랜드포경사)는 뉴베드퍼드에서 상당히 성공한 포경무역 회사로 성장했다.

19세기 초반 내내 확대된 바다 항해에서 파생된 영양실조, 폭풍, 항해 실수, 난폭한 원주민들과 같은 위험 외에도 향유고래를 쫓는 사냥꾼들은 또 다른 위험에 직면했다. 향유고래는 공격적으로 자신을 방어하는 고래로, 육중한 머리로 포경선이나 보급선을 들이받아 공격하는 고래로 알려졌다. 매우 드문 일이지만, 이럴 경우 선원들은 전설 속으로 사라지고 만다. 1820년, 난터켓 포경선 「에식스」는 몹시 성난 고래에게 심하게 부딪쳤고, 겨우 살아남은 선원들은 굶어 죽지 않으려고 죽은 동료의 시신을 먹어야 하는 상황이 벌어졌다. 이 사건은 모든 선원들의 잠재의식 속에 남아 있었다. 육체적 재정적으로 위험이 가득 찬 이 사업에서 아이작하우랜드포경사는 배를 보호하려고 색다른 바닷길로 항해했다. 이 배에는 뉴베드퍼드 상점에서 생산된 가장 좋은 삭구와 물품들이 갖추어져 있었다. 항해 중 다른 포경회사들이 배와 선원을 잃는 사건이 발생해도 아이작하우랜드포경사는 대부분 성공적인 항해를 했고 환상적인 포획량을 기록했다.

아이작의 육지사업 또한 엄청난 성공을 거두었다. 그는 이 도시의 첫 은행 뉴베드퍼드커머셜뱅크New Bedford Commercial Bank와 베드퍼드커머셜인슈런스컴퍼니Bedford Commercial Insurance Company를 창설했고, 1805년 이 도시에 물을 공급하려고 시작한 수도협회First Aqueduct Association의 설립자이기도 하다. 개인적으로 아이작은 이 도시의 유력한 금융업자가 되었고, 그의 증손녀 헤티가 미래에 엄청난 재산을 모으는 데 사용될 토대를 마련했다.

질서정연하게 조직된 퀘이커 집단에서 아이작 하우랜드의 딸 메히터블은 사촌 기드온 하우랜드 주니어와 1798년 결혼해서 1806년 딸 실비아를 낳았고, 둘째 딸 아비를 낳은 직후인 1809년 사망했다. 에드워드 로빈슨이 이 마을에 도착할 시기인 1830년대 초쯤에 아이작은 사위 기드온에게 아이작하우랜드포경사 경영 대부분을 넘겨준 상태였다. 실비아와 아비는 결혼할 나이가 되었고, 엄마가 죽은 후 두 자매는 아이작 하우랜드 재산의 유일한 상속자였다. 당시 아이작의 재산은 27만 달러가 넘었다. 요즘 기준으로 환산하면, 거의 6백만 달러 이상의 가치가 나갔다. 실비아는 수많은 건강상의 문제로 늘 병약했다. 야망에 찬 젊은이 에드워드 로빈슨은 둘째 딸 아비와 결혼해, 뉴베드퍼드에서 가장 부유한 가문에 들어섰다

로빈슨은 자신의 근면함과 사업적 본능만으로도 사업에서 확실히 성

공하고 남음이 있었지만, 다른 기회를 택했다. 그는 즉시 아비에게 구애했다. 당시 그가 사장의 딸과 결혼하기로 태도를 굳혔을 때는 뉴베드퍼드에 온 지 1년도 채 안 되었을 시기였다. 고집 센 로빈슨과 연약하고 수줍음 많은 아비는 워낙 극단적으로 정반대 성격이라, 이들보다 더 완벽하게 극과 극인 연인을 찾아보기란 어려운 일이었다. 언니 실비아보다는 좀더 건강한 아비는 상상할 수 없을 정도로 내성적인 성격이었다. 헤티는 평생 어머니에 대한 말은 언급한 적이 거의 없다. 하우랜드 가문의 공인된 족보학자 윌리엄 에머리가 몇 가지 정보를 주었다. "로빈슨 여사는 매우 유쾌하고 친절한 분이셨습니다." 아비는 냉소적인 본성을 타고나지는 않았고, 에드워드 로빈슨은 아비의 이런 성격에 가장 큰 매력을 느낀 듯하다.

1833년 12월 29일, 에드워드와 아비는 결혼했다. 재정적 관점에서 로빈슨의 타이밍은 그 이상 좋을 수 없었다. 결혼한 지 겨우 2주 후에 회사의 설립자인 아이작 하우랜드는 심각한 발작을 일으키더니 세상을 떠났다. 실비아와 아비가 아이작의 직계 상속녀이기 때문에 로빈슨은 즉시 아이작하우랜드포경사의 주요 인사가 되었다. 아이작은 총 27만 달러 정도를 재산으로 남겼다. 에드워드는 아내의 재산 관리자로서 9만 달러(현재가치로 약 200만 달러) 정도를 챙겼다. 회사의 파트너인 토머스 먼델은 4만 달러를 인수해, 아비 이름으로 신탁해 두었다. 나머지 대략 13만 달러 정도가 아비의 언니인 실비아 몫으로 돌아갔다.

1834년 여름, 아비와 에드워드는 7번가와 월넛스트리트의 모퉁이에 큰 집을 임대해 이사했다. 이 집은 슬픈 사연을 간직하고 있었다. 집주인이었던 모제스 깁스 선장은 포경선 두 대의 공동 소유자였고, 매케닉스인슈런스컴퍼니Mechanics Insurance Company의 서기관으로 비즈니스를 아주 잘 해나가고 있었다. 그는 신부 메리를 위해 이 집을 지었다. 그런데 1834년 봄, 갑자기 두 달 사이에 집 안에 병마가 덮치더니, 처음에는 모제스를 다음에는 메리를, 그리고 두 살배기 아들까지 저세상으로 데리고 갔다. 유일하게 살아남은 딸은 할머니 할아버지에게로 가서 함께 살았다. 6월 25일, 경매인이 이 가족의 재산을 처분했다. 지금 이 집은 임대로 내놓았고, 얼마 후에 에드워드와 아비가 이사 왔다.

뉴베드퍼드는 계속 번영했다고는 해도, 헤티가 태어난 해인 1834년은 전국이 어려운 시절이었다. 다른 곳과 마찬가지로 뉴베드퍼드에서도 잠시 화폐유통이 잘되지 않아 상당히 많은 사업체가 도산 위기에 빠졌다. 뉴베드퍼드는 국회에 통화 공급을 자유롭게 해달라는 탄원서를 제출했다. 탄원서에는 "너무 극심한 단속으로 거래와 신용이 무너져 내려 사업이 도산되고 있다"는 말이 적혀 있었다. 8월과 9월에 콜레라가 뉴베드퍼드를 휩쓸어서 수십 명의 목숨을 앗아갔고, 이것은 더욱더 많은 심각한 병을 유발했다(깁스 가족은 콜레라 초기 발발로 목숨을 잃었을 것이다). 아주 치명적인 박테리아성 질병은 아시아가 본원지로 뉴베드퍼드 같은 항구 도시는 외국에서 들어오는 배를 통해 새로운 병균이 함께 묻어 들어올 가능성이 크다. 아직 박테리아에 대한 지식이 전혀 없던 의사들은 무더운 날에 찬물을 너무 많이 마셔서 생긴 콜레라의 일종이라고 생각했다. 그들은 상처에 겨자 습포제를 잔뜩 발랐고, 아편을 처방했고, 물 마시는 것을 제한했다. 이러한 치료는 고통을 더욱 가중시켰고 죽음을 재촉했다. 콜레라로 말미암은 설사, 구토에서 오는 가장 심각한 위험은 탈수이기 때문이다.

11월 18일 화요일 쌀쌀한 아침 5시 30분, 웰스트리트의 신발 판매업자 창고에서 아주 끔찍한 화재가 발생했다. 비가 살짝 내리긴 했지만 불길을 잡기에는 터무니없었다. 동쪽에서 불어오는 산들바람 탓에 활활 타오르는 불길은 순식간에 주위 건물로 옮아붙었다. 옆 상점의 갈렙 댁스터 선장은 보험에 들지 않은 자신의 상점이 화염에 휩싸이는 광경을 망연자실하게 지켜보았다. 윌리엄 블랙머 선장은 집과 헛간, 창고 등을 잃었지만, 보험을 들어놓는 선견지명이 있었기에 이웃보다는 좀 나은 형편이었다. 불길은 1번가로 탐욕스럽게 옮겨가서 집 여러 채를 삼켜버렸다.

불을 끄려는 왁자지껄한 소리에 잠에서 깬 마을 사람들과 울부짖는 목소리 사이에 분명히 에드워드 로빈슨도 있었을 것이다. 그가 이사 온 새집은 불이 난 곳에서 불과 몇 블록 떨어져 있지 않았다. 다른 사람들과 마찬가지로 로빈슨도 부랴부랴 화재가 난 곳으로 달려와 팔을 걷어붙이고 소방대를 도왔다. 8시30분쯤 불길이 잡히기 시작했다. 로빈슨은 아이작하우랜드포경사 소유의 건물과 재산에 아무런 손해를 보지 않았다는 소식을 듣고 만족스러워했다. 숯검정이 되어 기진맥진한 뉴베드퍼드 주민들은 비틀거리며 집으로 향했다. 그들은 집에 가서 아침을 먹거나 잠시 쉬었다가 하루 일과를 시작할 요량이었다. 로빈슨도 7번가에 있는 집으로 돌아와 신부 아비의 신경을 어루만져주었다. 선천적으로 허약한 아비는 임신 9개월 만삭의 몸으로 침대에 누워 있었다. 그녀는 에드워드 모트 로빈슨에게 재산만큼 귀중한 것을 선사할 준비를 하고 있었다. 바로 로빈슨이라는 이름을 이어줄 후사, 아들 말이다.

이로부터 2~3일 후인 1834년 11월 21일, 아비는 건강한 여자아이 헤티 하우랜드 로빈슨을 낳았다. 로빈슨은 크게 실망하여, 딸과 아내는 거들떠보지도 않고, 사업에만 에너지를 쏟아부었다. 다음해 여름, 그는 점점 올라가는 자신의 지위에 걸맞은 집으로 이사했다. 뉴베드퍼드 북쪽 끝의 플레전트와 캠프벨 스트리트 코너에 자리 잡은 그리스 부흥19세기 초반 유럽과 미국에 널리 퍼진 건축양식. BC 5세기 그리스 신전 건축양식에 바탕을 둠-옮긴이식 저택이었다. 그가 1년에 920달러를 주고 빌린 이 저택은 커다란 사각 구조로, 벽난로가 여섯 개, 넓다란 현관을 거쳐 들어가는 거실이 세 개나 있었다. 건물은 외관이 아주 크고 규격화되어 있어서 이후에 뉴베드퍼드의 첫 병원인 성요셉 병원으로, 그 이후엔 수도원으로 바뀌었다.

헤티는 아주 잠시 이 집에서 살았다. 그녀는 예쁜 얼굴에 파란 눈을 가진 밝은 아이였고, 엄마와 비교하면 상당히 건강하였다. 헤티가 두 번째 생일을 맞이하기 전에 아비가 다시 임신을 하자 헤티는 외할아버지 기드온에게로 보내어졌다. 기드온은 실비아뿐만이 아니라 죽은 아이작 하우랜드의 두 번째 아내 루스 하우랜드까지 보살피고 있었다. 가끔 헤티가 부모에게로 돌아오긴 했지만, 그녀는 어린 시절을 대부분 외할아버지 집에서 보냈다. 나이 든 루스와 병약한 실비아가 정성을 다해 헤티를 돌보아주었기에 아비는 분만에 온 힘을 기울일 수 있었다. 1836년 5월 20일, 아비는 아들을 낳았고, 아이작 하우랜드 로빈슨이라는 이름을 지어주었다. 이제 로빈슨이 그토록 열망하던 후계자를 얻게 된 셈이다. 유일한 남자 후계자인 어린 아이작이 살아남는 행운만 누렸다면 그는 미래에 전혀 경쟁자 없는 후계자가 되었을 것이다. 로빈슨은 아이가 장성하면 그에게 검소함과 강인함, 빚을 지지 않는 방법, 종업원을 온종일 부리는 방법, 감상을 극복하여 금전을 얻는 방법, 성공하는 방법, 아무도 믿지 않는 방법 등을 가르칠 예정이었다. 하지만 이 아이는 헤티가 지닌만큼의 건강과 활력이 부족했기에 채 자라지도 못하고 세상에서 사라졌다.

아기 아이작의 존재가 너무도 짧고 빈약했기에 아기의 죽음은 가족에게 엄청난 충격을 안겨주었다. 육체적으로 감정적으로 허약해진 아비는 이제 더는 아이를 가질 수 없었다. 아이작의 죽음은 사실상 아비와 에드워드 사이의 애정을 끊는 결과를 낳았다. 에드워드에게 있어서 아이의 죽음은 이 세상은 강한 자만이 살아남을 수 있는 험난한 곳이라는 신념을 더욱 강화시켰고, 그는 더욱 강한 사람이 되었다. 하지만 헤티는 아직 너무 어려서 남동생의 죽음을 슬퍼하지조차 못했다. 아이작이 살아남았다면 그녀가 앞으로 수십 년간 신문의 머리기사를 장식하며 거물로 성장할 수 있었을 것이라고 상상하기는 어렵다. 그녀는 아기의 죽음으로 재산을 단독으로 상속받을 수 있는 위치에 서게 되었다. 이 재산은 그녀의 부를 더욱 증가시켰을 뿐만 아니라 평생 그녀를 쫓아다닌 고립감도 강화시켰다. 그녀는 아버지의 눈에서 실망감과 비통함을 보면서 자라났다.

헤티는 아이작이 죽은 후 즉시 이 불행한 가정으로 돌아오지 않고, 그대로 외할아버지 집에서 보냈다. 아비는 헤티의 삶에 완전히 모자란 것은 아니었지만, 그녀의 삶 중심에 자리 잡지는 못했다. 의심할 여지 없이 헤티의 어린 시절 중 가장 행복한 때는 뉴베드퍼드에서 보낸 시절이 아니라 매사추세츠 주 사우스 다트머스의 해안가에서 대략 11킬로미터 정도 떨어진 곳의 집안 대대로 내려오는 가족농장 라운드힐에서였다. 라운드힐 중앙에는 18세기 초에 지은 커다란 농가저택이 있다. 이 집은 높은 지대에 자리 잡고 있어서 버자드 만과 엘리자베스 제도의 멋진 전경을 한눈에 볼 수 있다. 이 농가저택은 여러 방면에서 하우랜드 일문의 중심이라 할 수 있다. 이곳에서 수많은 퀘이커 모임이 열리기도 했다.

‖ 라운드힐의 농가저택

헤티가 어렸을 적, 번창한 하우랜드 가문은 해마다 라운드힐에서 친목회를 열었다. 이 공식적인 행사에는 친척들이 한 백여 명 정도 참석했다. 그들은 오후에 농가저택 근처에 커다란 천막을 쳐놓고 그 아래에 모였다. 성서를 읽은 후 이 모임은 거대한 잔치를 즐겼다. 그런 후 식사 값으로 보통 60달러 정도를 걷는다. 헤티는 이 모임에 실비아나 아비와 함께 참석했을 가능성이 크다. 그녀는 라운드힐의 확 트인 장소를 마음에 들어 했고, 바다까지 걸어 내려가거나 말을 타는 것을 좋아했다. 그녀는 마차를 모는 법도 배웠다. 헤티는 자신이 말에 대해 아는 지식을 평생 자랑으로 여겼다.

그녀는 강하고 일관된 어머니의 모습을 보지 못했고, 아버지는 거의 관심을 주지 않았기에, 고집 세고 제멋대로인 어린이로 자라났다. 헤티가 여섯 살이나 일곱 살이었을 때 하인이 그녀를 데리고 유니언스트리트 건물 위층에 있는 치과에 데려갔다. 우연히도 윌리엄 크레이포가 동시에 그곳을 방문했다. 훗날 크레이포는 성인이 되어 변호사, 기업가, 은행가, 3선 미국 하원의원 등이 되어 뉴베드퍼드를 이끈 인물이다. 헤티의 아버지, 실비아 이모, 헤티의 변호사를 두루 거치면서 크레이포는 헤티의 개인적이고 법적인 사건들에 엮이었다. 헤티보다 네 살 연상인 크레이포는 다른 사람들보다 그녀에 대한 이해심의 폭이 넓었다. 하지만 어떤 상황에서는 다른 사람들은 감히 엄두도 못 낼 직접적이고 불손한 말을 했다. 그리고 헤티는 그런 그를 좋아하고 존경했다. 나중에 헤티가 크레이포를 무수한 소송에 연류되게 했을 때조차도 그들은 서로 애정을 잃지 않았고, 서로 짓궂게 놀려대는 성향 또한 그대로 간직했다.

크레이포는 치과 대기실에 앉았을 때까지도 아직 헤티를 만나지 못한 상태였다. 하지만 그는 그곳에서 본 헤티의 모습이 평생 뇌리에서 떠나지 않았다. 의사가 그녀가 앉은 의자로 다가가자 헤티는 두 팔과 다리를 도리깨질하며 비명을 지르고 고함을 쳐댔다. 치과의사가 다른 방식으로 접근하려고 하자 이번에는 그를 후려쳤다. 결국, 하인이 주머니에서 50센트 은화를 꺼내 보이며 어머니가 준 선물이라고 말하자, 그제야 그녀는 얌전해졌고, 의사가 치료하도록 허락해줬다. 그녀는 비명을 멈추고 하인 손의 은화를 뚫어져라 바라보았다. 그 순간 그녀는 어쩔 수 없이 치과의사가 치료하도록 내버려두었다. 치료가 끝나자 헤티는 하인의 손에서 50센트짜리 은화를 낚아채어, 여전히 울적한 채 문밖으로 나갔다.

얼마 후 크레이포는 헤티를 만나 서로 알게 되었다. 하지만 이 장면은 평생 그의 머리에 각인되어 있었다. 헤티를 설명하는 두 가지 중 하나는 고집 센 사나운 성미와 돈을 좋아하는 것이다. 아이들 대부분의 천성이 사탕이나 장난감을 보면 즉시 잡아채는 경향이 있다면 헤티에게는 이런 성급함이 없다. 심지어 아주 어렸을 때에도 그런 면은 없었다. 치과에서 번 은화는 그녀의 방에 있는 보관용 상자에 들어 있다. 그녀는 용돈으로 일주일에 1달러 50센트를 받는다. 하지만 주머니에 돈을 넣어 다니는 다른 아이들과는 다르게, 그녀는 돈을 소비하려고 하지 않았다. 여덟 살 때 그녀는 은행으로 당당히 걸어 들어가서 손에 있는 돈을 저금하고 첫 계좌를 열었다.

헤티는 학교를 두 번이나 다녔다. 처음에는 열한 살 때 엘리자 윙이라는 여자가 운영하는 케이프코드의 퀘이커학교에 다녔다. 이곳은 금욕적이고, 잘못을 허락하지 않는 꽤 멋없는 학교로, 이곳에서 헤티와 다른 여자아이들은 간단한 음식과 소박한 방을 배정 받았고, 성경을 매우 많이 읽었고, 자제력이 미덕이라는 훈련을 받았다. 열여섯 살 되던 해, 헤티는 뉴베드퍼드의 퀘이커학교인 프렌즈아카데미에 1년간 다녔다. 하지만 아파서 봄 학기를 대부분 결석했다. 그런 후 머지않아 헤티는 보스턴에서 제임스 로웰 여사가 운영하는 완전히 성격이 다른 학교에 입학했다. 이곳은 보스턴 명문가 출신의 젊은 여성들을 위한 일종의 교양학교였다. 이 학교에 입학하게 한 것은 실비아 이모였다. 그녀는 이곳에서 헤티의 거친 성격을 가다듬어주어 그녀를 숙녀로 만들어주기를 희망했다.

하지만 이런 기관의 그 어느 것도 헤티의 호감을 제대로 자아내지는 못했다. 당시 잘 교육받은 여자들은 뉴베드퍼드 비즈니스의 중심인 부둣가에서 시간을 허비하지는 않았다. 나이 든 후 헤티는 저널리스트 레이 미첼 호지스에게 어떻게 자신이 경제에 관심을 두게 되었는지를 말했다. "외할아버지 시력이 나빠졌어요. 아버지도 마찬가지였고요. 그래서 글 읽는 것을 배우자마자 내 하루 임무는 두 분에게 큰 소리로

| "검은 매" 에드워드 모트 로빈슨(헤티의 아버지)

경제 뉴스를 읽어드리는 거였어요. 이런 식으로 나는 주식이 무엇인지, 어떻게 시장이 변동되는지, 불스와 베어스불스는 사는 쪽 혹은 상승장을 의미하며, 베어스는 하락장을 의미함-옮긴이의 의미를 알게 되었어요."

이 시기에 헤티는 아버지의 애정을 경험했다. 반세기가 지난 후인 1900년 3월에 여자와 돈에 관한 주제로 〈하퍼스 바자〉와의 인터뷰에서 그녀는 이렇게 회상했다. "아주 어렸을 때부터 주식시장 소식과 다양한 비즈니스 거래 소식을 아버지에게 읽어주었어요. 아버지는 내가 이해하지 못하는 것들을 아주 잘 설명해주셨어요. 게다가 나는 강제로 개인적인 지출과 공적인 지출에 대한 엄격한 설명도 들어야 했어요. 이런 것들은 비즈니스를 할 때 아주 유용했어요."

그녀에게는 아버지 에드워드 로빈슨이 가장 훌륭한 선생님이었다. 그는 돈과 결혼했을지는 몰라도, 안이한 삶을 찾는 사람은 아니었다. 그는 기회를 잘 포착하였고 아이작하우랜드포경사에 큰 이익이 남게 했다. 그는 부두를 겁냈고 늘 존경했다. 그의 닉네임은 '검은 매'로, 검은 구레나룻이 있었고, 매와 비슷한 특징을 갖고 있었다. 그는 선천적으로 피부가 까맣고 주위의 모든 것을 세밀하게 관찰하는 사람이었다. 헤티의 할아버지이자 에드워드의 장인인 기드온 하우랜드는 헤티가 열세 살 때인 1847년에 사망했다. 그다지 중요하지 않은 유품은 일부 친척들에게 남겼지만, 회사의 이익금을 포함한 재산은 두 딸인 아비와 실비아에게 남겼다. 이것은 로빈슨을 부유하게 하였을 뿐만 아니라 그의 지위를 한층 더 강화시켰다. 오랜 기간 회사에서 일한 토머스 먼델은 그의 파트너였다. 병약한 실비아는 회사에서 받는 상당한 경제적 이익금과는 상관없이 경영에 아무런 역할도 하지 않았다. 에드워드 로빈슨에게는 이 나라에서 가장 강력한 포경회사를 사실상 좌지우지할 권한이 있었다. 익명의 뉴베드퍼드 작가는 하우랜드 가문 족보학자 윌리엄 에머리가 쓴 글을 보고, 로빈슨을 이렇게 묘사했다.

> 그는 우리의 작은 비즈니스 세계에서 나폴레옹이다. 그의 삶과 재능이 나이를 먹지 않을 수 있었다면 그는 뉴베드퍼드에서 제일가는 부자가 되었을 것이고, 그의 딸은 엄청난 재산을 아버지와 하우랜드 가문 양측에서 물려받았을 것이다.

2장

실비아 이모

이전에 헤티에 관해 서술한 어떤 저자는 헤티가 미모가 돋보이는 여성으로, 크고 푸른 눈과 오뚝한 코, 미끈한 턱, 숱 많은 갈색 머리에 늘씬한 몸매를 지녔다고 묘사했다. 그녀는 여전히 아버지와 더불어 회계사무실이나 부두에 나가는 것이 좋았다. 그리고 그녀는 종종 부두 일꾼들이나 사용하는 거친 속어를 사용해서 상류사회 사람들을 경악하게 했다. 특히 실비아 이모는 헤티가 여성스럽지 못한 행동을 하면 크게 화를 냈고, 이를 걱정했다. 일반적인 퀘이커교도의 시각으로도 그녀가 유별나게 촌스러운 것은 사실이었다.

실비아의 재촉으로 스무 살 무렵 그녀는 어머니의 조카인 뉴욕시에 있는 헨리 그린넬의 집에서 한 달 동안 머물렀다. 그 당시 뉴베드퍼드의 발전은 전국에 파다하게 퍼졌기에, 뉴베드퍼드의 부유층들은 뉴욕 상류층과 사귈 수 있었다. 1799년 출생해서 청년기에 뉴베드퍼드를 떠나 뉴욕에 온 그리넬은 형이 시작한 사업에 참여해서 뉴욕에서 입지적인 인물이 되었다. 사업가이자 모험가이기도 한 그린넬은 남극탐험활동을 후원하기도 했고, 미국지리학회의 초대 회장을 역임하기도 했다.

그의 집은 여섯 아이가 왁자지껄한 곳이었다(세 명의 아이가 더 있었으나 어려서 죽었다). 딸 사라는 헤티에게 뉴욕의 사교계에 대해 알려주었고 친구들에게 그녀를 소개했다. 실비아 이모의 불안과는 상관없이 헤티는 로웰 학교에서 서너 가지 습득한 예절로 필요한 순간이 오면 숙녀처럼 행동할 수 있었다. 그녀는 무도회나 오찬모임, 파티, 연주회에 참석할 때면 많은 남성의 시선을 사로잡았는데, 그것은 그녀가 물려받은 돈 때문만이 아니라 돋보이게 빼어난 미모 때문이기도 했다. 이런 외모 덕에 헤티는 자신을 한껏 즐길 수 있었다. 몇 년 후에 그녀에게 잊지 못할 특별한 사건이 발생했다. 그것은 전직 대통령인 마틴 반 뷰란과 그 아들이 영국 왕실을 방문하는 영예를 얻어 사라토가 호수에서 저녁을 먹기로 했다. 이곳에는 훗날에 노섬벌랜드의 공작이 되는 알솔프 경도 참석했다.

1860년 헤티는 뉴욕음악아카데미에서 열린 무도회에서 핑크색 허리띠와 레이스가 달린 흰색 드레스를 입었다. 그녀는 기다란 흰색 가죽 장갑에 금장 귀걸이를 하고 핑크색 실내화를 신었다. 그리고 타조 깃털로 만든 부채를 들었다. 무도회는 장차 영국 국왕이 될 웨일스 왕자 Prince of Wales인 에드워드 7세의 방문을 기념하는 자리였다. 그는 미국을 여행 중이었는데, 무도회에서 헤티는 에드워드 왕자에게 자신을 '고래들의 공주the Princess of Whales'라고 소개했다. 왕자는 큰 웃음을 터뜨리며 그녀의 재치를 높이 평가하며 말했다.

"바다의 딸들은 아름답지 않은 여인이 없다고 말로만 들어왔는데, 이렇게 눈으로 직접 확인해 보니 그 말이 사실임을 새삼 깨닫게 되는군요."

왕자는 헤티와 두 번씩이나 춤을 추었다.

그녀가 친분 있는 명사의 명성과 미모, 부유한 환경을 이용했더라면, 마음먹기에 따라서 딱딱한 뉴베드퍼드의 지역색을 버리고 여름은 뉴포트, 겨울은 뉴욕의 5번가에서 지내며 안락한 뉴욕 생활에 적응할 수도 있었을 것이다. 사교계에 잠시 발을 들인 후 그녀는 철강 혹은 철도 산업의 거물과 결혼하여, 프랑스 유모를 데리고 아이들을 키우는 삶을 영위할 수도 있었을 것이다. 그녀는 빈민기금 마련을 위한 화려한 무도회를 개최하거나 최상석에 앉아 오페라를 구경할 수도 있었고, 우아한 마차를 끌고 뉴욕을 돌아볼 수도 있었다. 그러다 나이 들어 미모가 사라지면 뉴욕 상류층이 사는 곳으로 집을 옮겨 여유 있는 삶을 살 수도 있었다.

하지만 그녀의 마음속 무엇인가가 엄격한 가족과 가산의 중심인 고향으로 그녀를 이끌었다. 그녀의 아버지는 사교 활동에 필요한 드레스와 가운을 사라고 1천2백 달러를 보냈지만 헤티는 그 가운데 2백 달러를 소비한 후 나머지는 뉴베드퍼드에 돌아오자마자 은행에 저축했다.

케이프코드의 학교와 보스턴 학교에 다닌 헤티는 부모님이 사들인 2번가의 집에 정기적으로 머물렀긴 하였지만, 언제나 실비아 이모의 집에서 시간을 대부분 보냈다. 부모님의 결혼 생활이 얼어붙기 시작하면서 어머니 아비는 많은 시간을 언니의 집에서 지내며 남편의 냉대에서 벗어나려고 했다. 어머니와 헤티는 같은 집에서 살았지만, 어머니는 그저 옆에 있는 사람에 불과했다. 1860년 2월 21일, 어머니가 돌아가시자 가까운 사람이 사라진 것은 분명하나 삶에 운명적인 영향을 끼친 정도는 아니었다. 아버지는 헤티 몫으로 8천 달러가량의 집 한 채를 제외하고 12만 8천 달러 상당의 재산을 물려받았다. 어머니가 포경사업 모든 자산을 물려받은 두 명 중 한 사람임을 고려한다면, 아버지가 상속받은 자산은 상대적으로 많은 금액은 아니었다. 어머니의 인성에 대해 거의 알려지지 않은 것으로 보아 헤티의 특징적인 성격에 어머니가 미친 영향은 거의 없다고 해도 무방하다. 그녀의 성격은 모두 아버지로부터 물려받은 것이었다.

헤티의 인생에 훨씬 중요한 위치를 차지한 사람은 독신으로 살다간 실비아 이모였다. 실비아는 어린 시절부터 얻은 척추이상으로 평생을 앓았다. 부유한 부모 밑에서 태어난 그녀의 건강상태는 그 부를 만끽할 수준이 아니었다. 이 때문에 그녀는 결혼이나 여행을 꿈꿀 수 없었고, 오로지 위안거리라고는 책밖에 없었다. 그녀의 옆에는 언제나 간호사들이 지키며 몇 시간 동안이나 책을 읽어주어, 당시 프레데리카 버마와 베이어드 테일러와 같은 유명 작가들이 쓴 작품을 통해서 상상의 세계에 빠져들기도 했고, 그녀가 가장 좋아하는 신문인 〈보스턴저널〉을 통해서 세상사에 대한 지식을 얻었다. 또한 그녀는 직접 시를 쓰기도 했다. 현재 뉴베드퍼드 공립도서관에는 그녀가 쓴 흘림체의 간결한 시 한 수가 보존되어 있다.

에스더에게

네 앨범 속에서 펜의 흔적이 마르지 않은 페이지를 본다.

나도 지워지지 않을 소원을 표현하려고 애쓴다.

무수한 행복이 너를 보살피기를,

그리고 네가 하느님의 사랑을 빌기를,

이 축복이 너에게 내려지기를,

그리고 네가 하느님의 이름을 찬양하기를.

이 시는 1845년 12월 4일 쓴 것으로, 실비아 앤이 39세 되는 날이었다. 이 시의 제목인 '에스더'가 누구인지는 미스터리이다. 시에는 실비아 앤 하우랜드라는 서명이 있다. 여러 문서에서 보이는 이 서명은 20년 후에 격렬한 진위 논쟁에 휩싸이게 된다.

실비아는 나이 들면서 더욱 고독하게 지냈는데, 특히 1860년 동생이 죽은 후부터 그 정도가 더욱 심해졌다. 그녀의 일상은 뉴베드퍼드의 대저택과 라운드힐 농장 사이를 오가는 것이었다. 그녀의 세상은 농장이나 자택을 찾아온 몇몇 친구와 친지들, 회사의 부동산 관리자인 토머스 먼델, 시곗바늘처럼 그녀를 돌보아주는 하인과 간호사들이 전부였다. 그녀는 이처럼 고용된 친구들을 집요하게 필요로 하였다. 이들이 단 몇 분이라도 곁에 없으면 그녀는 좌불안석이 되어 빨리 자신에게 되돌아오기를 간청할 정도였다. 그들은 그녀의 동료인 동시에 그녀의 세상이었다. 그녀의 요청에 따라 그들은 외부 일을 중단하고 그녀의 곁에만 있었다. 즉 풀타임으로 그녀에게만 관심을 두는 고용 형태였다. 뉴베드퍼드의 마차 소유자인 파든 그레이는 1855년에 오로지 실비아 이모를 위해서만 마차를 몰기로 하였다. 제일 빈번히 드나들었던 곳은 뉴베드퍼드에서 라운드힐에 이르는 11킬로미터 구간이었는데, 시골길을 지나 두 시간에 이르는 여정이었다. 여름이면 파든은 더위를 피해 아침 8시 30분에 마차를 몰고 뉴베드퍼드를 떠났다. 그 밖의 계절에는 10시에 출발했다. 라운드힐에 도착해서는 그들은 간호사들과 함께 식탁에서 식사했다. 그들은 서로 격의 없이 지냈다.

폴리 브라우넬은 요리와 가사를 맡았다. 그녀는 1842년부터 실비아와 같이 지낸 탓에 평생 헤티와도 알고 지냈다. 실비아의 또 다른 핵심 측근 중 한 명은 일렉터 몬태그였는데 1859년에 아비의 간호사로 일하기 시작하면서, 그때부터 실비아와 같이 살았다. 1860년 아비가 죽은 후부터는 일렉터는 계속해서 실비아를 보살폈다.

미혼으로 아이가 없는 실비아에게 헤티는 하우랜드 재산을 물려줄 수 있는 유일한 상속자였다. 그 때문에 헤티는 실비아를 이모로뿐만 아니라, 언젠가 자신에게 돌아올 재산의 관리자로 여기기도 했다. 그녀는 집안의 하인과 간호사들이 실비아에게 미칠 수 있는 영향력이 두려워졌다. 실비아는 병약했고 우유부단한 면까지 있는 터라 헤티는 하인들이 실비아를 꼬드겨 상당한 부동산을 물려받을 것을 염려했다. 이러한 생각이 뇌리에 스며들자 그녀의 염려는 집착으로 변해갔고, 실비아 홀로 하인들과 같이 두면 안 된다고 생각하기에까지 이르렀다.

특히 그녀는 요리와 가사를 담당했던 폴리 브라우넬에게 적개심을 품었다. 실비아는 침실벽장에 보관 중인 큰 모피 가방의 열쇠를 폴리에게 맡길 정도로 내심 신임하고 있었다. 그 가방 안에는 옷과 보석뿐만이 아니라 돈과 채권서류도 들어 있었다. 몇 해 동안 실비아는 그 열쇠를 혼자 가지고 필요할 때마다 가방에서 돈이나 서류를 꺼내곤 하였다. 그런데 1959년 몸이 점점 약해지자, 그 열쇠를 폴리에게 인계해주었다. 이로써 60대 후반부터는 폴리가 사실상 재산 관리자가 되었다. 폴리는 자신의 가방 속에 열쇠를 숨겨놓고 실비아의 특별한 지시 없이는 헤티를 포함한 그 누구에게도 열쇠를 내놓지 않았다.

실비아와 폴리 사이의 친밀한 신뢰 관계는 헤티의 분노를 폭발시켜 그녀의 강박증을 더욱 심화시켰다. 이러한 강박증이 더욱 심해지고 있을 무렵인 1861년 에드워드 로빈슨은 뉴욕시로 이사하기로 결단을 내린 후 과년한 27세의 딸에게 같이 갈 것을 청했다. 그렇게 된다면 수백 킬로미터나 떨어진 헤티의 눈을 피해 폴리나 하인들이 무슨 사악한 계략을 꾸밀지 아무도 모를 일이었다.

뉴베드퍼드를 떠나겠다는 아버지의 결심은 유서 깊은 아이작하우랜드포경사 문을 닫겠다는 뜻이나 마찬가지였다. 항상 그랬듯이 그의 사업 타이밍은 한 치의 오차 없이 정확했다. 그는 포경업이 절정에 달했던 1830년대에 그 업에 발을 들여놓았는데, 앞으로 포경업이 회생 불가능할 것 같은 침체를 겪을 것이라는 명확한 증후를 느끼자 은밀하고 재빠르게 포경선박과 그 밖의 자산을 팔았다. 당시 펜실베이니아에서 발견된 석유는, 새로운 정유기술을 이용한다면, 큰 비용과 위험을 감수해야 하는 국외 탐험을 하지 않고서도 무한하게 채굴할 수 있을 것 같았다. 그리고 무엇보다도 남북전쟁이 포경업의 몰락을 가속했다.

뉴베드퍼드에서의 전쟁도 늘 그렇듯이 낙관과 행복감이 충만했을 때 터졌다. 1861년 4월, 남군이 포트 숨터를 공격한 후 며칠 후에 전 매사추세츠 주지사인 존 H. 클리퍼드는 시청 연설에서 지원군은 '고결한 명예'와 '참된 행복과 영광'을 얻을 것이라며 뉴베드퍼드의 시민들이 전쟁에 참여하도록 애국적 열정으로 독려했다. 재빨리 세워진 여성단체에서는 면직물 셔츠, 담요, 장갑, 누비이불, 말린 과일, 커피, 차, 코코아, 레몬, 브랜디, 면양말, 속옷을 비롯한 여타 품목들을 대량으로 수집하여 군대에 보내주었다. 주 정부는 뉴베드퍼드 인구에 비례하여 2천1백명의 군인을 징집하도록 요구했다. 결국 뉴베드퍼드에서는 3천2백명을 보냈으나 그 중 수백 명이 고향으로 돌아오지 못했다.

남북전쟁의 와중에 일할 선원을 구할 수 있는 운 좋은 포경선도 있었으나, 그렇다 해도 모두 남군의 공격 대상이었다. 남군은 선박 스물다섯 척 이상을 파괴했고, 50만 달러가량의 향유를 징발하거나 파손했다. 그러나 마지막 일격은 남군이 아닌 북군에 의해서 자행되었다.

1861년 가을, 북부해군은 30대의 포경선을 징발했는데, 그 대부분이 뉴베드퍼드의 것이었다. 북부해군은 남부해군의 침입을 막으려고 포경선에 돌덩이를 가득 채워 찰스턴 해협과 사바나 해협 사이에 침몰시켰다. 승리자에게 경제적 번영을 준다는 전쟁의 원리가 뉴베드퍼드에서는 예외였다. 오히려 이 도시는 패배한 남부의 여느 도시처럼 전쟁이 막을 내리자 몰락의 길을 걸었다.

포경이 생계수단이던 뉴베드퍼드의 업자들은 1900년대 초, 향유의 수요는 점점 줄어들고 고래 잡기가 더욱 어려워지자, 포경선 수를 자꾸 줄여가며 포경업을 막바지로 몰고 갔다. 하지만 에드워드 로빈슨은 감상적인 인물이 아니었다. 그에게 포경업이란 돈을 벌기 위한 최고의 방법에 지나지 않았고, 뉴베드퍼드는 그 목적을 위한 최적지였다. 이제 그 기한이 다하자, 마치 쓸모없어진 헌 신발 버리듯 포경업과 뉴베드퍼드를 포기한 것이다.

뉴욕으로 연고지를 옮긴 그는 윌리엄콜만 선적회사와 합작하여 부동산과 상선에 투자했다. 비록 헤티는 아버지를 따라 뉴욕에 왔지만, 뉴베드퍼드에 자주 오가며 벌어지는 상황을 예의주시하고 있었다.

헤티는 뉴베드퍼드에 올 때마다 마치 한차례의 돌풍처럼 고요하고 고립된 실비아 이모의 삶을 뒤흔들었다. 그녀는 8번가나 라운드힐에서 실비아 이모와 함께 머물렀다. 헤티는 어머니의 유산으로 받은 집을 한 채 소유하고 있었는데, 그 집은 에드워드와 아비가 같이 살던 2번가의 집이었다. 아버지는 아비의 재산을 통제할 수 있게 되자, 위안용으로 헤티가 그 집을 가지도록 허락했다. 그러나 헤티는 실비아 이모와 같이 있는 것이 더 좋았다. 그 이유가 이모를 본래부터 좋아했기 때문인지 착한 조카가 되고 싶었던 것인지 아니면 재원을 감시하고자 하는 이기적인 욕망 때문인지는 말하는 사람에 따라 다를 것이다.

그녀는 아직 실비아의 돈에 대해서 아무런 법률적 주장을 제기하지는 않았지만, 실비아의 돈 씀씀이를 감시하는 행위에 전혀 양심의 가책을 느끼지 않았다. 실비아를 향한 헤티의 반응이 볼썽사납거나 분별이 없었다고 할지라도 개인적 욕심 때문에, 적어도 상투적 의미의 욕심 때문에 그러한 것은 아니었다. 그건 그녀가 훗날 사치스럽게 살려고 이모의 돈을 탐내지는 않았다는 말이다. 사실 훗날 그녀를 유명하게 만든 것은 인색함이었다. 그녀는 부자들(어쩌면 중간계급들도 포함해서)이 당연시 여긴 탐닉을 극도로 싫어했다. 이모의 재산에 대한 그녀의 염려는 한 가족의 재산을 반드시 지켜내고자 하는 집착과 자신의 손아귀에 돈을 쥐어야 자산이 안전해질 것이라는 믿음에서 생겨난 것이다.

두말할 나위 없이 실비아와 하인들은 헤티의 방문을 점점 더 두려워했다. 신체적으로나 감성적으로나 실비아 이모는 활동적이고 적극적인 헤티의 상대가 되지 못했다. 휠체어나 침대 속의 작은 실비아 몸은 볼썽사나운 척추 탓에 늘 굽어 있었다. 실비아는 헤티가 나타나면 속수무책이었다. 실비아는 이런 난감한 상황에서도 나름 소신을 지켰던 것이 확실하지만 헤티는 실비아가 불필요한 곳에 돈을 지출한다고 신경질을 부렸다. 특히 분통이 터진 일은 실비아가 8번가 집에 부대건물을 증축하려는 계획을 세웠을 때였다. 헤티는 하인들이 실비아를 세뇌시켜 오로지 자신들의 안위를 위해 여분의 방을 만들려는 것이라고 철썩 같이 믿었다.

“이 집에 방은 차고 넘치게 많잖아요. 늙은 간호사들 재우려고 방을 더 만들 필요는 없어요.” 헤티가 소리쳤다.

그런데도 실비아가 증축계획을 실행하겠다고 하자, 헤티는 성깔을 부리다가 실비아 앞에 앉아서 흐느꼈다. 그래도 실비아가 계획을 접지 않자, 그녀는 넓고 확 트인 자신의 2층 침실로 올라갔다. 그녀는 장롱과 서랍에서 물건을 잔뜩 꺼내 한 아름 품에 안더니, 다락방으로 올라갔다. 이모가 집을 증축하기로 한다면, 헤티의 믿음처럼 하인들이 이모의 말라빠진 양팔을 비틀기라도 한다면, 헤티는 본보기로 아주 비좁은 공간에서도 살 수 있다는 것을 보여줄 작정이었다.

다락방 계단으로 올라가며 헤티는 소리쳤다.

"앞으로 다시는 이 방에서 자지 않을 거야. 차라리 공동묘지에서 잠들어 버리는 것이 낫겠어."

일렉터는 헤티를 빤히 쳐다보았다.

"공동묘지에서 자고 싶으면 거기로 가요."

"내가 관에 들려갈 때까지는 그렇게 못 해." 헤티가 대답했다.

말을 내뱉자마자 그녀는 바로 쿵쾅거리며 계단을 올랐다. 그녀는 침실에서 매트리스를 가지고 와서 외할아버지의 오래된 사물함과 수납함 사이에 펼쳐 놓았다. 그녀의 시위는 정확히 하룻밤 동안 지속됐다. 그런데도 그녀의 투쟁이 집안에 전혀 영향을 미치지 못하자, 이튿날 아침 다시 소지품과 매트리스를 자기 방에 되돌려 놓았다.

눈보라가 휘몰아치는 어느 날, 헤티는 뉴베드퍼드에 사는 한 사촌을 방문했다. 실비아는 그녀에게 마차를 내어주었지만, 헤티는 이것이 낭비라고 여기고 걸어서 가겠다고 고집을 피웠다. 또 어느 날은 헤티가 뉴베드퍼드 친지들을 초대해 파티를 열기로 했다. 실비아도 이에 동의했으나 음식과 장식물에 돈을 아끼지 않는다는 조건을 걸었다. 하지만 둘은 손님들을 충분히 대접하는 데 필요한 치킨의 수와 아이스크림 양을 가지고 말다툼을 벌였다.

"그건 너무 많아요." 헤티가 소리쳤다. 실비아는 레이스가 달린 비싼 식탁보를 원했으나 헤티는 좀더 싼 면 식탁보를 써야 한다고 우겼다. 헤티는 파티에 웨이터를 고용하는 대신에 다른 집의 하녀를 빌려오자고 했다. 이에 대경실색한 실비아는 다시는 자기 집에서 파티를 열게 하지 않겠노라고 으름장을 놓았다.

실비아는 헤티가 격에 맞지 않는 옷차림을 하고 전혀 외모에 신경 쓰지 않는 것을 몹시 꾸짖었다. 실비아는 헤티가 돈에 대해 신경 쓰는 반만큼이라도 외모에 관심을 기울인다면 젊고 매력적인 여인이 될 것이라고 여겼다. 사실 그녀는 이것에 대해 헤티뿐 아니라, 간호사들에게, 딸들을 키우는 마부 파든 그레이에게까지도 투덜거렸다. 한번은 실비아가 그레이에게 아쉬운 듯이 말했다. "헤티가 당신 딸이나 다른 여자아이 같이 군다면, 훨씬 더 많은 것을 주었을 텐데, 저 아이 드레스는 내게 재앙이라니까, 옷을 저렇게 입고 마을을 돌아다니니 원, 그러니 마을 사람의 가십거리가 되지."

1864년 초, 일렉터는 헤티가 뉴욕에 있을 때 문법과 철자가 맞지 않은 편지를 몇 번 보낸 적이 있었는데, 이 편지에는 실비아가 얼마나 헤티의 건강을 염려하고 있는지, 둘의 관계에서 가끔 간과된 진실한 사랑을 보여준다.

헤티 아가씨에게

아가씨의 편지는 잘 받았습니다. 잘 도착하셨다니 정말 기쁘네요. 이모님께서 아가씨가 아주 멋지고 따뜻한 방을 구했다고 기뻐하세요. 아가씨의 편한 모습을 보는 것 같아 저도 기쁩니다. 그리고 이모님은 예쁘고 따뜻한 이부자리를 구한 것도, 아가씨가 깨끗한 아리따운 옷을 입고 있을 모습을 생각하시고 무척 기뻐하세요.

4개월이 지난 후, 일렉터는 또 편지 한 통을 보냈는데, 몸치장하라고 보낸 캐시미어 숄을 방치하고 있다는 실비아의 염려를 표현했다.

실비아 마님은 지난가을에 아가씨가 입고 다니시던 검은 캐시미어 숄을 보내셨는데, 아가씨가 그걸 입고 다니길 바라세요. 그런데 아가씨는 이제 그걸 입지 않는다고 하더군요. 마님은 그 숄이 아가씨에게 더 잘 어울린다고 생각하시어 그전처럼 아가씨가 그것을 두르고 다니기를 바라셨습니다. 실비아 마님은 이제는 그 숄을 두르지 않을 것이라 했습니다. 아가씨가 떠나가신 후 몸이 별로 좋지 않았는데, 아직도 그렇습니다. 조만간 제가 마님을 모시고 외출할 수 있기를 바랍니다. 마님은 저희와 더불어 아가씨의 안부를 물었고, 깨끗한 집을 구해서 예쁘게 정돈하고 지내시길 바랍니다. 조만간 자주 편지를 쓰겠습니다.

이 편지에는 외부와 동떨어진 자기만의 세상을 사는 이모의 생활과 주변에서 무슨 일이 벌어지고 있는지에 대한 몇 가지 단서가 적힌 다음과 같은 추신이 있었다.

"아, 이 참혹한 전쟁. 아, 얼마나 많은 사람이 죽었단 말인가."

훗날 실비아의 재산에 대한 법정싸움의 증거로 쓰인 헤티의 편지들에는 실비아와 일렉터, 엘리자 브라운과 다른 간호인들에게 애정이 있음이 드러나 있다. 그러나 또 편지에는 그들 관계에 끓는 애증과 갈등이 나타나기도 했다. 날짜는 적혀 있지 않으나 헤티가 뉴베드퍼드에서 라운드힐로 보내는 것으로 짐작되는 편지가 있다. 편지에는 실비아가 집을 증축하기로 해, 실비아의 주문으로 목수들이 왔다고 했는데, 이 부분에서 헤티는 경악을 금치 못했다. 헤티는 자기 성질에 못 이겨 분노를 표출한 것을 후회하는 편지를 썼다. 그녀는 일렉터 몬테그의 애칭인 '몬티에게' 로 시작하는 글을 썼다.

> 몬티에게.
> 전부터 말썽이던 편두통이 다시 도지면서 거의 미칠 것만 같아서 너무도 우울해. 나는 정말이지 착해지려고 노력했어. 사람에게 속는 것은 속이는 것만큼 참으로 나쁜 거야. 나는 이모가 네게……함구하라고 한 것이 마음에 걸려.
> 이모에게 안부를 전해 줘. 그리고 내가 이 충격에서 벗어나려면 몇 년은 걸리겠지만, 이모가 좋다면 목수를 구해 드리겠다는 말을 전해줘. 이모에게 못되게 군다고 왜 내게 말을 해주지 않은 거지? 이모가 집을 증축하는 일에 행복을 느낀다면, 나도 이모가 그 일을 포기하기를 절대 원치 않아. 이모는 나와 잘 지낼 때에도 내게 이런 얘기를 도통 해주지 않았어.
> 안녕, 헤티가.

헤티와 실비아의 하인들 사이에 흐르는 온정은 그리 오래가지는 못했다. 어느 날 밤, 실비아를 방문한 헤티는 폴리 브라우넬에게 소리쳤다.

"여기서 짐 싸서 나가! 네 꼴이 보기 싫어. 이모도 바라는 일이야. 어서 나가란 말이야."

"실비아 마님을 만나 여쭙기 전까지는 그럴 수 없어요. 절 고용한 분은 실비아 마님인데 아가씨가 왈가왈부할 일이 아닙니다."

1826년 2~3월경 어느 서늘한 아침, 두 사람 간의 대립은 마침내 종착역에 다다랐다. 그날 실비아와 헤티, 일렉터는 아래층에서 식사하는 중이었고, 폴리는 위층에서 방 청소를 끝내고 주전자에 물을 채우려는 중이었다. 헤티는 아침식사를 끝마치고 위층으로 올라갔다. 잠시 후 실비아와 일렉터는 와장창 부서지고 깨지는 소리를 들었다.

이모는 위층을 바라보며 물었다 "무슨 일이야?"

일렉터가 한숨지으며 말했다

"실비아 마님, 아가씨가 소란을 피우세요."

"가서 살펴보고 와." 실비아가 말했다.

입구 계단 맨 밑에서 일렉터는 머리가 헝클어지고, 옷은 다 쥐어뜯긴 채 몸을 떠는 폴리를 보았다.

"아가씨가 날 밀어서 계단으로 굴러 떨어뜨렸어요!"

폴리가 흐느꼈다.

계단 밑으로 부랴부랴 뛰어내려 온 헤티는 폴리가 자초지종을 일러바치자 속이 끓어 올랐다.

"내 집에서 이런 일이 일어나도록 내버려둘 수는 없어."

실비아가 말했다.

실비아는 하인을 시켜서 아이작하우랜드포경사의 파트너이자 가장 믿음직한 조언자 토머스 먼델에게 집에서 좀 보자는 말을 전하라고 했다. 하인이 심부름하러 떠나자 헤티가 다급해져서 말했다.

"이모, 제발 아저씨께는 말하지 마세요. 아저씨가 굳이 알 필요는 없잖아요. 이 일이 밖으로 새나가서 사람들 입에 오르내리면 저는 뭐가 되겠어요?"

실비아는 내키지 않았지만, 헤티의 말에 일리가 있다고 생각하여 심부름을 중단했다. 얼마가 지난 후 어느 날 밤, 실비아는 침대에 누워 일렉터를 돌아보며 말했다.

"난 내 힘닿는 대로 모든 걸 다 해줬어. 그런데도 그 애는 어떻게 내게 이리도 무뢰하게 대할 수 있는 거지?"

3장

유언장 소동

❋

1860년대 내내 미국은 전쟁으로 탈진했다. 링컨의 말대로, 한 국가가 자유를 품고 모든 사람이 평등하게 태어났다는 주장이 인정되는 데는 오랜 시간이 걸렸다. 전쟁 중 무기는 탁월한 최신식이었지만 의료 체계는 원시상태인 탓에 수많은 군사가 목숨을 잃었다. 특히나 자유와 평등이라는 신념을 받들다가 수많은 군사가 끔찍한 죽임을 당했다. 1860년대는 또 다른 면에서도 혹독한 해였다고 할 수 있다. 전쟁이 끝난 후 역사상 가장 무시무시한 자본가 집단이 결성된 것이다.

앤드루 카네기, 존 D. 록펠러, J. P. 모건, 짐 피스크, 제이 굴드, 헨리 M. 플레글러, 필립 아머 등, 이들은 모두 1830년대에 태어났다. 같은 시기에 경제력 측면에서 이들 서열에 속하는 외로운 여자도 태어났다. 바로 헤티 그린이다. 이들은 모두 전쟁이 발발할 때인 20대나 30대 초에 1860년대를 함께 경험하며, 앞으로 몇 십 년 안에 그들의 위대한 업적을 세상에 내놓을 준비 중이었다. 조만간 그들은 미국의 경치를 바꿀 것이고, 전 세계의 생활방식을 확장시켜 놓을 것이다. 그리하여 현재까지도 그들의 이름 자체가 자본주의와 동의어로 쓰이고 있다. 그들은 강철공장과 철도공장, 대량생산 공장을 건설했다. 그들 가운데 금융업자들은 엄청난 액수의 돈을 거래했다. 이런 일은 전에는 없었던 일이었고, 상상조차 할 수 없었다. 이 특별한 세대가 금융이 지배하는 지금의 세상을 창출했다는 말은 전혀 과장이 아니다.

그러나 가장 열렬한 자본주의자조차도 분명히 자신들이 펼치는 놀음에 겁을 냈을 지경이었다. 그들이 지지하는 자유시장은 실은 조작된 것인 경우가 허다했다. 그들이 진정으로 뛰어났고 책임감이 강했다면 시장조작과 기만, 사기 위에 군림하지는 않았을 것이다. 철도 건축업자들은 이 지역 해안에서 저 지역 해안으로 신속하게 움직이는 수단을 제공해줌으로써 거대한 나라를 통일시켰다. 철도 거물들은 철도 스케줄을 짜려면, 수천 킬로미터 떨어진 두 마을의 시간차부터 해결해야 했기에, 표준시간이라는 개념을 도입했다. 철도 건설업자들이 선로 건설 부지를 미리 누설해, 은밀하게 재산을 축적했다. 그들은 정부가 막대한 자본을 들여 크레디트모빌리어Credit Mobilier와 콘트렉트앤파일런스컴퍼니Contract and Finance Company와 같은 명분뿐인 회사를 세워 아낌없는 도움을 주는 것이 고마웠다. 이런 회사들은 건설비용을 과다 청구하여 수천만 달러를 떼어먹었다.

철도 건설업자들과 기업가는 일꾼들을 혹독하게 부려먹어, 노동자들은 끔찍한 작업 환경 속에서 장시간 일을 하고 저임금을 받아야 했다. 1892년, 앤드루 카네기는 펜실베이니아 공장에서 노동자들이 임금을 적정한 수준으로 올려달라고 파업을 할 때, 스코틀랜드에서 휴가를 보내는 중이었다. 카네기 부관들은 사설 경호부대를 부를 시기를 놓치는 바람에 공권력이 투입돼 '홈스테드 파업'이라는 큰 혼란과 유혈사태를

야기했다. J. P. 모건의 거대한 자산 가운데 무연탄 광산은 어마어마한 이익을 남겨 그의 재산에 일조를 하였다. 모건에게 박봉을 받는 노동자 중에는 열한 살이나 열두 살 된 남자 아이들도 있었다. 이들은 광산에 들어가기에는 너무 어렸기에 손가락에서 피가 나도록 맨손으로 들쭉날쭉한 석탄 조각을 분류하는 일을 맡아서 했다. 그래서 얻은 별명이 '레드 팁red tips' 이다.

남북전쟁이 발발할 당시 이런 신진세력들은 출세에 도움이 될 지성의 결합과 잔혹함, 기회주의, 탐욕 등을 이미 내색하고 있었다. 그들은 애국심을 공공연히 내세우면서도 전쟁에 나가기를 피했다. 피츠버그 시절 청소년인 카네기는 고국 스코틀랜드에 사는 친척들에게 편지를 띄워 자신이 귀화한 나라의 자유와 평등, 기회에 대해 열렬히 찬양했다. 그러나 그 나라가 전쟁에 휘말려 존재 자체를 위협받고 있을 때에도 26세의 카네기는 돈을 주고 사람을 사서 대신 전쟁터에 내보냈다. 그는 얼마간 육군성에 근무한 적도 있었지만, 대부분 정유와 철, 강철 분야에서 재산을 축적하는데 온힘을 집중했다. 특히 강철 분야는 그를 미국에서 굉장한 부자 반열에 올려주었다. 존 D. 록펠러의 동생 프랭크는 영예롭게 전쟁에 나가 두 번이나 부상을 입었다. 하지만 스물두 살 된 존 D. 록펠러는 무역업을 키울 필요가 있다고 둘러대며 전쟁에 나가지 않는 방법을 택했다.

1834년에 태어난 필립 아머는 전쟁에 대리인을 보낸 후, 정육과 곡물 분야에서 거대한 제국을 건설하는데 집중했다. 아머는 여러 해 동안 식량부족으로 고통당하는 지역에 돼지고기를 팔아서 애국적 열정을 뽐내었다. 점점 전쟁 부상자들이 줄어듦에 따라 앞으로 돼지고기 가격이 폭락할 것을 예상한 아머는 구매자에게 미래의 정해진 기일 안에 지금 시세보다 아주 싸게 주겠다고 꼬드겨 합의서를 만들었다. 그의 예상대로 가격이 폭락하자 아머는 돼지고기를 싸게 사들여서 합의한 구매자들에게 훨씬 비싼 가격에 팔아서 거의 200만 달러라는 순이익을 챙겼다.

할아버지와 아버지가 건설한 재정 왕국의 상속자인 특권층으로 태어난 젊은 J. P. 모건은 미국이 생존할 수 있게 하려고 특히 전쟁에 많은 도움을 주었다. 하지만 그도 총알을 피하고자 돈을 주고 사람을 샀다. 전쟁이 발발할 때 스물세 살이었던 모건은 정부에게 쓸모없는 소총을 팔아먹음으로써 애국심을 과시했다. 그는 파트너 아서 이스트먼을 경제적으로 후원해주고 낡은 불량 카빈총을 정부로부터 경매로 1개당 3달러 50센트에 5000개를 사들였다. 그들은 이 총을 개조했다는 구실로 다시 정부에 각각 22달러씩에 되팔아 소총 1개당 18달러 50센트씩 순이익을 내었다. 하지만 병사들이 그 총을 발사하면 소총은 가끔 폭발하여, 병사는 엄지손가락을 잃는 불운을 겪어야 했다. 이런 사기가 공개되었는데도, 모건은 양심의 가책이나 부끄러움은 보이지 않고 자신이 원하는 금액을 제대로 지급하지 않았다고 정부를 대상으로 고소를 해서 승소했다. 결국 계약은 계약이었다.

세월이 흘러, 모건과 카네기, 록펠러는 지금까지도 자신들의 이름이 사용되는 호화로운 자선행위인 박물관 건립과 도서관 건립, 대학 설립 등의 활동에 적극 참여했다. 이렇게 함으로써 그들은 무자비하고 탐욕의 상징인 자신들의 이름을 자비와 예술적 취향, 공익에 대한 관심 등의 상징으로 바꾸어 놓는데 경악하리만큼 성공하였다. 헤티가 재산을 도서관이나 대학에 기부하지 않은 것은 사실이지만, 그녀는 결코 정부를 상대로 수천만 달러를 속이지 않았고, 이민 온 노동자들의 임금을 떼어먹거나 폭력을 휘두르지는 않았다. 1860년대 초, 헤티는 불량 소총을 팔아먹지도 않았고, 돼지고기 가격을 바가지 씌우지도 않았다. 사실, 그녀의 잔혹성은 지극히 개인적이다. 그녀가 자신의 권리라고 생각한 가문의 재산을 지키려는 노력이 과하다 보니, 부유한 이모에게 집착하는 결과를 낳았을 뿐이다.

1860년 여름, 어머니가 돌아가신 지 몇 달이 지난 후 헤티는 한 가지 제안을 가지고 실비아에게 접근했다. 각자 유언장을 준비하자는 내용이었다. 헤티는 실비아의 유언장을 실비아는 헤티의 것을 보관하자는 제안이었다. 실비아는 이미 10년 전에, 그러니까 헤티가 16세였을 때 유언장을 써 놓은 상태였다. 재산의 3분의 2를 아비에게, 혹시 아비가 죽는다면 헤티에게 물려주겠다는 내용이었다. 유언장에 따르면, 아비나 혹은 헤티의 몫은 지명된 수탁인들의 운영으로 신탁자금에 맡겨놓는다는 내용이었다. 이렇게 되면 헤티는 꾸준한 수입은 있겠지만, 자신은 이 돈에 대한 실질적인 통제권이 거의 없다는 뜻이었다. 신탁자금의 목적은 상속인이 상속재산을 쓸데없는데 낭비하는 것을 방지하는 데에 있었다. 그런데 신탁자금trust fund의 근본 메시지에는 수혜자의 재정 능력과 지혜를 신뢰trust하지 못한다는 의미가 들어있어, 신탁자금이라는 이름 자체에는 아이러니가 있다. 여자들이 돈이나 숫자를 통제할 수 없다고 여기던 19세기에 신탁자금은 어쩌면 당연한 결과였을지도 모른다. 하지만 경제신문에 통달했고, 여덟 살에 은행계좌를 열었고, 드레스를 사려고 받은 돈을 저축할 줄 아는 젊은 여성 헤티는 결코 어리석은 상속인이 아니었다. 헤티는 앞으로 자신의 것이 될 재산을 스스로 관리하고 싶었다.

실비아는 이 생각에 반대했다. 그녀는 헤티가 자기 하인들에게 제멋대로 굴고, 집을 증축하는 일로 자신을 마구 괴롭힌 일에 대해 화가 나 있었다. 재산은 그녀의 전부였다. 사후에 그녀는 재산 가운데 꽤 많은 금액을 뉴베드퍼드 자선단체에 기부할 생각이었다. 하지만 헤티의 등살에 결국 실비아의 의지력이 무너지기 시작했다. 그녀는 얼마간의 평화라도 얻고 싶어서 유언장을 새로 쓰는데 동의했다. 헤티는 우선 자신의 유언장을 작성했다. 재산의 절반은 자신이 죽을 시점에 있을 자식에게 현찰로 증여하고, 나머지 절반은 뉴베드퍼드 비즈니스맨 에드워드 먼델과 아브너 데이비스, 벤저민 아이리시가 운영하는 신탁에 넣는다. 헤티가 자식 없이 죽게 될 경우 모든 재산은 뉴베드퍼드의 「아이들의 집」에 기부될 것이다. 헤티는 재산을 사회에 기증할 생각은 추호도 없었지만, 어쨌든 이 유언장에 의한 증여는 명확히 실비아의 감정을 누그러뜨렸다. 「아이들의 집」은 실비아가 자주 도움을 주는 단체 중 하나였기 때문이다. 헤티의 유언장에는 실비아 이모에 대한 조항은 하나도 없었다. 물론 실비아는 헤티의 돈이 거의 필요하지 않았다.

1860년 9월 19일, 헤티는 가게를 운영하는 친척 펠레그 하우랜드와 마을 사람 두 명에게 증인으로 서명을 부탁했다. 그들은 펠레그 하우랜드의 집에서 이 일을 처리했다.

이제 실비아가 유언장을 쓸 차례였다. 헤티의 관심사는 오직 이것밖에 없었다. 실비아는 유언장에 "개인 부동산과 일체의 동산, 그러니까 라운드힐 농장과 집, 토지, 건물 등을 조카인 헤티 하우랜드 로빈슨에게 영원히 남긴다"고 적었다. 혹시 헤티가 먼저 죽을 경우, 실비아의 재산은 1850년 유언장에 기록한 자선단체에 기부하기로 했다. 실비아의 새 유언장은 헤티의 필체로 쓰였다. 이후에 헤티는 법정에 서서 실비아가 자신에게 말한 것을 정확히 썼다고 증언했다. "나는 이모의 지시대로 그대로 받아썼습니다. 아주 그대로요. 그런 다음 이모가 유언장을 아주 만족스러워 한 후 나는 그것을 복사했습니다."

일단 유언장이 완성되자 실비아가 다시 한번 변덕을 부렸다. 이일은 헤티를 짜증나고 당황하게 했다. 실비아는 서류에 서명하지 않으려고 했다.

"난 못 해. 할 수 없어."

어느 날 실비아가 이렇게 저항했다고 일렉터 몬테규가 말했다.

"그럼, 앞으로도 절대 못할 거라고요. 지금 해야 한다고요."

헤티가 맞받아쳤다.

헤티는 항변했다. 그녀는 거칠어졌다가 알랑거리기를 여러 번 반복했다. 하지만 병약하고 신경이 날카로운 실비아는 자신에게도 담력이 있음을 새삼 깨달았다. 그녀는 꿋꿋이 서명을 거부했다. 하지만 얼마 못가서 실비아가 잠이 들었을 때 헤티는 침착하게 일렉터에게 자신이 이겼음을 통보했다. "나는 지고는 못 살아."

결국 헤티가 이겼다. 그녀는 실비아가 유언장에 서명을 할 때까지 뉴베드퍼드를 떠나지 않겠다고 으름장을 놓았다. 1월의 어느 춥고 칙칙한 오후, 헤티는 하인 프레더릭 브라우넬을 실비아가 잘 아는 미망인 케지아 R. 프라이스의 집으로 보내서, 오후 4시에 실비아 집으로 와서 서명을 좀 해 달라고 요청했다. 일렉터는 두 번째 증인을 하기로 했다. 세 번째는 펠레그 하우랜드였다.

헤티는 펠레그에게 차 마시기 전 4시까지 도착해 달라고 했다. 하지만 펠레그는 배가 고픈 탓에 헤티와의 약속을 지키지 못했다. 그는 우선 간식을 좀 먹으러 집으로 갔다. 실비아의 집에서는 서명을 하려고 모인 사람들이 마지막 증인이 도착하기를 기다리는 동안 집안에 긴장감이 감돌았다. 위층 침실에서 기다리는 실비아는 유언장에 서명을 해야 한다는 강박관념 때문에 예민해져 상당히 힘들어했고, 이 순간을 몹시 갈망해 온 헤티도 초조하여 이 늙은 남자가 빨리 오기를 창밖을 바라보며 애타게 기다렸다.

저녁 6시, 아직 펠레그는 오지 않은 상태였고, 일렉터는 실비아를 도와 차를 마시러 계단을 내려왔다. 그녀가 아주 천천히 차를 마시는 동안 일렉터는 참을성 있게 옆에 서 있었다. 잠시 후, 실비아가 일렉터에게 신호를 하자, 일렉터는 거의 손도 안 된 접시를 치우고, 다시 실비아를 부축해 위층으로 느릿느릿 올라갔다.

펠레그 하우랜드는 집에서 침착하게 차 한 잔을 더 마셨다. 그때까지도 그는 자신이 늦어지는 것에 전혀 개의치 않았다. 그가 8번가 실비아 집에 도착했을 때는 이미 어둑어둑한 상태였다. 그는 용기를 좀 내어 실비아 침실로 올라갔다. 그곳에서 그녀는 석유램프를 흐릿하게 켜놓고 앉아 있었다.

실비아는 눈에 띄게 초조해 보였다고 간호사 브라운이 회상했다. "실비아 마님의 건강은 매우 안 좋았어요. 그분이 평소보다 더 초조해 했는지는 잘 모르겠지만, 우리는 아무 말도 건네지 못했어요. 그때 실비아 마님은 몹시 허약했으니까요."

방에는 테이블이 하나 있었다. 일렉터는 서랍에서 펜과 잉크를 꺼내왔다.

펠레그 하우랜드가 침묵을 깼다. "제가 서명할 데가 어디죠?"

"유언장에요." 헤티가 말했다.

실비아는 아무 말도 하지 않았다. 일렉터는 실비아가 테이블에 앉도록 도와주었다. 헤티는 그녀 앞에 유언장을 내어놓았다. 실비아는 잠시 심호흡을 하더니 벌벌 떨리는 손으로 서명했다. 펠레그 하우랜드가 그 다음에, 브라운 여사, 마지막으로 일렉터가 서명했다.

연속적으로 서명하는 장면은 몹시 어색해 보였다. 이렇게 기묘하게 모인 사람들은 공손하게 지시를 받으며 머물다가 잠시 후 각자 집으로 돌아갔다.

목표를 이룬 헤티는 본격적으로 걱정이 들기 시작했다. 자신이 뉴욕으로 가 있는 동안 이모가 유언장을 완전히 새로 작성한다면 그걸 어떻게 막는단 말인가? 어쨌든 그녀는 뉴욕과 뉴베드퍼드 사이의 거리를 몹시 애석해하며 뉴욕으로 돌아갈 수밖에 없었다. 돌아가는 길 내내 헤티는 다른 사람들이 이모에게 영향력을 행사할 것을 걱정했다.

이미 판명 되었듯이, 그녀의 두려움에는 근거가 있었다. 헤티가 뉴욕으로 막 돌아왔을 즈음, 실비아에게 강력한 영향력을 행사할 새로운 라이벌이 등장했다. 윌리엄 A. 고든이라는 사람으로 놀라우리만큼 섬세한 내과 의사였다. 1808년 매사추세츠 뉴베리포트에서 태어난 고든은 하버드 의과대학을 졸업하고 톤턴이라는 마을에서 9년간 수련을 마치고 뉴베드퍼드에 자그마한 병원을 차렸다. 실비아를 치료차 몇 번 그녀를 방문한 후 그는 점차 그녀에게 관심을 두게 되었고, 마침내 실비아는 그의 단독 환자가 되어 그의 유일한 수입원이 되었다.

닥터 고든은 뉴베드퍼드에 아내와 딸들을 두고 있었는데도, 실비아 옆에서 시간을 대부분 보내며, 그녀의 외로움과 고통을 덜어주었다. 실비아가 라운드힐에 머무는 13주 동안 닥터 고든은 24시간 내내 농장에 붙어 있었다.

닥터 고든이 실비아에게 커다란 위안을 주었다는 사실은 의심할 여지가 없었다. "저는 실비아 마님께서 박사님이 자신을 편안하게 해주려고 어떤 일도 서슴지 않고 해준다고 말씀하는 걸 들었어요. 실비아 마님은 박사님이 다른 환자한테는 절대로 그러지 않는다고 생각하셨어요." 야간담당 간호사인 엘리자 브라운이 나중에 회상했다. 박사는 그녀의 뒤틀린 척추 고통을 완화하려고 특수 베개를 만들어주었다. 그는 실비아가 집 주위를 타고 다닐 수 있게 특수 의자가 달린 가마도 만들었고, 용수철로 침대 틀을 만들어 실비아가 사람의 손을 빌리지 않고도 침대를 일으키거나 내릴 수 있게 했다. 박사는 또 세심하게 식단을 살폈고, 고통을 완화하고자 규칙적인 수영을 권장했다. 두 사람의 관계가 강렬해지자 실비아는 재정적 문제를 포함한 다른 문제도 그에게 의견을 구하기 시작했다. 이러는 사이 그는 당시 널리 약으로 쓰이는 아편을 실비아 약에 처방했다.

닥터 고든은 늘 실비아의 요청으로 조언을 해주었다고 주장했다. 이 주장은 의심할 여지없이 진실이다. 하지만 실비아가 측근에 있는 가장 강력한 사람의 영향을 받기 쉬운 처지라는 것 또한 명백한 사실이다. 이런 경우, 고통을 덜어주고 두려움에서 벗어나게 약을 처방해주는 의사가 그녀에게 가장 강력한 사람이었다 해도 무방했다. 어찌 됐든 잠재된 두 사람 간 관계의 속성이 무엇이든 간에 헤티에겐 명백하게 새로운 라이벌이 생겼고, 이번에는 하인이 아니라는 것이다. 헤티는 수백 마일 떨어진 곳에서 닥터 고든이 실비아의 엄청난 일부가 되었다는 말을 듣고 불안한 마음에 펄펄 끓어올랐다.

닥터 고든이 실비아를 위해서 행한 비 의료활동 중에는 뉴욕에 기거하는 헤티에게 실비아 이모를 방문하러 오지 말라고 조언하는 편지도 있다. 이 편지는 남아 있지는 않았고, 그저 일렉터 몬테규의 기억에만 존재할 뿐이었다. 어쨌든 이런 권한은 일렉터와 폴리 브라우넬과 같은 사람들에게는 정당한 것처럼 보였을지 모르지만, 헤티에게 이런 편지는 단지 실비아 이모와 자기 사이에 거리를 두게 하려는 침입자의 행동으로 밖에는 해석할 수 없었다.

그러는 와중에 실비아의 재산은 점점 더 늘어났고 점점 더 매력적이 되어갔다. 실비아는 로빈슨 즉 헤티의 아버지를 좋아하진 않았지만, 로빈슨의 아이작하우랜드포경사를 이끄는 경영능력 덕분에, 또 포경업이 무너지기 전에 단행한 그의 결단 덕분에 그녀의 재산은 더욱 늘어났다. 가끔 서류나 재정財政문서에 서명을 하는 것 외에는 별달리 하는 일이 없는데도 실비아의 몫은 1846년 24만 4천 달러에서 로빈슨이 사업을 문 닫을 때쯤에는 140억 달러로 늘어났다. 토머스 먼델이 관리하는 그녀의 다른 투자금 또한 1846년에 7만 7천 달러에서 1863년에는 50만 8천 달러로 늘어났다. 게다가 실비아는 7만 5천 달러 가치의 부동산을 소유하고 있었기에, 그녀의 전체 재산은 2백만 달러가 약간 넘었다. 이 시기에 실비아의 야간근무 간호사는 매일 아침 1달러씩을 받는 행운을 누렸다.

9월의 어느 날 저녁, 실비아가 재산을 모두 헤티에게 남겨준다는 유언장에 서명을 한 후 1년 9개월이 지났을 때, 실비아는 헤티의 계획에 일격을 가하는 다른 유언장을 준비했다. 이번 장소는 뉴베드퍼드가 아니라 라운드힐이었고, 헤티는 철저히 배제되었다. 하지만 이마저도 이전 상황과 비슷했다. 실비아는 전보다 훨씬 더 허약했다. 그녀가 침대에서 일어났을 때인 아침 9시, 유명한 뉴베드퍼드 변호사 토머스 도스 엘리엇이 새로운 유언장의 항목을 그녀에게 읽어주었다. 흘러내린 흰 머리에 길고 흰 턱수염을 한 인정 많아 보이는 얼굴을 한 엘리엇은 느릿느릿 고르게 유언장을 읽어 내려가, 실비아가 한 단어도 놓치지 않도록 주의했다. 엘리엇은 다름 아닌 바로 닥터 고든이 제공한 지시사항을 기초로 새로운 유언장을 작성했다. 고든에 따르면, 그는 실비아와 상세히 토론하여 유언장을 작성했다고 했다.

먼저 것보다 훨씬 더 긴 이 유언장에는 수혜자들의 이름이 워낙 많이 적힌 탓에, 읽는데에도 꽤나 오랜 시간이 걸렸다. 실비아는 엘리엇이 읽을 때마다 고개를 끄덕이었다. 읽는 것을 끝마친 엘리엇은 유언장을 실비아의 무릎 맞은편 탁자 위에 올려놓았다. 간헐적으로 그녀는 너무 허약해져서 펜조차 들 기운이 없을 때도 있었지만, 지금 실비아는 아무런 도움 없이 서명할 체력은 되었다. 그녀는 나중에 자기도 모르는 새에 혹시 페이지가 추가되는 것을 우려하여 유언장 각 페이지마다 서명했다. 그런 후, 방에 있는 증인들이 각각 서명했다. 증인에는 엘리엇, 심슨, 하트, 저명한 보스턴 내과 의사로 닥터 고든이 실비아의 상태를 상담한 닥터 제이콥 비글로 등이었다.

새 유언장에는 분명히 실비아의 재산을 훨씬 더 많은 사람이 나눈다는 내용이 들어 있었다. 실비아는 자신을 돌봐주고 오래도록 친구가 되어준 사람들에게 돈으로 감사할 기회를 얻었다. 실비아는 빈곤한 미망인들, 일부는 한 번도 본적 없는 이들에게도 재산을 남겼다.

실비아는 뉴베드퍼드의 미망인 한나 맥코프리, 엡사 셔먼, 실비아 H. 알미, 피비 앨렌, 그리고 친척이나 친구들인 다른 여러 여성에게 각각 1만 달러씩을 남겼다. 엘리자베스 A. 우드라는 미망인은 유언장에서 2만 달러를 받았다.

가정부 폴리 브라우넬은 3천 달러를 받았다. 이것으로 실비아는 폴리가 헤티에게 괴롭힘을 당한 대가를 보상해준 셈이다. 충성스러운 간호사이자 절친한 친구인 일렉터 몬테규는 5천 달러를, 야간 근무 간호사 엘리자 브라운은 3천 달러를 받았다.

현찰로 지급받지 못한 종업원들을 위해서 실비아는 각각 1만 달러씩 신탁을 걸어두었다. 신탁은 수입을 보장할 수 있었고, 수령인이 돈을 허투루 낭비하지 못하게 하는 효과가 있었다. 실비아는 수령인과의 관계를 고려하여 스스로 각자 수령인을 결정했다. 이런 신탁을 받는 사람 중에는 자질구레한 일을 처리해 주는 프레더릭 브라우넬과 폴리의 남편, 마부 파든 그레이가 포함되어 있었다. "제 생각에, 실비아 마님은 보통 저처럼, 제가 직접 번 돈을 다 써버리듯이 최선을 다하셨어요. 결국엔 저도 그것이 최선이었다고 생각했으니까요." 파든 그레이가 몇 년이 지난 후 회상했다.

실비아는 뉴베드퍼드의 다양한 분야에 재산을 남겼다. 헤티에게 모든 것을 남긴 이전 유언장과 비교하면 이것은 외부 사람들에게는 한 줄기 빛이나 마찬가지였다. 실비아는 뉴베드퍼드 보육원에 2만 달러를 남겼고, 뉴베드퍼드의 가난하고 나이 들어 허약한 여자들에게 분할 지급하도록 신탁에 5만 달러를 맡겼다.

이 유언장에는 뉴베드퍼드 도시에 20만 달러를 기증한다고 쓰여 있었다. 여기에는 제조업에 사용하라는 10만 달러가 포함되었다. 증기력의 중요성을 예견하고 있었기에, 특히 이 유산은 선견지명이 있었다고 할 수 있다. "나는 이 금액을 내 도시에 주겠어요. 그것은 도시에 제조업을 건설하고 장려하는 것에 우리 도시의 번영이 달려있다고 봅니다." 다른 10만 달러는 시의회로 돌아갔다. 이중 절반은 자유 교육을 증진시키는데, 나머지 절반은 뉴베드퍼드 공공도서관의 확대를 위해서 쓰기로 했다.

실비아는 또한 신뢰하는 몇 사람을 위해서도 상당한 액수를 챙겨놓았다. 이 중에는 토머스 먼델이 포함되어 있는데, 그는 포경회사의 파트너이자, 자신의 재산관리 매니저에다 유언 집행자이기도 하다. 실비아는 그에게 20만 달러를 남겼고, 질색하는 에드워드 로빈슨에게는 10만 달러를 제공했다. 다른 사람들과 마찬가지로 실비아도 열정이 많고 적극적인 로빈슨이 자신보다 더 오래 살 거라고 여겼다. 그래서 실비아는 늘 그에게 겁을 집어먹었다. 그녀는 또한 닥터 고든을 비롯한 수탁인 세 사람에게 현찰로 각각 5만 달러를 선물로 지급했다. 이 선물은 '존경과 호감의 표시로' 의도된 것이었다. 게다가 세 수탁인은 그들이 재산을 관리하는 한 해마다 추가로 수천 달러를 더 지급받게 된다.

남은 수백만 달러는(이것은 원래 헤티가 받기로 한 것의 절반밖에 되지 않지만) 헤티의 몫으로, 신탁을 걸어 두어 세금, 수수료, 수탁사례금, 그 외의 다른 비용을 제외하고 1년에 6만 5천 달러 정도를 받게 된다. 이것만으로도 헤티는 부자였다. 그녀가 9월의 어느 토요일 밤에 농가저택 침실에서 무엇이 행해졌는지를 어렴풋하게라도 눈치 챘다 해도, 최악의 분노를 표출하는 것 외엔 어쩔 도리가 없었다. 헤티는 재산의 통제권이 없었다. 이 돈의 관리는 다른 사람들이 쥐고 있었다. 그 중 한 사람은 아주 질색하는 침입자 닥터 고든이었다. 이제 그는 그동안의 보상을 받은 셈이었다. 이런 합의가 전적으로 실비아의 판단이었다 하더라도, 닥터 고든이 노골적으로 여자를 등쳐먹지는 않았다 하더라도, 수상쩍은 인물로 부각될 수밖에 없었다. 결국, 그는 마음을 바꾸는 약물을 죽어가는 여자에게 처방한 셈이다. 이 여인의 마지막 결정은 그를 부자로 만들어주었다.

이 유언장에는 헤티를 대경실색하게 한 또 다른 부분이 명시되어 있었는데, 그것은 나중에 헤티가 죽은 후, 신탁의 계승자는 실비아의 부계

쪽인 기드온 하우랜드 가문의 후손들에게 나누어 준다는 내용이었다.

여러 사람에게 횡재수를 뿌린 실비아의 새 유언장의 폭은 단지 그녀의 호의로 수많은 수혜자가 생겨났다는 것 이상이었다. 헤티는 철저하게 고립되었다. 훗날 헤티가 죽게 되었을 때 재산을 상속받으려는 수십 명이 줄을 서게 생겼다. 설령 헤티가 실비아 이모의 계획을 알지 못했다 하더라도, 그녀의 의심은 극단을 치달았다. 라운드힐로부터 출입을 금지당한 그녀는 뉴욕에서 속이 부글부글 끓어올랐다. 이후에 헤티는 실비아 이모가 사망할 때까지 새 유언장에 대해서는 전혀 몰랐다고 주장했다. 실비아는 헤티에게 새로운 유언장을 작성했다는 소식을 알려줬어야만 했다. 그랬다면 헤티가 유언장을 뒤집으려는 소송을 벌이지 않았을 것이다. 그렇지만 세부사항까지는 아니지만, 헤티가 곧바로 새 유언장에 대해서 알고 있었다는 확실한 증거가 있다.

1864년 8월 1일, 에드워드 로빈슨이 토머스 먼델에게 편지를 썼다. 이 편지는 증거로 채택되었고, 편지 내용은 헤티가 실비아의 새 유언장에 대해 알고 어둠 속에서만 지내 몸이 심각하게 허약해졌다는 것이었다.

> 헤티는 처형이 다른 유언장을 만들었다는 사실을 몇몇 사람들에게 은밀하게 들었다네. 나는 이것에 대해 관심없지만, 헤티는 무척 고통스러워하네. 비밀누설이 아니라면 내게 전반적인 것을 알려주면 고맙겠네. 나는 자네나 그 누구에게 이렇게 편지를 써도 괜찮은지 그것은 잘 모르겠네. 헤티와 아는 사람이 그 아이에게 정보를 전해준 모양인데, 여기선 도대체 그곳에서 무슨 일이 일어났는지 모르니 답답할 뿐이네.

만약 에드워드가 실비아의 새 유언장에 무심한 게 사실이었다면 실비아의 다음 행보에 전혀 신경 쓰지 않았을 것이다. 1864년 11월 28일, 실비아는 유언장에 몇 가지를 더 추가한 다음 서명했다. 일부 바뀐 조항들은 별다른 것이 없었다. 일부 친척들에게 돌아갈 신탁이 2천5백 달러에서 1만 달러로 바뀌었고, 가난한 선원들을 위해 국립항해사의집 건설에 2만 달러를 기부했다. 하지만 이 유언 보충서도 유언장처럼 닥터 고든의 지시를 받은 것이기에 흥미로웠다. 우선, 로빈슨에게 할당된 10만 달러를 '너무 많다는 이유로' 철회했다. 실비아는 로빈슨에게 전혀 호의적이지 않았고, 그를 무서워했다. 하지만 그녀는 점점 더 자신이 쓴 유언장의 힘을 확신했다. "나는 유언장을 아주 잘, 그리고 강력하게 만들었어. 내가 유언장에 힘을 실어놨으니 아무리 에드워드 로빈슨이라도 그걸 깨부수지는 못할 거야." 어느 날, 실비아는 하인에게 말했다.

실비아가 유언장에 추가로 기록한 주된 인물은 닥터 고든이었다. 유언장에서 5만 달러와 거의 영구적 수탁인 사례금을 받는 것 외에도 그는 '내게 보여준 전문지식과 다른 서비스, 그리고 친절함에 감사하며'라는 이유로 추가로 5만 달러를 더 남겼다. 게다가 닥터 고든의 아내 마리아 고든에게 1만 달러를, 그의 딸들에게는 5천 달러를 나누어 갖도록 했다. 결국 닥터 고든과 그의 가족은 현찰로 11만 5천 달러를 벌어들였고, 수탁인들의 권한에는 아무런 제한을 두지 않아, 닥터 고든과 다른 수탁인들은 다른 상속자들의 신탁도 관리하였다. 그러니 고든은 수탁자로 활동하면서도 상당한 수입을 벌게 되었다. 유언장 추가에 초고를 쓴 사람은 톤턴의 존 M. 윌리엄스 판사로, 전 민사법원의 대법원장이었고, 닥터 고든의 장인이었다.

1865년 봄, 너무 고집이 센 나머지 죽지도 않고 영원히 살 것만 같았던 에드워드 로빈슨이 갑자기 쓰러져 병을 얻고 말았다. 그러더니 그는 몇 달도 채 살지 못하고, 1865년 6월 14일, 저세상으로 떠났다.

헤티는 아버지와는 함께 있을 시간이 많다고 여겼기 때문에 이모의 유언장 걱정만 하며 많은 시간을 보냈다. 로빈슨이 죽은 후 공개된 그의 자산은 거의 570만 달러나 되었다. 이 중에는 16만 3350달러만이 포경선에 투자한 금액이었는데, 이것은 그를 부자로 만들어준 포경산업에서 발을 빼는데 성공했다는 단적인 증거였다. 나머지는 주식, 채권, 현금, 상선에서의 이익금 등이었다. 로빈슨은 사실상 전 재산을 유일한 상속자인 딸에게 모두 남겼다. 31세가 되는 생일에서 다섯 달이 부족한 날, 헤티 로빈슨은 부자로 다시 태어났다.

하지만 이것은 덫이었다. 로빈슨은 헤티에게서 현찰로 90만 달러가 조금 넘는 액수와 캘리포니아의 일부 재산을 직접적으로 상속했다. 나머지 500만 달러에 달하는 금액은 신탁에 걸어두고 수혜자는 헤티로 정했지만, 관리인으로 자신의 파트너 헨리 A. 바링과 아브너 데이비스를 지정했다.

정직하게 말해서 헤티는 불평할 것이 거의 없었다. 유산은 당시 미국인이 대부분 상상하는 것보다 훨씬 많았고, 이것은 그녀의 인생을 편안하고 여유롭게 하기에는 충분했다. 또 그녀가 그렇게 살기를 원한다면 그렇게 할 수 있었다. 거기다 로빈슨은 적합하다고 여기는 곳에 자산을 여기저기 분산해 놓았을 것이 분명했다. 그렇다고 해도, 로빈슨은 헤티의 소비성향과 재정관리 능력을 완전히 알고 있었다. 헤티는 그의 열성적인 학생이었고, 경제신문도 읽어주었고, 갑판을 따라다니며 그의 재정적 지혜를 모두 흡수했다. 헤티가 남자였다면 그녀는 두

말할 나위도 없이 로빈슨의 돈과 사업을 물려받았을 것이다. 하지만 그녀는 여자였고, 로빈슨은 당시 관습에 따라, 재산의 80퍼센트를 헤티를 위해 신탁에 맡겨놓아 그녀가 쓸데없는 일에 낭비하지 못하게 했다. 헤티는 이 유언장을 격렬한 모욕이라고 해석했다. 그녀는 아버지의 유언장에 평생 화를 달고 다녔다. 아버지에게서 받은 분노는 아버지가 선택한 신탁관리자에게로 향했다.

로빈슨은 죽은 후 2주가 지나서 뉴베드퍼드의 오크그로브 공동묘지의 아비 옆에 나란히 묻혔다. 이번에는 실비아의 건강이 악화되었다. 그녀는 8번가 집 침실에 누워서 지냈다. 그녀의 마지막 며칠은 삶의 통렬한 아이러니를 나타내었다. 그녀는 부자다. 아마 이 마을에서 가장 부자일 것이다. 건강이 나빠질수록 그녀의 재산은 꾸준히 증가했다. 인생의 마지막 해에 그녀는 투자한 곳에서 20만 달러를 벌었다. 하지만 육체적 병 때문에 로맨스 소설을 즐기며 다니던 뉴베드퍼드에서 라운드힐까지도 외출을 할 수 없었다. 마지막 나날들을 지켜준 사람은 주로 그녀가 돈을 지급하는 고용인들이었다. 그들은 진심으로 애정을 쏟아 그녀를 보살폈다. 물론 실비아에게 경제적인 이해관계를 빼놓을 수는 없다 하더라도 그녀를 위한 그들의 애정은 꽤나 진정한 것처럼 보였다. 간호사인 일렉터 몬테규는 실비아의 죽음을 회상했다. "나는 그분을 진정한 친구로 생각했어요. 그분에게 사랑과 존경을 느꼈어요. 그분을 편안하게 해주는 일이라면, 그분의 고통을 덜어주는 일이라면, 그분이 오랜 감금 생활에서 벗어날 수 있는 일이라면, 무엇이든 다 할 수 있었어요." 그러나 이런 준비를 해야 하는 슬픈 현실은 임종을 앞둔 실비아를 더욱 고통스럽게 한 듯싶다. 월급을 주는 종업원에게 그녀보

‖ 아비 슬로컴 하우랜드(헤티의 어머니)

‖ 실비아 앤 하우랜드(헤티의 이모)

다 더 잘할 수 있는 사람은 아무도 없을 것이다. 실비아는 이 세상을 떠나기 몇 달 전에 폴리 브라우넬을 옆으로 불러서 비밀을 털어놓았다. "내 유언장에 네가 있는 것을 기억하고 있어. 내가 너에게 남긴 돈으로 편안하게 살길 바라. 넌 내가 죽으면 날 그리워할 거야. 왜냐하면 헤티는 내가 너를 대한 것처럼 절대로 너를 대하지 않을 테니까." 이 말은 예전에 헤티가 폴리를 밀어서 계단으로 굴러 떨어진 일을 기억해 본다면 논쟁의 여지가 없이 맞는 말이었다.

실비아가 죽기 며칠 전에 그녀는 닥터 고든이 마련해 준 침대에 누워 있었다. 고요한 저녁에 야간 근무 간호사인 엘리자 브라운이 옆에 있었다. 갑자기 혼자라는 두려움이 밀려온 그녀는 엘리자에게 말했다. 이런 두려움은 평생 그녀를 따라다녔지만 죽음을 앞둔 며칠간은 더욱 강렬해졌다. "너 알고 있니, 내가 너한테 많은 돈을 남긴 거. 내가 살아있는 동안 내 곁에 머물러주기를 바라."

엘리자는 옆에서 아무런 말도 할 수 없었다. "네, 실비아 마님, 그렇게 할게요." 실비아는 일렉터나 엘리자 브라운을 늘 옆에 거느린 채 며칠을 더 살았다. 그들은 어느 정도 의연하게, 특히 죽음을 앞둔 얼마간은 더욱 꿋꿋하게 여주인 시중을 들은 것이 분명했다. 만약 그들 중 한 사람이 방을 너무 오랫동안 비우게 되면, 실비아는 그들이 어디에 갔는지, 언제 돌아오는지를 초조하게 물었다. 닥터 고든은 옆방에 머물렀다. 실비아는 자주 그를 불렀다. 어떨 때 실비아는 그저 단순히 일렉터나 엘리자에게 그가 필요할 경우를 대비해서, 그가 여전히 옆방에 있는지를 물어보았다. 이런 그녀의 두려움과는 상관없이, 친구가 필요한 그녀의 절박성과도 상관없이, 그녀가 곧 완전히 홀로 되는 여행을 떠날 것이라는 사실은 어찌할 도리가 없었다. 7월 2일, 실비아 앤 하우랜드는 저세상으로 갔다. 그녀는 삶을 수동적으로, 너무 연약하게, 너무 마르게, 너무 움츠리게, 재능을 제대로 발휘하지 못한 채로 그렇게 사라졌다. 그녀가 단지 59세였다는 것은 믿기지 않을 정도였다.

4장

'두 번째 페이지' 법정 소송

❋

헤티는 뉴욕에서 자리를 잡을 때쯤 실비아의 사망 소식을 받았다. 이 소식을 들은 헤티는 뉴베드퍼드로 가서 3주간 머무르며 실비아의 장례식을 치렀다. 실비아 이모가 죽었다는 슬픔은 고향으로 돌아가는 여정 속에서, 앞으로 있을 싸움에 대비해 굳은 다짐으로 차츰 누그러졌다. 마침내 비밀에 가려져 있던 그녀의 유언장이 공공연히 드러나는 순간이 온 것이다.

갑자기 뉴베드퍼드가 헤티에겐 색다른 장소가 되었다. 그저 영혼들의 안식처인 듯했다. 이제 어릴 때 그녀를 키워준 친척들이 모두 세상을 떠났다. 뉴베드퍼드에 사는 사람 중에서 그녀가 믿을만한 친구는 거의 없었다. 실비아의 유언장이 공개된다는 소문이 마을 전체에 소용돌이쳤다. 어느 집 응접실과 사제관, 회계과에서 새어나온 루머가 단단한 땅속부터 언덕 꼭대기에 이르기까지 너울너울 춤을 추며 다녔다. 예측이 잔물결을 타며 직접 유산을 승계할 사람들뿐만이 아니라 아주 먼 하우랜드 일가친척에 이르기까지 넘실거렸다. 그것은 먼 훗날 헤티가 죽은 후에 그녀의 신탁자금이 하우랜드 가의 친척들에게 나누어 지급된다는 소문 때문이었다.

헤티가 지긋한 중년 여성이 될 즈음인 몇십 년 후 C. W. 드레욘 니컬러스는 헤티가 실비아의 장례식을 치른 경험에 대해 기술했다. 아래 글은 1913년 〈비즈니스 아메리카〉에 나온 기사 내용이다.

> 실비아 이모의 저택은 탐욕스러운 의사와 간호사 무리의 철통 같은 통치하에 보호되고 있었다. 헤티를 뚫어져라 응시하던 한 사람(아마도 닥터 고든을 언급한 듯하다)이 큰 소리로 외쳤다. "오! 미스 로빈슨, 이렇게 당신의 슬픈 표정을 보니 참으로 안타깝군요……" 장례식 날이 되었다. 먼 곳에 사는 친척도 모두 모습을 나타내었다. 미스 로빈슨은 검은 스카프로 얼굴을 가린 채로 슬그머니 나타나서 사람들은 그녀를 알아보지 못했다. 피아노를 등지고 고개를 숙인 채 비탄에 빠진 그녀는 그저 얼굴 정도만 아는 한 부부가 낄낄거리며 하는 말을 들었다. "헤티가 죽게 되면 우리 집 전체에 온통 그린하우스를 지을 수 있을 거야."

이런 이야기를 전해준 사람이 바로 헤티 당사자이기 때문에 사실 여부를 검증하기란 불가능하다. 헤티가 실비아의 장례식에 익명으로 나타났다고는 상상하기 어렵다. 나중에 실비아의 하녀들과 간호사들은 조카는 '비탄에 젖은' 모습이 아니라 무자비하고 돈에만 관심을 보인 계산적인 여자였다고 했다. 하지만 니컬러스의 묘사에서 진정으로 알 수 있는 것은 친척들을 설명하는 세부사항의 정확성이 아니었다. 그녀가 뉴베드퍼드에 도착해 기차에서 내리자 그곳 사람들의 얼굴에서 탐욕을 보았을 때, 당연히 그들도 그녀의 얼굴에서 탐욕을 보았겠지만,

헤티의 마음속에 각인된 생생함이었다.

장례식에 이어 유언장을 읽을 때 헤티는 각 조항을 들으며 끓어오르는 분노를 삭이며 묵묵히 앉아 있었다. 앞으로 100만 달러 신탁수입을 평생 받게 될 것이라는 유언은 그녀의 귓가에 들리지도 않았다. 오직 그녀의 귀에 들린 것이라고는 크고 작은 모욕뿐이었다. 그녀는 현찰로 받지 못했다. 본질적으로 그녀는 10만 달러나 20만 달러를 직접 현찰로 받는 과부들 부류보다도 더 손에 쥘 것이 없었다. 유언장과 그 보충서에 약술한 대로, 닥터 고든과 그의 가족 몫으로 돌아간 거대한 현금은 헤티를 자극했다. 하지만 가장 큰 모욕은 극도로 마음에 들지 않는 닥터 고든이 상속을 집행하는 수탁자들 가운데 한 사람이라는 것이었다. 그는 앞으로 그녀를 위해 재정적 결정을 하고, 수수료 명목으로 해마다 수천 달러를 갈취해갈 것이다.

마지막 모욕은 빈정거림과 함께 시작되었다. 실비아가 처음에 헤티의 아버지에게 남긴 10만 달러는 아버지가 불시에 돌아가신 상황에서 그녀의 것이 되어야 했지만, 유언 보충서에는 아버지의 몫이 삭제되어 있었다. 설령 헤티가 미리 실비아의 마지막 유언장에 대한 상세 사항을 알고 있었다 하더라도, 이것은 그녀가 우려한 최악이었다. 정당한 분노가 일어나면서 그녀는 이것을 멈출 방법을 모색했다.

헤티의 뉴베드퍼드 변호사 윌리엄 크레이포는 실비아의 새 유언장이 파생할 위력과 우려를 인식했다. 그는 또한 어정쩡한 자세를 취했는데, 그것은 헤티와 그녀의 아버지를 위해서가 아니라 수년 동안 알고 지낸 실비아를 위해서였다. 비록 그가 다가올 법정에서 헤티를 대신하여 증언을 하게 되고, 일곱 명의 변호사 중 한 사람으로 역할을 하게 되지만, 이 전투에 불쾌감을 느꼈기에, 헤티의 태도에 미온적인 지지 이상을 보내지 않았다. 헤티가 이 싸움을 시작했을 때 새로운 인물이 등장했는데, 최근에 뉴욕으로 이사 온 건장하고 부유한 남자 에드워드 헨리 그린이었다.

버몬트 주 벨로스폴스 출신의 그린은 2월에 로빈슨의 집에서 헤티를 만났다. 에드워드 모트 로빈슨이 30세의 딸아이와 가끔 사업상 만나는 44세의 독신 에드워드를 소개해줄 때는 이미 그는 병든 상태였다. 벨로스폴스에서 저명한 상인의 아들로 태어난 그린은 1838년 열일곱 살에 고향을 떠나 보스턴에서 자리를 잡았다. 9년 후, 상인으로 입지를 굳힌 그린은 필리핀으로 떠나서, 그곳에서 대략 20년간 머무르며, 차와 실크, 그 외 상품들을 러셀스투리기스앤컴퍼니와 교역해서 재산을 모았다. 1860년대 중반쯤 그는 미국으로 돌아와 러셀스투리기스 뉴욕 사무실을 내었다. 이런 그의 결정은 1863년 마닐라를 강타한 어마어마한 지진에 영향을 받았을 가능성이 크다. 그때 지진으로 많은 사람이 파편 더미 속에 깔려 죽임을 당했다. 그린은 당시에 사업차 홍콩에 출장 중이었다. 하지만 이것은 그를 깨어나게 했다.

"간발의 차이로 위기를 모면한 게 틀림없어."

그는 펜실베이니아에 있는 친구에서 편지를 썼다.

헤티와 에드워드가 처음에 어떻게 만났는지에 대해서는 의견이 분분하다. 그 가운데 한 가지는, 그린이 일본에서 미국인 비즈니스맨 모임에 참석했는데, 누군가가 '미국의 부자 상속녀 헤티 하우랜드 로빈슨'을 위해 건배를 하자는 얘기를 들었을 때 처음으로 헤티에 대해서 들었다고 한다. 이 말을 들은 그린은 테이블을 주먹으로 탕탕치며 선언했다고 한다. "나는 그녀와 결혼할 겁니다." 이 이야기는 화려하긴 하

‖ 헤티 그린(26세 때의 모습)

지만 아마 사실은 아닐 것이다. 헤티는 미국의 가장 부유한 상속자임에도 그때까지는 진정한 부자가 아니었고, 더군다나 외국의 낯선 사람들에게까지 소문이 퍼질 만큼 유명하지도 않았다. 또 다른 이야기는 있음 직한 시나리오로, 그린이 뉴욕의 한 연회장에서 헤티에 관한 소식을 듣는다. 1865년 2월, 두 사람은 에드워드 모트 로빈슨의 집에서 만난 후 몇 주 내에 각별한 사이가 된다. 6월쯤 에드워드 모트 로빈슨이 사망하기 2주 전에 두 사람은 약혼을 한다.

돈에 대한 각별한 애정을 제외하고는 에드워드와 헤티는 공통점이 거의 없었다. 그들은 기묘한 커플이었고, 그들의 차이점은 해가 갈수록 선명해졌고, 이것으로 말미암아 두 사람은 자주 불행 속으로 빠져들었다. 우선, 에드워드는 퀘이커교도가 아니라 감독교회 신도였다. 두 사람 다 유난히 믿음이 깊은 것은 아니었기에, 종교가 다르다는 것이 그리 큰 장벽은 아니었다. 하지만 퀘이커 전통은 헤티를 근검절약하도록 인도했고, 사치스러움을 부정했기에, 도가 지나친 헤티는 결국 에드워드 그린을 한동안 잃게 되었다. 그는 190센티미터가 넘는 키에, 몸집이 크고 풍채가 좋았고, 천성이 부드러웠고 아주 잘 웃었다. 극동에서 머무르는 내내 그는 홀로된 어머니에게 정기적으로 돈을 보냈고, 벨로스폴스에 어머니가 기거할 편안한 집을 사드렸다. 그는 좋은 음식과 와인을 즐겼고, 옷을 잘 입었으며, 사교 모임을 즐겼다. 그는 팁도 관대했고 돈도 잘 꾸어줬고, 자신의 돈으로 살 수 있는 사치품, 안락함, 위신 등을 즐겼다. 그는 친구에게 편지를 썼다. 뉴욕은 "낯선 사람에게는 꽤나 유쾌한 장소야. 무도회도 많고, 저녁 만찬과 파티가 늘 열린다네." 이 편지는 1865년 7월에 쓴 것이고, 비록 언급되지 않았지만, 의심할 여지없이 헤티가 수많은 무도회와 만찬, 파티 등에 동행했을 것이다.

헤티와 에드워드가 함께 행복했다는 풍문은 두 사람의 성향을 판단해볼 때, 상당한 격차가 있다. 그들은 서로 원하는 것이 달랐고, 서로 정의하는 행복이 달랐다. 그렇다면 그들은 서로 무엇에 이끌렸을까? 에드워드는 틀림없이 여성으로서 아주 드문 헤티의 사업지식에 매력을 느꼈을 것이다. 에드워드가 감탄한 또 다른 헤티의 매력은 그녀의 미모와 예리한 위트였다. 물론, 그녀가 물려받은 재산도 한몫했을 것이다. 비록 그는 그녀의 재산을 조금이라도 소비하려면 그 가치보다 훨씬 더 많은 대가를 치러야 한다는 것을 깨달았지만. 에드워드는 스스로 100만 달러에 가까운 재산을 모았기 때문에 굳이 그녀의 돈이 필요치 않았다. 더욱이 헤티의 돈은 그녀의 거친 부분을 보상해주는 단순한 장신구였을 뿐이었다.

헤티는 에드워드가 소비를 좋아하는 것을 알고 있었다. 하지만 그가 자수성가해서 번 재산은 그의 비즈니스 능력을 입증해주었고, 그녀의 아버지는 그런 에드워드를 마음에 들어 했다. 헤티는 다른 무엇보다도 그의 비즈니스 결단에 점수를 많이 주었다. 에드워드는 용도가 무엇이든 자신의 돈을 쓰고 살았고, 아주 오랫동안 그는 그녀의 돈에 손대지 않으려고 노력했다. 혹여 헤티가 에드워드에 대해 조금 의혹이 있었다 해도, 그는 절박한 상황에 뉴베드퍼드로 와서 그녀의 충실한 친구로서 역할을 해줌으로써 자신을 입증했다.

실비아의 장례식에 이어서 공표된 유언장은 공격할 여지없이 완벽했다. 존경받을 만한 사람들이 증인을 섰고, 빈틈없고 정확했다. 피할 수 없는 이것을 뒤집을만한 희망이라고는 어떻게 해서든 1860년과 1862년에 서명하여 그녀와 실비아가 상호 교환한 유언장이 진짜라는 것을 입증하는 길밖에 없었다. 좀더 엄밀히 말하면, 그녀는 지금 대체된 유언장이 무효라는 사실을 제시해야만 했다. 그러려면 서둘러서 움직여야만 했다.

장례식이 있던 날 저녁에 8번가의 실비아 집에서 헤티는 행동을 개시했다. 헤티는 실비아의 트렁크 열쇠를 보관한 나이든 가정부 폴리 브라우넬을 불러들였다. 석유램프가 희미하게 불을 밝히는 곳으로 폴리와 일렉터 몬테규, 헤티는 위층 실비아 방으로 올라갔다. 에드워드는 아래층에서 기다렸다. 헤티 말을 빌리자면, 그녀는 폴리에게 트렁크 문을 열라고 한 다음, 서류 몇 장을 꺼내라고 했다. 폴리는 시키는 대로 했다. 하나는 레몬 색깔의 봉투로, 여기에는 헤티의 유언장이 들어 있었고, 다른 흰색 봉투에는 실비아의 1862년 유언장 사본이 들어 있었다. 그녀는 여기에 붙은 두 번째 페이지는 그녀가 유언장에 서명한 직후 실비아의 요청으로 추가된 것이었다고 주장했다. 두 번째 페이지에는 이후로 나오는 어떤 유언장도 검열 판사에 의해 자동으로 무효처리 될 것이라는 실비아의 명확한 요구가 적혀 있었다.

에드워드는 비록 유언장을 찾으러 간 날이 장례식이 끝나고 이틀 뒤라고 증언을 실수했지만 헤티의 주장이 맞다고 진술했다. 폴리와 일렉터는 에드워드가 그 집에 있지도 않았다고 주장했고, 트렁크 안을 뒤적거린 것도 폴리가 아니라 헤티였다고 했다. "일렉터와 저는 문 앞에서 있었어요. 아가씨가 방으로 들어가더니 트렁크 쪽으로 갔어요. 아가씨가 무엇을 했는지는 보지 못했어요. 저는 금방 아래층으로 내려왔어요." 폴리가 말했다. 일렉터는 헤티가 서류 몇 장을 꺼내는 것을 보았지만 무슨 내용의 서류인지는 몰랐다고 했다. 이런 차이는 중대했다. 헤티는 옆에 있는 누군가가 유언장에 붙은 두 번째 페이지를 보았다는 사실을 입증할 필요가 있었다. 그래야 자신이 실비아가 죽은 후에 두 번째 페이지를 작성한 후 이모의 서명을 위조했다는 의심에서 풀려날 수 있었다.

'두 번째 페이지' 전략에 착수한 헤티는 정면 돌파를 시도했다. 그녀는 실비아의 수혜자들 가운데 지지를 얻으려는 노력을 기울였다. 그녀는 일렉터에게 실비아가 자신과 그녀를 둘 다 무시했다는 사실을 이해시키려고 했다. "우리는 우리의 돈을 지킬 능력이 없어. 네 것은 신탁에 걸려 있고, 내 것도 마찬가지야." 사실, 일렉터는 현찰로 5천 달러를 받기로 되어 있었다.

다음날 헤티는 또 다른 접근법을 시도했다. "우리는 실비아 마님의 농장에 있었어요. 아가씨는 제게 응접실로 오라고 했어요. 아가씨는 유언장에 관한 말씀을 하셨어요. 이모님이 자신의 몫에 해당하는 걸 주지 않았다고 하셨어요. 제가 아가씨 편이 되어 준다면 많은 돈을 주겠다고 했어요." 일렉터는 그 제안을 거절했다고 했다.

헤티는 그해 여름, 에드워드와 함께 뉴욕과 뉴베드퍼드를 자주 드나들었다. 7월의 어느 날, 실비아의 마부였던 파든 그레이는 마차 한 대가 자신의 집 앞으로 오는 것을 보았다. 마차에는 헤티와 뉴욕에서 온 몸집이 큰 낯선 남자가 타고 있었다. "닥터 고든이 당신의 이모님이 돌아가신 이후로 당신을 보러 오지 않는 것이 이상하지 않나요?" 에드워드가 파든이 들을 만큼 큰 목소리로 헤티에게 물었다.

"양심 때문이겠죠."

그런 후 두 사람은 파든 그레이에게 직접적으로 관심을 돌렸다. 그들은 그가 받은 1만 달러가 모두 신탁에 걸려 있는 점을 지적했다.

"돈을 지금 당장 받는 것이 더 좋지 않아요?" 헤티가 물었다.

"당신은 닥터 고든에게 가서 모자를 벗으며 그에게 당신의 배당금을 요청해야 할 거요. 그가 마음이 내키지 않는다면, 다음에 다시 오라고 할 거고요." 그린이 덧붙였다.

나중에 헤티는 파든 그레이를 방문한 것은 사실이지만, 그저 말을 사는데 조언을 듣고 싶어서였다고 증언했다.

마을 사람들을 자기편으로 회유하는데 실패한 헤티는 한 달 후 기차를 타고 잠시 톤턴으로 가서 에드먼드 H. 베넷을 만났다. 베넷은 유언검인 법원의 판사로, 이 유언장을 인정 해야 할지를 결정해야 하는 인물이었다. 헤티는 이미 베넷에게 편지를 써 놓은 상태로, '부당한 영향력' 이 실비아 이모에게 행해졌다는 불평을 토로했었고, 실비아가 유언장과 그 보충서에 서명을 할 즈음에 정량의 아편제를 처방했는지를 조사해달라는 요청을 했다. 이 편지에는 그가 뉴베드퍼드에 오면 자신을 방문해 달라는 초대의 글도 있었다. 그녀는 자신의 이름과 주소를 동봉했다. 베넷은 이 편지를 무시했다. 그러자 헤티는 판사를 불시에 방문했다.

그녀는 실비아 이모의 새 유언장 음모자들을 공격하기 시작했다. 특히 닥터 고든에게 초점을 맞추었다. "나는 수수료를 청구하지 않는 수탁자를 고용할 겁니다. 그 수수료를 판사님께 드리지요."

판사가 그녀를 한동안 뚫어지게 응시했다.

"내가 제대로 들은 거 맞나요?"

헤티는 제안을 반복해서 말했다.

베넷은 그녀를 냉정하게 바라보았다.

"이봐요, 젊은 아가씨, 나는 법과 증거에 의거하여 문제를 결정합니다. 더는 아무 말도 듣고 싶지 않군요."

다행스럽게도, 판사는 기분이 상했어도 그녀를 뇌물수수 시도로 감옥에 보내지는 않았고, 헤티는 사무실을 나와 오후 기차를 타고 뉴베드퍼드로 돌아왔다. 이에 굴하지 않고 그녀는 기차를 타기 전에 한 가지 문제를 더 처리했다. 베넷 판사가 점심을 먹으러 집에 와 보니, 아이들에게 선물을 사주라는 돈 봉투 하나를 보았다. 판사는 헤티에게 돈을 돌려보냈다. 그로부터 한 달 후 그는 실비아의 마지막 유언장을 승인했다.

헤티는 대법원에 항소했지만 곧 이것을 취하했다. 대신에 1865년 12월, 미국 순회재판소에 수탁자들을 고소하기로 했다. 헤티는 자신이 하우랜드가 재산의 유일한 직계상속자로서 법으로 이 재산의 권리를 인정받아야 한다고 주장했다. 그녀는 닥터 고든과 그 외 사람들이 마약복용으로 더욱 연약해진 실비아 이모를 조정하여 부당한 유언장을 만들었다고 주장했다. 실비아가 제 정신이었을 때는 늘 조카인 자신이 모든 재산을 상속받기를 원했다고 했다.

이에 응하여 수탁인 변호사들은 헤티를 가혹하고 냉정한 음모가라고 몰아세웠다. 피고 측에 의해 불려온 4명의 증인 가운데 폴리와 일렉터는 헤티가 언짢은 기분으로 집착하며 자신들을 괴롭힌 일을 상세하게 설명했다. 이것은 헤티의 개인적 결함까지 깊이 파고드는 지독히도 노골적인 설명이었다. "실비아 마님은 모든 걸 아가씨에게 남기고 싶지 않다고 여러 번 말씀하셨어요." 일렉터가 말했다. 확대하여 해석하면, 수탁인들은 실비아의 상속분을 받으려고 줄을 선 수십 명, 즉 미망인들, 자선단체, 하인들, 실비아 친척들의 이익을 대변했다. 어쨌든 세상에 대항하는 것은 헤티였다.

법정에서 소송이 진행되면서, 이것은 두 갈래로 갈렸다. 한쪽은 부유한 노처녀 이모와 야심에 찬 탐욕스러운 조카의 음모로, 라운드힐 농장에서 칙칙한 등불이 켜진 외로운 밤, 하인들의 가십, 난폭하게 밀치며 계단을 내려오는 간호사들, 언짢은 기분, 소모된 신경, 요즘 유행하는 멜로드라마의 전조 같은 느낌이 들었다. 다른 한쪽은 서명과 증거 위조와 관련된 어려운 과학적 소송 같은 느낌이었다.

헤티가 주장하는 실비아의 1862년 유언장에 추가된 증거 조작은 지금은 '두 번째 페이지second page'로 악명 높아졌다. 그 증거를 소개하겠다.

> 나 뉴베드퍼드의 실비아 앤 하우랜드는 유언장의 두 번째 페이지를 만들어 선언하고, 이미 알고 있듯이, 유언장은 1월 11일에 만들었다. 이로써 이전에 만들어졌거나 이 이후에 만들어지는 것은 모두 무효처리

한다. 내 조카가 모르는 다른 유언장이 나타나거나, 내가 신뢰하는 토머스 먼델을 통해서 그녀에게 유언장이 공개되지 않을 경우, 나는 이 유언장을 내 조카에게 주겠다. 나는 판사에게 이 유언장을 토대로 판단해줄 것을 간청한다. 내가 조카에게 불리한 유언장을 만들 만한 이유는 아무것도 없기에, 나를 돌봐주는 사람들이 내가 유언장을 새로 만들었다고 주장해도 일축해 버리고, 내 조카에게 이 유언장을 보이도록 하라. 나는 한쪽 말만 듣는 처지이기에, 그들이 나에게 진실이 아닌 것을 말하여 문제를 일으키려 할 때, 나는 그들에게 조작된 조카 얘기를 듣고 마음을 다칠 것이다. 나는 불가피하게 필요하다면 이 유언장을 조카에게 보여서, 혹시 내가 죽은 이후 발견될 또 다른 유언장에 대항하도록 하겠다. 나는 조카가 내가 건강이 좋을 때 만든 이 유언장을 보기를 바란다. 우리 주님의 해 1850년 3월 4일에 만든 유언장은 내가 평생 조카에게 재산을 물려주기를 소망했다는 증거로 삼아라. 그럼으로, 나는 아버지가 나에게 재산을 상속한 것처럼 거리낌 없이 내 조카에게 상속한다. 나는 아버지와 동생에게 수없이 약속한 대로, 조카에게 모든 것을 준다. 단지 10만 달러는 현재 친구들과 이해관계가 있는 사람들에게 지급한다.

나는 이 문서에 내 서명을 증거로 우리 주님의 해 1862년 1월 11일 날짜로 이를 봉한다.

실비아 앤 하우랜드

이 서류가 언제 누구에 의해서 계획되었는지는 모르지만, 실망스럽게도 입안자가 너무나 뻔하게 실비아의 두려움이 아니라 헤티의 두려움을 가라앉힐 법을 모색하는 것이 보였다. 이 글은 우스꽝스러우리만

▮ 실비아 이모의 유언장 서명(이것이 위조일까?)

큼 서투르다. 숙련된 사기꾼이었다면 이 서류를 좀더 일반적이고, 좀 더 다의적이고 포괄적으로 만들었을 것이다. 위에 쓰인 대로 두 번째 페이지는 실비아의 마지막 유언에 대한 다소 애처로운 반응 정도 외에 별다른 것으로 해석하기는 어렵다. 이런 형편없는 항소는 소송을 생각 외로 일찍 결론지었다. 10만 달러를 친구들과 이해관계가 있는 사람들에게 주라는 언급은 분명히 헤티의 행동 반대편에 선 일렉터와 그녀의 측근들을 염두에 두고 한 말인 듯하다. 이 글 이면을 들여다보면 헤티가 왜 이 유언장과 서명을 위조했는지는 적어도 읽을 수 있다. 어째서 두 번째 페이지 내용이 원래 유언장에 기록되지 않았을까? 이 서류가 증거로 등장했을 때 가장자리에는 바늘구멍이 숭숭 뚫려 있었다. 헤티는 내용의 유출을 막으려고 실비아와 함께 종이를 꿰맸다고 했다. 그들은 두 번째 페이지를 사람들의 당황함을 좀 줄여볼 요량으로 별개 문서로 만들었다고 했다. 그 이유인 즉, 실비아가 죽은 후 그녀의 측근들이 새로운 유언장을 만들지 않을 경우를 대비하여 그렇게 했다고 했다. "그들이 그녀의 재산을 강탈하려 하지 않았다면, 그럼 나는 이 문서를 떼어 먼델 씨나, 아마 판사님에게만 보였을 겁니다." 헤티가 설명했다.

피고인 측이 서류가 위조라는 것을 밝히는 데는 별로 시간이 걸리지 않았다. 하지만 이 소송에서 가장 의미심장한 부분은 서류 자체가 아니라 맨 밑에 있는 실비아의 서명이었다. 1862년 유언장에 한 실비아의 서명은 세 명의 증인들 앞에서 한 것이라 아무도 의심하지 않았다. 하지만 실비아가 두 번째 페이지 두 장에 각각 서명할 때는 증인이 헤티뿐이었다. 세 항목 모두에 기록된 서명은 거의 진짜처럼 보였다. 마치 누군가가 유언장에 있는 서명을 '두 번째 페이지' 두 장에 복사라도 한 것처럼. 그렇다면 헤티 로빈슨이 위조범일까?

소송의 전모를 파헤치려고 내놓으라하는 유명 과학 인사들이 모인 건 좀처럼 드문 일이었다. 열정을 가지고 양측은 전문적 의견을 구할 유명한 인사를 찾았다. 그들이 찾은 사람으로는 루이스 아가시, 올리버 웬들 홈스, 벤저민 피어스, 그리고 미국 6대 대통령과 이름이 같은 그의 손자 존 퀸시 애덤스 등이 있었다. 그들의 조서는 개별적으로 여러 달에 걸쳐 진행되었고, 대체로 특수 검시관 프랜시스 W. 팔프리의 보스턴 실험실에서 이루어졌다. 하지만 부의 유혹과 결합한 이 스타들의 모임은 이 소송을 19세기 가장 주목할만한 민사소송으로 만들어놓았다.

전문가들의 증언 가운데 저명한 하버드대학의 루이스 아가시는 이 임무에 상당한 매력을 느끼는 것처럼 보였다. 스위스에서 태어난 아가시는 유럽에서 빙하시대 연구를 포함한 동물학과 지질학 분야에서 첫 연구서를 편찬했다. 그의 작품이 아메리카 대륙과 유럽에 알려지면서 그는 유명세를 타기 시작했고, 1848년에 미국으로 건너와 강의와 연구를 했다. 1848년경 그는 비교동물학 박물관 학과를 만들어, 하버드에서 박물학과 학장이 되었다. 그의 명성은 정점에 올라 있었고, 60번째 생일을 한 달 앞두었을 때인 1867년 봄에 헤티의 편에 선 시드니 바틀릿이 박물관에 있는 그의 사무실로 실비아의 서명을 보내왔다. 아가시는 그것을 현미경으로 자세히 조사하기 시작했다. 그는 자신의 능력을 보여줄 이번 기회가 반가웠다.

아가시는 과학 천재라는 자신의 명성을 더욱 드높였다. 헤티의 편에 선 아가시는 말했다. "나는 평생을 박물학 연구에 바쳤습니다. 어렸을 때부터 이 일을 시작해서 지금까지 이 학문을 추구하고 있습니다. 지금도 연구를 하고 있는 학생의 자세로 살고 있습니다. 이런 연구는 매우 광범위한 현미경 사용과 관련이 있습니다." 그는 자신이 현미경 분야에 전문가라고 생각하느냐는 질문을 받자 건조하고 묵직한 영국 억양을 사용하여 대답했다. "한 분야에서 오랫동안 훈련받은 사람은 전문가입니다. 그 사람이 자신의 일에 적당한 열정과 적당한 관심이 있다면요."

이번 소송에서 아가시는 의문 투성이의 두 서명에서 잉크 하단 부분에 연필나국이 있는지 없는지를 아주 명확하게 검사해 달라는 요청을 받았다. 물론 연필자국은 서명이 베껴진 것이라는 치명적 폭로가 될 수 있었다.

아가시가 증명한 내용이다.

> 나는 문서들을 아주 세밀히 검사했다. 우선 다양한 배율로 제출된 과제를 전체적으로 검사했다. 맨 먼저 육안으로, 다음엔 안경을 끼고, 다음엔 단순한 렌즈로 직경을 절반에서 그 두 배까지 다양한 배율로 살폈다. 이런 기본검사는 늘 하는 것으로, 과제물에 정통해지고 싶어서이다. 배율이 낮으면 동시에 전체 대상을 볼 수 있고, 확인할 수 있다. 다음엔 복잡한 현미경으로 3인치 배율로 검사한다. 이때는 편지 전체의 단어 하나하나를 볼 수 있다. 그런 후 반인치 배율을 더 높였다가 좀더 높인다. 손으로 쓴 필체는 이보다 더 높은 건 허용하지 않는다. 그것은

글자들의 아주 작은 부분만을 렌즈 초점 아래에 놓을 수 있기 때문이다.

그런 후 작은 세상이 거대한 세상으로 확대된 것을 처음 보는 어린아이처럼 흥분한 아가시는 종이의 구조를 설명했다.

배율을 최고로 높이면 종이의 짜임새가 명확하게 노출된다. 이렇게 보면, 펠트로 만든 종이의 섬유 구성을 볼 수 있는데, 모든 방향에서 서로 교차되어 함께 압박을 가한다. 현미경으로 표면에 있는 섬유조직을 추적하는 건 쉬운 일이고, 더 큰 깊이를 구별하기도 용이하다. 이 펠트 안으로 잉크가 관통하는데, 고르지 않게 스며들어 잉크의 진한 부분이 더 많은 표면의 펠트 섬유조직을 따라 축적하면 할수록 잉크가 더 많이 깊게 스며들게 된다. 결국 여기저기서 두개가 함께 만나게 된다.

아가시가 말하기를, "현미경으로 보면, 종이 위에서 시시각각으로 번지는 두터운 잉크 덩어리는 흡사 봄에 홍수가 난 후에 강둑 위 덤불 밑의 진흙과 비슷합니다." 아가시가 하고자 한 말은 서명이 자연스럽게 쓰였다는 것이다. 연필 자국에 대해서 그는 설명하기를, "서명의 여기저기를 살펴보았지만 잉크에서 이질적인 재료를 발견할 수 없었습니다. 만약 이 경우에 연필이 사용되었다면, 유동 물질이 아닌 연필은 종이의 표면 섬유조직에 흔적을 남겼을 것입니다. 다른 것들보다 더 희미해 보이는 글자는 종이 표면에서는 희미한 색깔일수록 더 진해보입니다. 이런 정확성은 의심할 여지가 없습니다." 그는 또 덧붙이기를, "나는 서명 세 개를 각각 따로 검사하는 것 외에도 주의 깊게 비교했으나, 그것들 중 그 어느 것도 글자를 위조하고자 다른 이물질을 사용했다는 징후를 찾지 못했습니다."

아가시의 입증이 있은 지 2주 후에, 바틀릿이 유명한 저술가인 닥터 올리버 웬들 홈스와 하버드 의과대학 해부생리학 교수 파크먼에게 서명을 보내 위조여부를 문의했다. 법과 의학을 둘 다 공부한 홈스는 57세로, 보스턴에서 아주 추앙 받는 인물이다. 그는 또 가벼운 시와 심리소설을 저술하기도 했고, 「산욕열의 전염성」이라는 논문을 발표하기도 했다산욕열-분만할 때 세균감염으로 발열이 일어나는 전신 감염증-옮긴이. 그는 〈애틀랜틱 먼슬리〉의 창시자이자 이 잡지에 아주 많은 기사를 싣는 기고가이기도 했다. 그는 하버드 법대생이었을 시절인 스물두 살 때 「오래된 범선」이라는 시를 지어 역사적인 배 컨스티튜션Constitution을 재건해야 한다고 주장하였다. 이 시는 19세기 명시선집에 중요 작품으로 남아 있다. 하지만 헤티 측 변호사들의 관심을 끈 것은 현미경에 대한 그의 전문지식이었다.

"광학이 아닌 현미경 조작으로 나는 좀더 향상된 걸 알아냈습니다." 홈스는 서명을 검사한 후 질문한 사람에게 겸손하게 말했다. 홈스는 일광과 가스등 밑에서 단순하고 복잡한 현미경을 사용하여 문서를 샅샅이 살펴보았다. 그의 분석은 본질적으로 아가시와 부합했다.

"나는 이 서명이 모사된 것이라는 증거를 찾지 못했습니다."

홈스가 선언했다.

하지만 이것으로 연필자국이 없다는 설명을 하기에는 충분치 않았다. 헤티의 변호사들은 각각 세 문서에 거의 동일한 것처럼 보이는 실비아의 서명이 위조가 아니라는 문제를 극복해야만 했다. 사람의 필체는 서명할 때마다 조금씩이라도 차이가 나기 마련이었다. 연필의 도움을 받았든 그렇지 않든, 이런 극한사항을 믿도록 하는 게 관건이었다.

그래서 변호사들은 서명 필체뿐만이 아니라 글자까지도 모사할 수 있는지를 알아보려고 이 분야에 일가견이 있는 사람들을 모으기 시작했다. 이들 가운데 보스턴서퍽내셔널 은행의 은행장인 새뮤얼 스웨트는 말했다. "나는 서명을 놀라우리만큼 균일하게 하지요. 제 생각으로는, 사람이 자기 이름을 하루에 여러 번 서명하다보면 서명이 몹시 일정하게 된다고 믿습니다…… 내 서명이 이렇게 고른 것은 자주 서류에 서명을 하기 때문입니다."

물론, 이 주장은 헤티의 적들에게 더 귀중한 것일지도 모른다. 왜냐하면 이것은 노익장을 과시하는 건장한 은행장이 수많은 서류에 서명하는 모습은 외로운 신체장애자가 이따금 손가락 사이에 펜을 들고 서류에 앉아서 서명하는 모습과는 완전히 대조를 이루었다. 사실, 이 증언은 헤티에게 불리했다.

변호사들은 균일한 필체를 가진 다른 개인들을 수소문했다. 이 가운데 가장 저명한 사람은 존 퀸시 애덤스였다. 사망한 지 거의 20년이나 된 6대 대통령의 손자로, 그는 서른세 살에 대통령의 오래된 서재에서 지급 중지된 개인수표가 수십 장 든 상자 하나를 우연히 발견했다. 이것으로 말미암아 그는 이 프로젝트에 참여하게 되었다. 수표에는 대통령의 필체가 적혀 있었고, 대통령은 수표에 서명한 자신의 우표를 사용하는 대신 늘 낱낱이 수표에 서명하는 것을 즐겼다.

조각가와 모사가, 필적 전문가들이 적극 참여하여 위에서 언급한 개 개인들의 다양한 서명을 검사해서 그들의 필체가 위조인지 아닌지를 알아보기로 했다. 존 A. 로웰은 스물아홉 살의 보스턴 조판공으로 수많은 서명을 감정했다. 로웰이 이 분야에서 전문가라는 사실은 의심할 여지가 없지만 판사가 그의 증언에 귀를 기울일지는 생각해 볼 일이었다. "나는 존 퀸시 애덤스의 것에서, 24번이 49번과 비슷하고, 51번과 58번이 같고, 10번과 1번이 맞지 않는 것을 발견했습니다."

조지 마티오는 워싱턴에 소재한 미국해안연구소 촬영부의 국장으로, 훨씬 더 난해한 부분을 맡았다. 모사 전문가인 마티오는 테이블 크기의 지도를 종이 크기로 축소하는 방법을 출판 목적으로 고안해내었다. 헤티의 변호사들은 그가 서명을 검사하여 자신의 권위를 증명해보이기를 적극적으로 권유하였다. 마티오는 그렇게 할 작정이었다. 하지만 특히 반대심문에서 그의 증언은 다양한 렌즈 타입의 특징, 종이의 제조 과정, 그리고 해안연구소에서 제도대로 종이를 옮길 때 사용하는 집게의 유형과 외형에 이르기까지 폭넓은 주제에 봉착하자 표류하기 시작했다. 오후 대부분과 다음날 아침까지 계속된 극도로 고통스러운 검사 시간은 보이랜더 렌즈의 성능을 시험대에 오르게 했다. 그의 증언이 거의 끝나갈 무렵 상대편 변호사는 서명을 검사하는 시간이 길었는지, 아니면 짧았는지를 물었다. "꽤 길고 지루했습니다." 그가 대답했다. 그곳에 출석한 사람들이 그의 고통을 느낀 것은 두말할 필요도 없었다.

피고 측 변호사들은 정확하게 이것과 반대의 입장을 표명하는 증인들을 헤티 측 증인과 똑같은 숫자를 내세웠다. 그들은 이 서명이 너무 한결같고 정확해서 오히려 위조라고 주장했다. 44세의 조지 A. 소여는 필적과 부기의 대가로 '두 번째 페이지' 복사본에 대해 이렇게 진술했다. "이 서명들은 자연스럽지 않습니다. 이들은 유언장의 첫 서명과 정확하게 똑같이 보이려고 노력한 흔적이 역력합니다." 소여는 즉각적이고 노골적으로 위조라는 의심을 내비쳤다. "이건 확신합니다. 내가 처음 이 서명을 보았을 때부터 확신을 가졌습니다. 위조지폐 감별자들과 필사본을 연구하는 사람들은 종종 말로 이유를 표현하지 않는 의견 형태를 갖고 있기도 합니다. 내가 이 서명들이 진짜가 아니라고 생각하는 이유를 모두 말로 표현하기란 불가능합니다."

조지 N. 코머는 커머셜 칼리지 총장으로, 필적과 부기를 전공하였는데 중요한 두 가지를 제시하려고 법원에 출석했다. 하나는 서명은 연필을 사용하지 않고도 쉽게 위조할 수 있다는 것을 보여주기 위해서였다. 코머의 주장은 권위 있는 아가시와 홈스의 영향력에 큰 타격을 주었다. 두 번째 페이지 서명은 "연필이나 다른 도구에 의존하지 않고 베낀 것으로 보이며, 결과적으로 더욱 거침이 없습니다." 코머가 말했다. 그는 덧붙이기를, "나는 모든 서명에는 위조 가능성이 있다고 봅니다. 그런 서명에는 진짜 서명이 지닌 특징이 나타나 있지 않습니다."

하지만 이런 답변이 필적 전문가들을 애매모호하게 하지는 않았다. 피고 측 변호사들은 유명인사들의 능력을 이용하기로 하고, 하버드 수학자 벤저민 피어스와 그의 저명한 아들 찰스를 증인으로 내세웠다. 예루살렘에서 태어나서 자란 천문학자 겸 수학자인 피어스는 처음에는 아이들을 가르치고 글을 조금 쓰며 세월을 보내다가, 별로 주목할 만하지 않은 교재를 몇 권 내었다. 그러다가 1855년에 출판한 『분석역학시스템*A System of Analytic Mechanics*』이 그를 유명인사로 만들어주었다. 그는 하버드 천문대를 설립하는데 주도적인 역할을 했고, 수많은 괄목할만한 천문학적인 발견과 관측을 했다. 그는 스미스소니언협회의 기획위원으로 재직했다. 15년 동안 그는 미국해안연구소를 위해 경도 결정을 하는 중역으로 재직했고, 1876년에는 해양연구소 소장으로 임명되었다. 이것은 헤티의 편에서 증언을 한 조지 마티오와 비교하면 흥미로운 이력임에는 틀림없었다.

피어스의 스물일곱 살 된 아들 찰스는 아버지의 뒤를 바싹 따랐다. 아버지 피어스는 일찍부터 찰스에게 수학 교육을 시켰고, 찰스가 자신이 재직 중인 하버드를 졸업하자, 1861년에 해양연구소에서 일하게 했다. 찰스는 이 연구소에서 앞으로 30년 간 일하게 되었다. 아버지의 지시대로 찰스는 헤티의 서명 3개를 면밀히 살펴보았다. 이 서명들은 너무도 똑같아서 각각 별도의 서류에 서명하는 과정에서는 일어날 수 없는 일 같았다. 피어스 부자는 펜의 내려긋기에 특별한 관심을 두었다. 이것은 서명이 진짜일 경우 서명할 때마다 아주 다양하게 나타나기 때문이다. "서명을 위조하려면, 진본의 특징적인 획들을 분석해야만 하죠. 위조하는데 가장 안전하고 확실한 방법은 아래로 향하는 획의 전체나 일부에 나타난 특징을 모방하는 것입니다." 피어스가 말했다.

이 서명들에 대해 골똘히 연구한 찰스 피어스는 최소한 30여 개의 동일한 내려긋는 획을 찾아냈다. 수학 천재 외에도 벤저민 피어스는 예리한 눈을 가지고 있었다. 30개 정도의 동일한 내려긋기 획만으로는 판사와 언론에게 확신을 주기에는 충분치가 않았기에 피어스는 이런 발견을 수학적 확률로 전환시켜 사실상 이 소송에 대해 모든 신문에서 다루도록 했다. "만약 이것이 진짜 서명이라면 이런 현상은 아주 지독히도 드물게 발생하는 현상이라고 해야겠지요. 이것이 일어날 가능성은 정확히 말해서 2억 6천 6백분의 1입니다. 사실상, 이건 불가능하다고 봐야 합니다."

피어스는 덧붙였다. "이런 현상은 인간이 경험할 수 있는 한계가 아닙니다. 있음직하지 않은 일은 실제로도 일어나지 않습니다. 아주 지극히도 미미한 가능성은 현실에서는 존재하지 않습니다."

피어스는 서명이 위조라는 이런 저런 논리를 필 때는 차츰 목소리가 잦아들었다. 그는 줄이 쳐지지 않은 종이에 서명을 했는데도 서명 3개가 모두 각각 아주 고른 것을 지적했다. 이것은 일어날 가능성이 거의 없다는 논리에 부가적인 설명을 덧붙인 것으로 2억분의 1이라는 것의 완곡한 표현이었다.

벤저민 피어스는 이 서명들이 진짜가 아니라고 개인적으로 확신했고, 헤티가 위조범(이 말을 입 밖에 내지는 않았지만)이라고 함축적으로 표현했다. 사실, 그는 목청 높여 말했다.

"내 말이 확실하다고 단언합니다."

5장

도피

수탁인들과 상속자들, 수혜자들 무리는 나산 클리퍼드 판사가 결정을 내려주기를 손꼽아 기다렸다. 결국 그들은 1년 이상을 더 참아야만 했다. 새삼스러운 일도 아니지만, 실비아 재산 가운데 상당한 양을 확실하게 보장받는 무리는 양측을 대표하는 변호사들이었다. 헤티 쪽에 일곱 명과 수탁인 쪽의 세 명이었다. 헤티 쪽에는 전 주지사 존 H. 클리퍼드가 포함되었고, 수탁인 쪽에는 전 매사추세츠 대법원 판사 B. F. 토머스가 포함되었다. 수많은 과학 전문가와 유명 인사들이 내 놓은 천 페이지가 넘는 증거 서류는 단순히 법원을 즐겁게 해주기 위해 만들어진 것이 아니다. 또한 이 사건은 수임료가 15만 달러나 걸린 세계적 수준의 소송이었다.

헤티는 그동안 무조건적인 충성심을 보여준 에드워드 헨리 그린과 꽤 오랜 세월 은둔생활을 했다. 만난 지 2년 만에 그들은 비로소 한가한 시간을 즐겼다. 에드워드는 처음에 그녀의 아버지와 이모의 죽음에 힘이 되어주면서, 음모, 맞고소, 분노로 점철된 헤티의 기괴한 세상으로 뛰어들었다. 헤티를 열심히 도우면서 에드워드는 헤티의 편에서 자기의 주장을 관철하면서 명성을 이어나갔다. 어느 정도까지 그는 헤티의 '두 번째 페이지'에 대한 터무니없는 이야기를 확실히 믿어주었으나, 에드워드 그린은 맹세코 거짓말을 했을 것이다.

1867년 7월 11일, 헤티와 에드워드는 약혼한 지 2년이 넘어서 결혼식을 올렸다. 의미심장하게도 결혼식은 뉴베드퍼드에서 거행되지 않았고, 뉴욕 본드스트리트에 있는 헨리 그린넬이라는 친척 집에서 거행되었다. 에드워드는 마흔여섯 살이었고, 헤티는 서른셋이었다. 당시로선 노처녀였던 그녀는 금발에 깨끗한 피부, 푸른 눈을 가진 여전히 젊고 매력적인 여인이었다.

조촐한 웨딩파티에 그녀의 친구 애니 리어리도 참석했다. 그녀는 젊은 사교계 여성으로 전에 헤티가 그린넬 씨 부부를 방문할 때 만난 적이 있었다. 애니와 헤티는 많은 면에서 달랐지만, 오히려 이것이 그들을 끌어당겼다. 리어리는 가톨릭으로, 제임스 리어리의 여섯 아이 중 하나로 태어났다. 그녀의 아버지는 브로드웨이 코너와 베세이스트리트 다운타운에서 모자 가게를 운영했다. 그는 존 자코브 아스터와 같은 저명한 뉴요커들과 함께 일해 돈을 벌었다. 애니는 자신의 재산을 한껏 즐겼고, 자선을 베풀었고, 공익을 위한 일을 지지했다. 가톨릭 자선단체를 대신하여, 특히 가난한 가톨릭 이민자들의 아이들을 도우려는 그녀의 노력을 보면, 여자 교황이라 해도 손색이 없을 정도였다. 그녀는 성년 시절을 5번가 1032번지에 있는 커다란 라임스톤 저택에서 보냈다. 사교성이 많은 그녀는 평생 독신으로 살면서 집으로 사람들을 초대해 우아한 파티를 밤새 개최하곤 하였다. 그녀는 멋진 물건을 좋아했다. 특히 크고 화려하고, 테두리에 금박이 입혀진 거울과 같이 특별한 것을 탐닉했다. 대충 세어보았는데도, 그녀는 이런 걸 예순여덟 개나 갖고 있다고 했다. 애니와 헤티의 평생 이어진 우정은 헤티의 삶에 특이할 만한 특징이다. 헤티는 대체로 우정이란 아무런 의미가 없다고 생각하는 삭막한 여자로 그려지기 때문이다.

결혼식 직후, 그린 부부는 영국으로 항해를 떠났다. 이것은 허니문 이상의 의미가 있었다. 그들은 그곳에서 살 계획을 세웠다. 적어도 일시적으로는 그랬다. 아시아에 있는 동안 에드워드는 영국에 강력한 비즈니스 네트워크를 형성해 놓았다. 하지만 의심할 여지 없이 분위기를 바꾸어보려는 다른 이유가 있었다. 헤티는 최근에 있었던 일에서 될 수 있으면 아주 멀리 떨어져 있고 싶었다. 소송에서 나온 수많은 증거는 몹시 굴욕적이었다. 그녀의 매력적이지 않은 행동이나 개인적인 단점이 공공연히 밝혀졌다. 뉴욕도 뉴베드퍼드에서 아주 먼 거리처럼 느껴지지 않았다. 바다를 건너야 안정감을 얻을 수 있을 것 같았다.

아직까지도 기다려야 할 재판 결과가 남아 있었다. 이것은 형사재판이 아니라 민사였고, 헤티는 원고였지 피고가 아니었다. 그러나 재판이 이루어지는 동안 상황이 뒤집혔다. 사람들이 알고 있듯이, 지금은 불명예가 된 '두 번째 페이지'가 진짜가 아니라면, 그럼 헤티는 당연히 위조죄가 성립된다. 헤티가 위조범이라면, 범인이 이렇게 멀리 온 것에 책임을 져야 할까? 헤티의 일부 적수들은 이런 가능성에 대해 불만을 토로하였다. 헤티는 자신이 너무 멀리 온 것이 아닐까 하는 걱정에 빠져들었다. 일부 사람들은 영국으로 떠난 것은 미국인 판사의 손에서 벗어나고자 한 수단이라고 수군덕거렸다. 헤티는 조롱거리나 이런 빈정거림 어떠한 것도 들으려고 하지 않았다. 어쨌든 그녀는 돌아갈 생각이 전혀 없었다.

결혼과 관련되어 전해지는 이야기들 가운데 하나는 에드워드가 헤티가 먼저 죽을 경우, 그녀의 재산에 아무런 권리가 없다는 혼전계약에 서명했다고 한다. 그러나 지금으로선 이런 문서의 존재 여부를 입증하기란 불가능하다. 하지만 결혼생활 초창기에 에드워드는 두 사람이 살 장소를 선택했고, 이에 드는 제반비용도 모두 그가 지출했다.

그린 부부는 런던 랑햄호텔에 묵었다. 그곳에서 그들은 에드워드의 취향대로 호화로운 생활을 탐닉했다. 도시의 대형 호텔 가운데 하나인 랑햄은 그린 부부가 1867년에 도착했을 당시, 지은 지 4년 정도 된 건물로, 이미 런던에서 최고로 멋진 유행을 좇는 곳으로 입소문이 나 있었다. 이 호텔은 포틀랜드 플레이스를 따라 도시의 북서쪽 메릴본에 자리 잡고 있다. 랑햄에서는 리젠트파크의 멋진 전경을 한눈에 내려다볼 수 있다. 이 호텔은 건축비가 30만 파운드나 들었으며, 최신식 수도시설과 소방시설을 갖추고 있다. 커다란 파이프 4개를 건물 옥상에 넣어, 5만 갤런이나 담긴 물탱크에서 각 층으로 물을 배달한다. 깨끗한 물을 자랑하는 이 호텔은 지하 356피트 물을 아르투아식 우물로 빨아들인다. 호텔이 오픈을 하자마자 이곳은 유명인사들이 방문하는 곳이 되었다. 이곳을 방문한 고객으로는 나폴레옹 3세에서 마크 트웨인에 이르기까지 그 면면이 다양하다. 마크 트웨인은 1873년 이 호텔에서 멋진 전경을 보며 친구에게 편지를 썼는데, 거기엔 호텔방을 '사치스럽게 넓은' 이라고 묘사한 구절도 있었다.

1868년 〈가제티어*The National Gazetteer of Great Britan and Ireland*〉에 따르면, 메릴본은 "가장 부유하고 가장 많이 붐비는 도시이다" 라고 하였다. 이 도시 주위로는 역사가 풍부하다. 보스웰은 유명한 자서전 『존슨의 생활*Life of Johnson*』을 쓸 당시 이 지역에 머물렀고, 에드워드 기번도 이곳에서 오랫동안 머무르며 걸작 『로마제국의 흥망성쇠*The Decline and Fall of the Roman Empire*』을 완성했다. 〈가제티어〉에 실린 글을 보면, 메릴본은 "멋진 광장들과 저택이 많다. 카벤디쉬와 포트먼트 광장, 파크 크레센트 광장, 맨체스터 광장, 포틀랜드 플레이스 등에는 상당히 많은 사람이 드나든다. 랑햄호텔과 마찬가지로…… 거주민들은 주로 상류층과 무역을 하는 사람들로 제조업에 종사하는 사람들은 거의 없다." 한마디로 말해, 이곳은 그린이 좋아할 만한 곳이었고, 또한 헤티가 경멸에서 벗어날 수 있는 안성맞춤인 장소였다.

그린 부부는 자식을 낳는데 전혀 시간을 낭비하지 않았다. 랑햄호텔 직원들이 공급해주는 세심한 보살핌을 받으며 헤티는 결혼한 지 1년이 조금 넘은 1868년 8월 22일에 엄마가 되었다. 그린 부부는 아들에게 양가 혈통과 영예에 어울리는 긴 이름을 지어주었다. 에드워드 하우랜드 로빈슨 그린. 아버지와 이름이 같기에 이를 구별하고자 아기를 네드라고 불렀다. 뉴잉글랜드에서 클리퍼드 판사가 실비아 소송의 결론을 내렸다는 소식이 전해졌을 때 아기는 세상에 태어난 지 채 석 달도 안 되었다. 헤티는 이 소식을 듣고 긴장하지 않았다. 이 소송은 처음부터 수탁인들에게 훨씬 더 유리했다. 1864년 11월 14일, 클리퍼드 판사는 명백하게 헤티의 주장을 힐책하며 조금도 위안의 여지를 남겨놓지 않았다.

클리퍼드 판사는 끔찍하게도 그녀와 실비아가 서명한 유언장과 관련된 헤티의 증언을 모조리 인정하지 않았다. 클리퍼드는 상호 합의된 유서에서 상대방이 살아 있지 않아 증언할 수 없는 경우라면, 살아 있는 사람의 처지에서만 증언하는 것을 금지한 매사추세츠 법에 따라 이런 결정을 내렸다. 비록 이 소송이 연방법원에까지 소문이 퍼졌지만 클리퍼드는 연방 유언장 소송은 그들이 소속된 주의 법에 따라야만 한다는 최근 판례를 언급했다. 이런 판정은 본질적으로 클리퍼드는 거대한 유언장 소송을 단순히 전문적 사항에 의존한 셈이다. 사실 클리퍼드의 상세하고 속속들이 규명해내는 결정은 장장 19페이지에 걸쳐 망라되었고, 헤티 측이 빠져나갈 여지를 전혀 주지 않았다.

설령 클리퍼드가 쌍방 유언장에 대한 헤티의 증언 내용을 믿었다 하더라도 명확히 그의 결정은 바뀌지 않았을 것이다. 그것은 그가 그 유언장을 진중하게 생각하지 않았기 때문이다. "실비아가 쓴 것과 헤티가 내민 이 두 유언장은 증거법이나 재판 결정사항으로 생각해볼 때 엄밀하게 말하면 쌍방 합의라고 볼 수 없습니다." 클리퍼드는 실비아와 헤티 두 사람이 서로 다른 시기에 서명을 했기 때문에, 그리고 헤티의 유언장에는 실비아 이모에게 돈을 전혀 남기지 않았기 때문에 이건 상호 합의라고 보기 어렵다고 기록했다.

아이러니하게도 이 소송에서 미스터리한 실비아의 트렁크 내용물, 실비아의 장례식 후 희미한 불빛에 소멸한 누렇게 바랜 편지봉투들, 위조 문제로 유명인들이 대거 참석한 증거 등과 같은 대대적인 것들은 결정을 내리는데 전혀 영향을 미치지 못했다.

클리퍼드는 유언장이 진짜인지 거짓인지는 상관하지 않는다고 했다. 왜냐하면 "어떤 면에서 보아도, 모든 서류가 진짜라고 가정하여도, 법원의 의견으로 이 증거는 전적으로 불충분했다." 하지만 재판의 위조 문제는 완전한 시간낭비라고 볼 수는 없었다. 클리퍼드 스스로도 이런 결과를 예상한 것처럼 여러 전문가의 증언은 미래 위조 사건에서 증거로 채택하는데 '몹시 중요하게' 쓰였다.

한 달 후 헤티는 변호사를 통하여 미국 대법원에 항소하겠다는 통지

서와 함께 이런 결정사항을 전해 들었다. 하지만 항소가 진행되기도 전에 헤티와 수탁인들은 타협점을 찾았다. 헤티는 수혜자들 각자가 유산을 받고, 실비아가 죽은 날짜부터 계산해 매년 6퍼센트씩을 더해 주는데 동의했다. 하지만 이 문제가 정리된 듯이 보였을 때 헤티는 세금 문제에 봉착했다. 그녀는 증여된 것에서 세금을 공제하거나 수입에서가 아니라, 신탁된 자금에서 세금을 공제하기를 원했다. 다시 말해서, 헤티는 자신의 수입으로 증여분에 대한 세금을 지급하고 싶지 않았다. 이것은 완전히 사소한 문제였지만, 이 논쟁은 수혜자들을 또다시 1년을 기다리게 만들었다. 법원은 세금은 신탁원금에서 지급하라는 결정을 내렸다.

마침내 엄청난 전투가 끝이 났고, 7년간 묶여 있던 실비아의 돈도 1872년에 흘러나오기 시작해 구멍 난 기름통에서 고래기름이 새어나오듯 뉴베드퍼드로 퍼져 나갔다. 이제 68세가 된 충성스러운 간호사 일렉터 몬테규도 현금으로 5천 달러에다 그동안의 이자까지 받았다. 불쌍하고 허약한 실비아를 태우고 뉴베드퍼드에서 라운드힐까지 11킬로미터를 다녔던 늙은 마부 파든 그레이는 그를 위해 신탁해 둔 1만 달러에서 나오는 적당한 이익금을 받기 시작했고, 유언장에 규정된 마을 미망인들은 좀더 윤택한 노년시절을 보내게 되었다. 뉴베드퍼드 공립도서관과 다른 교육 목적으로 내놓은 10만 달러에 대한 보답으로, 도시는 대리석 판을 세워 실비아가 '넓고 관대한 아량으로 도시의 어린이와 청소년들에게 베푼 문명적 기증' 을 칭송했다. 또 도서관 2층에는 실비아의 반신상을 세웠다.

20년 후, 이 도시는 빨간 벽돌로 교원사택을 지어 그곳 명칭을 '실비아앤하우랜드 스쿨' 로 지었다. 그녀가 가난하고 나이 든 여성들에게 남긴 5천 달러는 수탁인들이 개인 자선단체를 찾아 기부했다. 뉴베드퍼드 보육원은 2만 달러를, 뉴베드퍼드시는 수도관을 건설하라고 10만 달러를 받았다. 2만 달러는 선원의 집을 건설하는데 기부했다. 평생 다른 사람들과 교류 없이 지낸 실비아는 자신의 고통스러운 몸이 뉴베드퍼드에서 전 세계로 퍼져 나간 로맨스 소설에 실린 것으로 위안을 얻게 되었고, 많은 돈을 기부한 유명인사로 이름을 떨쳤다.

닥터 고든은 이미 수탁인 수임료로 해마다 수천 달러를 받고 있었고, 자신의 몫으로 10만 달러에다 아내와 아이들 몫으로 1만 5천 달러, 거기다 밀린 연 6퍼센트 이자까지 받았다. 수탁인의 수장 토머스 먼델은 20만 달러에 밀린 이자를 받았다. 이렇게나 많은 금액을 증여했는데도, 아직 130만 달러나 남아 있었다. 이것은 헤티의 몫으로 평생 그녀에게 매년 6만 5천 달러라는 수익을 안겨주었다. 거기다 그녀도 밀린 엄청난 이자를 받았다. 먼델은 이 가운데 많은 금액을 미국 정부의 금채권에 투자했고, 여기서 얻은 이자와 배당금으로 재투자하였다. 재산권 다툼이 종식되었을 때 먼델은 헤티의 변호사 윌리엄 크레이포에게 액면가 60만 달러 가치가 나가는 채권 더미를 넘겨주었다. 시장에서 이것들의 가치는 액면가보다 훨씬 더 나갔다. 채권을 양도받은 크레이포는 윌리엄 에머리의 『하우랜드 상속자들』에 무미건조한 글을 남겼다.

"그린 여사는 소송이 오래 지연되고 비용이 많이 들었어도 하나도 손해 본 것이 없다."

1871년 1월 7일, 35세의 헤티는 둘째 아이를 출산하였다. 이번에는 딸로, 이름을 헤티 실비아 앤 하우랜드 그린으로 지었다. 이 여자아이는 헤티라는 이름보다는 실비아로 불렸다. 헤티는 자신과 이모 사이의 사랑을 입증이라도 하듯이, 딸아이의 이름을 이렇게 지었다.

아이들이 어느 정도 자라나자, 헤티는 아이들을 데리고 런던을 돌아다녔다. 헤티는 자신이 퀘이커 전통에 따라 아이들을 양육하는 것에 자부심을 느꼈다. 미국으로 돌아온 지 몇 년이 지나서 헤티는 한 가지 우연한 사건을 생각해냈다. 그녀는 이때의 일을 〈레이디스홈저널*The Ladies' Home Journal*〉의 기자 레이 미첼 호지스에게 말했다. "어느 날 네드와 실비아와 켄싱턴 가든즈Kensington Gardens 부근 프린스 오브 웨일스 테라스 거리Prince of Wales Terrace를 걷고 있었는데, 지나가는 마차에서 갑자기 마부가 굴러 떨어졌어요. 그 남자는 발작을 일으켰고, 그곳에 모인 소규모 행인은 어찌해야 할지 몰랐어요. 나는 네드에게 실비아를 데리고 나무 옆에 가서 있으라고 말한 다음, 한 남자에게 물을 가져오게 했고, 또 다른 사람에게는 의사를 불러오게 했어요. 그런 후 손수건을 꺼내서 마부의 상처에서 흐르는 피를 닦아준 다음, 손수건으로 묶어 피를 멈추게 했어요. 그러고는 옆에 있는 남자에게 그를 근처 가게로 데려가 달라고 했어요." 헤티가 호지스에게 말했다.

"그건 내가 당연히 해야 할 일을 했을 뿐입니다. 거기 서 있던 사람들은 자신들이 무엇을 해야 할지 당황하는 동안 그 남자는 피를 많이 흘려서 죽었을 수도 있었어요. 어쨌든 나는 다시 아이들에게로 돌아가려고 하는데 화려한 제복을 입은 하인이 내게 와 인사를 하더니 '어떤 후작부인'이 내게 치하의 말을 전해주고 싶어 한다고 하더라고요. 그녀가 왜 그러는지 호기심이 발동한 나는 하인을 따라 테라스 거리의 커다란 저택으로 들어갔어요. 후작부인이 나오더니 나를 따뜻하게 맞아주더군요. 그녀는 말하기를, 창문으로 이제껏 일어난 일을 모두 다 지켜보았다고 하더군요. 그러더니 내가 한 일이 몹시 칭찬받을 일이라고 했어요. 나는 그저 그 여자를 바라보기만 했지요. 그녀는 자신이 후

원하는 자선 병원이 있는데, 그곳 관리자가 필요하니 내가 수락만 한다면, 나를 임명하겠다고 했어요. 병원 근처에 작은 집이 하나 있는데, 그곳에서 우리 가족이 살면 된다고요."

헤티는 계속했다. "나는 굳이 생계 때문에 일할 필요가 없다는 말을 해서 그녀의 기분을 상하게 해주고 싶지 않았어요. 그래서 고맙지만, 그 제안을 받아들일 수 없다고 했어요. 계속 권했지만 결국 나는 거절했지요. 집으로 걸어오는데 하인이 저만치 떨어져서 내 뒤를 밟는 것을 알아차렸어요." 하인은 그녀를 따라오다가 헤티가 랑행호텔로 들어가는 것을 보고 깜짝 놀랐다고 했다. 그는 프론트데스크에서 그녀가 누구인지를 물었다고 했다. "한 시간쯤 지나서 후작부인에게 메모가 왔어요. 사죄한다는 내용이었어요. 내가 누구인지 정말로 몰랐다고요. 그녀가 후원하는 엄청 많은 바자회와 연회 티켓을 동봉했더군요. 나는 고맙다고 전하고 이것들을 돌려보냈지요. 그리고 하루 이틀쯤 지나서 그녀를 방문해서 정말로 나를 그런 자리에 적합하다고 생각해준 것을 영광으로 생각하고 있으니까 사과는 할 필요 없다고 했어요."

에드워드는 몇 년간 런던에서 신사 은행가로 여러 은행과 교류했고, 클럽을 순회하며 신사의 삶을 즐기며 보냈다. 헤티는 이미 자신의 재산을 관리하느라고 분주했다. 헤티와 에드워드가 함께 어느 정도까지 재정문제를 논의했는지는 명확하지가 않지만, 에드워드는 초기 투자 단계에 대해 그녀에게 잘 조언해주었을 것이다. 하지만 헤티는 이미 투자 패턴을 수립해서 신중한 투자방법을 선택했고, 남들이 허둥 될 때에도 자신의 방침을 냉정하게 가져갔다. 1865년에 아버지에게서 어마어마한 유산을 상속받았을 때부터 헤티는 미국 '달러'를 사들였다.

정부는 남북전쟁이 끝나자, 즉시 엄청난 지폐를 인쇄하여 거대한 지출을 막았다. 북군이 군사적 승리를 거두었지만 사람들은 여전히 미래에 대해 염려가 많았다. 특히 불완전하고 깨지기 쉬운 통일국가의 경제적 전망은 어두웠다. 이런 불안은 금으로 몰리는 원인이 되었고, 지폐는 금화에 비해 40~50퍼센트 낮았다. 사람들이 정신을 잃고 지폐를 처분하는 동안 헤티는 그것을 사들였다. 존 T. 플린은 헤티 사후에 그녀의 생애에 대해 글을 썼는데, 그의 책 『재산가*Men of Wealth*』에서 대략 이때의 상황을 요약해놓았다.

> 미래를 내다볼 수 있는 혜안을 가진 사람들에게 정부 유가증권을 절반 가격에 살 수 있는 절호의 기회가 왔다. 지금 국가신용도는 바닥까지 떨어졌다. 정부는 끔찍한 내전을 겪으며 아주 특이한 방식으로 국가를 경영하고 있다. 돌이켜 생각해보면, 나라의 재건은 누구에게나 확실한 것처럼 보여야 했다. 전쟁은 대륙의 자원을 이용하라는 자극을 주었다. 석탄, 철, 오일, 구리, 금, 은 등은 이제 막 발견되어 개발되는 중이었다. 그런데도 국가신용은 땅에 떨어졌고, 1865년에서 1867년 사이에 헤티 로빈슨은 능력이 되는 한 정부의 채권을 사 모았다.

그녀는 영국에서도 이 전략을 시도해서 단 한해에만 채권 투자로 125만 달러를 벌어들였다. 두 신탁에서 벌어들인 그녀의 수입은 지금 상당한 수준에 와 있었다. 심지어 그녀가 공공연히 지독히도 싫다고 한 관리체제하에 있는 아버지가 물려준 대략 500만 달러도 1주일에 수천 달러와 배당금 실적을 올리고 있었다. 그녀는 그런 돈으로 모두 미국채권을 샀고, 철도채권으로 손을 넓히기 시작했다. 당시 경제는 급속도로 철도 네트워크로 확산되고 있었다. 에드워드가 생활비를 책임지고 있기 때문에 헤티는 자신의 수익을 계속해서 투자하고 그 이익금으로 원금을 만들어 다시 재투자하였다. 그러자 불과 몇 년 안에 그녀의 재산의 두 배, 세 배, 네 배로 불어났다.

"내가 하루에 낸 가장 큰 이익은 20만 달러였어요." 런던에서 보내던 시절, 그녀는 레이 미첼 호지스에게 말했다. 돈이 쌓여가면서 새로운 투자 방법을 모색하다가 그녀는 사실상 스스로 은행이 되었다. 그녀가 소유한 돈은 당시 영국이나 미국의 여러 은행이 보유하고 있는 것보다 더 많았다. 자금이 필요한 은행들은 헤티에게 담보로 은행의 지분을 인정하며 대출해갔다. 불가피하게 차용자가 채무불이행시 헤티는 권리를 행사했다. 이것은 부동산 제국을 건설하는 서곡에 불과했다.

헤티와 에드워드는 또 남북전쟁으로 급속하게 팽창하는 미국 철도에 투자했다. 이 일은 1873년 겨울 6년간의 영국 생활을 접고 다시 미국으로 돌아오는 계기가 되었다. 외국에서 볼 때 상대적으로 활발하지 않은 미국 지폐에 투자한 것은 딱 들어맞았고, 또 잠재적 재앙을 가득 품은 변동이 심한 철도회사들을 특히나 예의주시할 필요가 있었다. 1873년 시장은 유난히도 불안정했다. 은행은 각기 다른 주에 완공되는 수백 개의 철도사업에 대출을 해준 상태였다. 일부는 대출한계선을 넘어선 곳들도 있었다. 이런 철도채권들이 시장으로 유입되었다. 1872년 가을, 석 달도 안 된 기간에 미국의 대형 은행인 뉴욕워하우스앤시큐리티컴퍼니, 제이쿡앤컴퍼니, 유니언트러스트컴퍼니가 무너져 내렸다. 다른 은행도 곧 경영 중지가 내려질 위기에 처한 상태였다. 이런 공황 속에서 뉴욕증권거래소는 열흘간 문을 닫았다. 다음해까지 이어진 이 재앙은 1873년의 대공황으로 알려진다. 공황이 끝나기 전에 수많은 회사가 문을 닫았고, 380만 달러에 달하는 손실을 기록했다. 이런 환경 속에서 에드워드와 헤티는 각자 재산을 한 곳에 모을 필요가 있다는 결정을 내렸다. 그들은 뉴욕에 잠시 머문 후에 에드워드의 고향인 버몬트 주 벨로스폴스로 향하기로 했다.

6장

벨로스폴스의 다크호스

❋

1874년 봄, 벨로스폴스는 에드워드 그린 가족이 곧 도착한다는 소식에 몹시 소란스러웠다. 이곳은 브라틀보로에서 북쪽으로 약 50킬로미터 떨어진 곳에 있어, 다소 먼 거리인데도 시골 분위기를 풍기지 않았다. 마을 이름은 초창기 정착민인 벤저민 벨로스의 이름을 딴 것으로, 다소 산업적인 이미지가 잘 어울리는 곳이다. 이 마을에는 주로 제지 공장이 많았고, 운송업이 발달하였다. 인공운하는 마을의 심장을 뚫었고, 19세기 중엽 벨로스폴스는 중요한 철도 교차점이 되어, 하트퍼드, 보스턴, 뉴욕, 뉴햄프셔와 벌링턴과 몽펠리어를 연결했다. 그러다 보니, 강이 내려다보이는 언덕 위에 줄줄이 멋진 호텔과 세련된 집이 들어섰다. 방문객들도 자주 드나들었다. 하지만 이번 방문은 평범하지 않았다.

저명한 벨로스폴스 가문 출신의 에드워드 그린은 아주 부유한 남자가 되어 고향으로 돌아오는 중이었다. 마을에는 벨로스폴스에서 뉴햄프셔의 월폴까지 연결하는 유료 다리가 있었는데, 에드워드 그린의 외가 소유였다. 그의 아버지 헨리 애트킨스 그린은 매사추세츠에서 이곳으로 건너와 마을 광장에서 강가 쪽에 '홀 앤 그린' 이란 커다란 가게를 차렸었다. 옛 주민들은 에드워드 그린을 키가 크고 호리호리한 상냥한 젊은이로 기억했다. 그는 어릴 때 다른 아이들과 마을 강가에서 노는 것을 좋아했고, 마을을 두 갈래로 가르는 운하를 통과하는 뱃사람 흉내를 즐겼다. 어느 날, 그의 영웅이던 잭 애덤스가 운하를 항해하는 것을 넋을 놓고 지켜보다가, 에드워드는 나무로 만든 다리 난간에 너무 많이 몸을 숙이는 바람에 6미터 아래 물속으로 떨어져, 거의 익사할 지경에 이르렀다. 그 때 용감한 잭 애덤스가 물로 뛰어들어 그를 안전하게 물 밖으로 꺼내주었다. 에드워드는 전설적인 잭 애덤스의 명성에 자신의 이름이 포함된 일화 하나를 더했다.

에드워드는 고향을 떠난 후, 몇 년 지나지 않아서 가장 눈부신 방법으로 꿈을 이루었다. 어머니 안나는 아들이 아시아에서 사업에 성공한 이야기와 그의 모험담을 마을에 자랑삼아 얘기했다. 결혼하기 전에 에드워드는 이따금 불독과 하인을 데리고 고향을 찾아왔다. 그는 돈을 자유로이 썼고, 비싼 옷을 입었고, 국외에서 주워들은 중국어와 몇몇 언어들을 단편적으로 구사해 옛 친구들의 기를 죽였다. 그는 사랑하는 어머니에게 드릴 값비싼 선물들을 가져왔다. 여기에는 옻칠을 한 화려한 중국 워크스탠드workstand가 포함되어 있었는데, 금문양을 한 다리에는 황금 용들이 달렸었다. 어머니가 뉴욕을 방문한다는 소식을 듣고는 모피코트를 선물하고 어머니가 조카와 함께 다시 고향으로 돌아올 때는 사촌에게 밍크코트를, 어머니에게는 러시아산 검은담비 코트를 또 선물했다. 그는 또 필리핀에 나가 있을 때도 어머니에게 정기적으로 용돈을 보냈다. 1863년 아버지가 돌아가신 후로는 특히 더 신경을 썼고, 마을에서 부유한 사람들이 사는 헨리스트리트에 깨끗한 집을 한 채 사주었다. 그리고 지금 에드워드는 여섯 살 난 아이와 세 살 난 아이를 데리고, 더군다나 믿기 어려운 백만장자 아내와 함께 고향으로 돌아오는 중이었다.

에드워드가 온다는 기대는 그의 아내를 둘러싼 가십과 흥분, 억측 등에 눌려 무색해 졌다. 에드워드도 부자였지만 그의 아내는 벨로스폴스 사람들이 상상할 수 없는 규모의 돈을 가지고 있었다. 그녀는 어떻게 생겼을까? 무뚝뚝한 성격일까, 아니면 밝은 성격의 소유자일까? 잘난 체 하는 성격일까, 아니면 마을 사람들과 잘 어울릴까? 마을에 그녀의 부에 어울리는 거대한 집을 지을까, 아니면 에드워드에게 언덕 위에 별장을 지어달라고 할까? 규모 큰 무도회와 우아한 티타임을 열까? 마을 사람들은 초대를 받을까? 어떤 옷에 어떤 보석을 치장했을까? 만약 초대한다면 무슨 옷을 입어야 할까? 그렇게 많은 돈을 소유한 사람 앞에서 어떻게 행동해야 할까?

그린 부부가 기차에서 내려 두 사람의 새 보금자리로 걸어 들어갈 때 반응은 경이로움이라기보다는 오히려 실망에 가까웠다. 헤티는 여전히 예뻤고 혈색도 좋았지만, 그녀가 입은 드레스는 너무나 초라했고 헤어스타일도 지나칠 정도로 평범했다. 그들이 예상한 대로 저음으로 당당하게 말하는 게 아니고, 다소 거칠고 저속한 톤이었고, 마음에 들지 않을 때는 항만근로자처럼 악담을 퍼부었다. 그녀가 도착한 지 몇 주도 안 되어, 마을 사람들 가운데 소수는 그녀를 마음속으로 상류층이라고 여겼을지라도, 헤티의 이런 행동은 비웃음거리가 되었다.

그린 부부는 에드워드가 총각시절에 헨리스트리트에 선물로 사 준 집으로 들어가 어머니 안나 그린과 함께 살았다. 헤티에게 가장 큰 충격을 받은 사람은 안나 그린의 아일랜드 요리사 메리였다. 그린 부부가 도착하는 날 메리는 귀향 축제를 준비하며 온종일 주방에서 보냈다. 그녀는 검은 머리를 틀어 올렸고, 풀을 먹인 오버스커트에 하얀색 모슬린 유니폼을 입었다. 그린 부부가 도착했을 때 그녀는 문가로 나가 마중하지 않고 적당한 때 모습을 보이려고 주방에서 기다리고 있었다. 식사준비가 다 되자 메리는 유니폼을 매만지고 깊은 숨호흡을 한 후 식당으로 들어갔다. 그녀를 응시하는 상속녀는 낡고 지저분한 옷을 입고 있었다. 훗날 메리는 헤티의 두 손이 깨끗하지 않았다고 흉을 봤다.

헤티와 메리는 시작부터 삐걱거렸다. 헤티는 메리가 장을 볼 때 쓸데없는 돈을 낭비한다고 생각했다. 사실, 그녀는 메리 자체가 쓸데없는 비용이라고 여겼기에, 메리가 안나의 하녀만 아니었어도 해고했을 것이다. 헤티는 자신이 대부분 장을 봐야 한다고 주장했고, 장에 가면 가장 싼 밀가루만 사들고 오거나, 식료품점에서 싸게 파는 부서진 쿠키 봉지를 사들고 왔다. 가게 주인 패트릭 J. 킨은 그녀는 늘 메리가 사 간 딸기를 도로 들고 와 돈으로 환급해 갔고, 개에게 주겠다고 공짜로 뼈를 얻어갔다고 했다.

반세기가 지난 후, 메리는 벨로스폴스 역사학자 라이언 심슨 헤이즈와 인터뷰를 했는데, 여전히 헤티 그린에 대한 평가는 인색했다. 어느 날, 헤티는 정육점에서 "내 손바닥 절반도 안 되는 고기를 사들고 왔지 뭐예요. 한 사람만 고기를 먹었고, 다른 사람은 뼈만 물어뜯어야 했죠."

사람들은 점점 다른 시각으로 에드워드를 바라보기 시작했다. 그는 별로 변한 것이 없었다. 그는 여전히 친구들을 사랑했고, 시내에서 점심을 먹으며 진심으로 만족스러워 했고, 여전히 친구들과 개인적인 관계에서 너그러웠다. 그러나 결혼생활도 넓게는 유언장 전투의 연장선상이었다. 명확히 헤티가 우세했다. 그녀의 지나친 절약정신이 가정과 에드워드를 지배했다. 에드워드는 자기가 그토록 좋아하는 사치품들을 주장하지 않고, 묵묵히 헤티의 의견을 받아들였다. 처음에 마을에 도착했을 때만 해도 그런 부부는 에드워드의 사치스러운 마차를 타고 드라이브를 즐겼다. 이 마차는 바퀴가 네 개인데다 내부에 더블시트가 마주 보게 되어 있었고, 밖에는 마부가 앉을 앞좌석이 있었다. 마차는 좋은 말 두 마리가 끌었다. 헤티는 마차가 너무 호화롭다고 생각했다. 그래서 이 말과 마차를 팔고, 늙은 말과 검소한 마차를 10달러에 구입했다. 여기에는 가족이 겨우 탈 공간밖에 없었다. 에드워드에 대한 평판이 미묘하게 바뀌어 가면서, 이제 그는 벨로스폴스 사람들이 숭배하는 영웅이 아니라, 그저 어려운 상황에서 최선을 다하는 남자일 뿐이었다.

에드워드의 어머니는 헤티의 강한 성격과 맞지 않았다. 안나는 당연히 남은여생을 에드워드와 며느리, 두 손자에 둘러싸여서 품위 있고 만족스럽게 살게 되리라 생각했다. 그런데 그러기는커녕 사소한 경비에 사사건건 시비거는 목소리 크고 고집 센 며느리와 작은 집을 함께 써야 하는 처지에 놓이게 되었다. 며느리는 시어머니가 총애하는 하녀에게 일장 연설을 늘어놓는가 하면, 옷매무새조차 단정치 못했다. 언젠가 헨리스트리트에 사는 이웃은 헤티가 스커트를 입고 지붕에 올라가 앉아서, 망치질을 하는 모습을 보고 경악을 금치 못했다. 이렇게 간단한 수선을 하는데 왜 돈을 주고 일꾼을 부른단 말인가?

메리는 너무 큰 스트레스에 시달렸다. 그녀는 일을 그만두라는 위협을 받았다. 메리를 내보내고 며느리와 함께 살 생각에 겁을 집어먹은 안나는 메리에게 그만두지 말라고 애걸했다. 메리는 이를 승낙했고,

다음해 여름, 그러니까 1875년 6월 28일, 73세의 일기로 안나가 세상을 떠날 때까지 그 집에 머물렀다. 안나의 죽음에 관해서는 헤티의 횡포가 그녀의 죽음을 앞당겼다는 메리의 전적인 편견과 비의학적 진단밖에는 알려진 것이 없다. 어쨌든 메리(혹은 다른 사람은)는 안나의 장례식으로 말미암아 에드워드가 헤티에게 난폭하게 대하는 것을 여러 번 목격했다. 장례식을 치르고, 저녁을 먹으려고 가족이 모였을 때 에드워드는 물 컵을 들어 입술로 가져가려 하는데, 컵이 오래되어 금이 간 것이 보였다. 그 컵은 어머니가 자랑으로 여기는 크리스털이 아니라 그저 싸구려 주방기구였다.

"크리스털은 어디에 있죠?"

그가 평정심을 찾으려고 노력하며 물었다.

헤티는 그것을 싸두었다고 말했다. 평범한 유리컵도 물을 담는 데는 전혀 지장을 주지 않는데 그렇게 값비싼 컵을 사용하는 것은 위험하다고 했다. 에드워드는 유리잔을 응시하더니 얼굴에 서서히 분노가 치밀어 올랐다. 갑자기 그는 유리컵을 벽에 세게 내던졌다. 유리컵은 산산이 부서졌다. 그는 일어나서 방을 나갔다.

한번은, 에드워드가 더욱 소극적으로 항의를 한 적도 있었다. 어느 날, 그가 뉴욕행 기차를 타려고 기차역으로 막 떠났는데, 헤티는 그가 양복바지 여분을 가져가는 것을 잊었다는 것을 깨달았다. 그녀는 급히 그를 쫓아 기차역으로 가서 바지를 전해주었다. 그는 아무 말 없이 바지를 건네받았다. 기차가 정류장을 막 출발하자, 에드워드는 바지를 운하 밑으로 던져버렸다.

그즈음 헤티와 메리는 서로 이별의 즐거움을 맛보았다. 메리는 헤티에게 가방을 질질 끌고 가서 검사해보라고 했다. 이것은 나중에 헤티

벨로스폴스의 터커하우스(헤티는 이 집의 유지·보수에 거의 돈을 들이지 않아 황폐한 채로 보존 되었음)

가 자신이 뭔가를 훔쳐갔다고 고소하는 것을 방지하기 위해서였다. 두 사람은 마지막 급료를 지급하는 문제로도 다투었다. 헤티는 돈을 주려고 하지 않았다. 그러자 메리는 에드워드가 친구들과 점심을 먹는 호텔을 알아내어, 그의 테이블로 가서 말했다. "월급을 줘야 나갈 거 아니에요?" 분통이 터진 에드워드는 호텔 직원에게 펜과 잉크를 가져오게 해서 즉시 메리에게 전액을 수표로 써주었다.

그린 가족이 벨로스폴스로 돌아온 지 5년이 지난 1879년, 에드워드 그린은 헤티의 저항할 수 없는 궁핍함 속에서 살다가, 크게 마음먹고 최후의 제스처로 인생에서 마지막으로 대규모 재산을 구입하기로 했다. 그는 코네티컷 강이 내려다보이는 깎아지는 듯한 절벽에 장엄한 노란색 벽돌집을 사들였다. 1806년에 지은 이 집은 마을에 있는 유료 다리의 주인인 할아버지 소유였었다. '터커하우스Tucker House'로 알려진 이 집은 인상적인 구조로 거대한 굴뚝과 지붕 위에 망대가 있었

노년의 헤티(터커하우스 포치에 앉아 있는 모습)

다. 처치스트리트와 웨스트민스터스트리트 코너에 있는 마을 광장의 거대한 남쪽 일부는 이 집의 소유이다. 터커하우스의 널따란 앞 포치에 흔들의자를 놓고 그 위에 앉으면 강이 내려다보이거나 뉴햄프셔의 킬번 산을 바라볼 수 있다.

내부로 들어가 보면 이 집은 중앙의 넓은 홀과 구불구불한 아름다운 계단이 특징이다. 왼편에는 넓은 복도로 연결된 커다란 방이 두 개 있고, 오른 쪽에는 응접실과 식당이 있다. 가구 중에는 초창기에 그려진 헤티의 초상화가 맨틀피스벽난로 윗면에 설치한 장식용 선반-옮긴이에 놓여 있다. 또 에드워드가 극동에서 사온 진기한 물건 몇 점과 어머니에게 선물한 옻칠을 한 스탠드가 있다. 헤티는 분명히 터커하우스 구입에 찬성하지 않았을 것이다. 이 집은 너무 커서 난방을 할 수 없을 정도였다.

훗날 그녀는 방의 크기를 줄이려고 임시변통 칸막이를 설치해 난방비를 아꼈다고 한다. 하지만 그녀는 명백하게 이 집을 좋아했다. 유년 시절부터 이집저집 돌아다니며 산 그녀에게 그나마 터커하우스가 가장 자신의 집에 가까웠다고 할 수 있었다. 벨로스폴스로 이사 왔을 때에도 그녀는 가끔 다락방으로 숨어들기도 했다.

아이들이 점점 자라나자, 지역 학교에 입학했다. 실비아는 임마누엘 감독교회 사제관 학교에 입학했다. 실비아는 선천적으로 수줍음을 많이 타는데다, 원체 강하고 좌지우지하는 어머니한테 눌려 늘 그늘지었다. 실비아는 인생 전반에 걸쳐 친한 친구들도 별로 없는 것 같았다. 메리 님스는 실비아와 가까이 지낸 친구였다. 메리는 마을 외곽에 살았기에, 마을 아이들이 하교할 때 학교에서 점심을 먹어야 했다. 실비아는 집에 가서 허겁지겁 점심을 먹고, 다시 학교로 달려와서 메리와 함께 있어주었다. 메리는 실비아가 부끄러움을 많이 탔지만, 늘 사탕을 함께 나누어주던 따뜻한 아이로 기억했다. "실비아가 학교에 입고 다니는 옷은 비싸 보이진 않았지만 깨끗했어요. 실비아는 안경을 썼고 좀 작은 듯한 빳빳한 모자를 머리에 쓰고 있었어요. 졸업식 예배를 보려고 우리가 모두 옷을 갖춰 입었을 때 실비아는 잡지에 나오는 것 같은 하얀색 수를 놓은 주름장식이 많이 달린 정교한 드레스를 입고 나타났어요. 그녀는 그 옷이 영국제라고 하더군요."

헤티 그린이 벨로스폴스의 여왕으로 등극하지 않을 것이란 사실에 익숙해지자, 마을 사람들은 헤티를 대경실색할 면과 애정스러운 면이 합쳐진 유명한 괴짜로 보기 시작했다. 헤티와 연관된 황당한 이야기는 마을에 퍼져 나갔다. 모든 사람이 적어도 헤티에 관한 두세 가지 이야기는 알고 있었고, 그들은 이것을 입에서 입으로 전했다. 그 가운데 일부는 지금까지도 전해져 오는데, 사실에 근거한 소문이 아니므로 믿기 어려운 것들이 많다. 어느 지역 역사학자는 "그녀는 마을의 자존심이자 고통이었다"고 기록했다.

마부는 가족의 마차와 말에 인색하게 군 헤티의 이야기를 전했다. 겨울에 말을 타는 요금에 대해 헤티는 마구간 주인과 1주일에 2달러 이상은 줄 수 없다고 힘겨운 거래를 했다. 마부가 이렇게 조금 받아서는 말에게 건초밖에는 먹일 수 없다고 말하자, 헤티는 "그럼, 건초를 먹이면 되겠네요"하고 대답했다. 다음해 봄, 헤티는 말이 여위고 수척해진 모습을 보았다. 때마침 겨울 전염병이 말을 덮쳐버렸다. 마부가 헤티에게 이런 상황을 설명했으나 그녀는 전혀 이해하지 않고 금액을 지급하길 거부했다. "말이 남부럽지 않게 먹었다면, 그렇게 마르진 않았을 것 아닌가요."

헤티는 거래하는 마을 상인들과 다른 사람들에게 실비아 이모의 유언장 얘기를 들려주었다. 특히, 수많은 사람이 자신들의 몫을 기다리고 있다는 얘기를 했다. "그들은 내가 죽기만을 기다릴 겁니다. 그래야 내 돈을 가질 수 있으니까요. 하지만 그건 바보 같은 짓이라구요. 나는 내 몸을 아주 잘 돌봐서 절대로 병에 걸리지 않을 테니까요. 그들은 누가 마지막에 웃게 되는지를 보게 될 거예요." 헤티는 이렇게 말하곤 했다.

아주 유명한 일화들 가운데 헤티가 우편엽서를 강박적으로 찾는 이야기가 있다. 마부가 온종일 헤티를 태우고 다니다 저녁에 말과 마차를 마구간에 넣은 후부터 이야기가 시작된다. 〈라이먼 심슨 헤이즈〉는 "언젠가 잘 시간이 지나서 누군가가 문을 두드렸다. 나가보니 그린 여사가 서 있었다. 여사는 그날 2센트짜리 우표를 샀는데, 그걸 찾을 수 없어서 혹시 마차에 두고 왔는지 확인하려고 왔다고 했다. 마부는 어쩔 수 없이 그녀를 도와 우표를 찾아야 했기에 신음하면서 일어나 등유 랜턴을 켰다. 두 사람은 마차와 마구간을 샅샅이 찾아보았지만 허사였다. 우표를 찾지 못하자, 두 사람은 오후에 잠시 들렀던 호텔 아일랜드하우스로 마차를 몰았다. 두 사람은 함께 검은 연기가 나는 랜턴에 의지해 두 손과 두 무릎을 땅에 대고 풀이 우거진 잔디를 샅샅이 뒤졌지만 역시 헛수고였다. 방문객이 떠난 후 오래도록 마구간에는 침묵에 휩싸였고, 잠시 후 마부는 다시 한번 잠에서 깨어 마침내 귀중한 것을 찾았다는 소식을 들어야 했다. 그것은 여사의 옷 속에 안전하게 보관되어 있었다고 했다."라고 보도했다.

전하는 바에 따르면, 상인들은 헤티 그린이 근처에 나타나면 몸을 숨기려했다고 한다. 그녀는 가능하면 가장 싼 상품을 요구하는 것으로, 더욱이 가격 흥정을 끈질기게 하기로 유명했기 때문이다. 어느 가게 주인은 헤티가 가게로 들어오면, 습관대로 상품을 흥정하기 시작했다고 말했다. 그는 그녀의 두 손이 새까만 것을 보고 당황하여 그저 물끄러미 바라보기만 했다고 했다. 그녀는 헛간에 불이나 널빤지 몇 개가 불에 그슬려서 못쓰게 되었는데, 거기서 재사용할 수 있는 못을 뽑느라고 손이 그렇게 되었다고 설명했다. 또 헤티는 세탁소에 가서 진흙길과 지저분한 길을 휩쓸고 다니는 스커트 밑 부분만 세탁해 달라는 말을 했다고 한다.

몇 년이 지나서 그린 가족이 잠시 집을 떠나 있게 되어, 그 기간에 터커하우스를 세놓기로 했다. 헤티는 벨로스폴스은행 소유 창고를 하나 얻어서 그곳에 가구를 들여놓았다. 고양이 한 마리가 분명히 안으로 들어갔는데, 나오는 길을 찾을 수가 없자 울부짖기 시작했다. 헤티는 열쇠를 가지고 그냥 뉴욕으로 떠났다. 할 수 없이 누군가가 집 뒤의 사다리로 올라가서 창문을 부수고 고양이를 꺼내왔다. 몇 달 후 헤티가 돌아와서 위층 창유리가 깨어진 것을 보았다. 고양이 사건을 모르는 채, 파손에 대한 책임을 두려워한 헤티는 자갈을 하나 들고 은행원에게 가서 말했다. "위층에 유리가 많이 깨져 있더군요. 내게 그것에 대한 비용을 청구할 생각은 하지 마요. 누군가 이 돌로 창문을 부순 거라고요. 이걸 그 위에서 주웠어요." 헤티가 당당히 걸어나가자 은행 직원은 돌을 집어들었다. 그것은 아직 한쪽이 축축한 상태였다. 헤티가 길거리에서 돌멩이를 집어온 명확한 증거였다.

의식을 하든 안 하든 헤티에게는 평생을 쫓아다닌 평판이 있다. 괴이한 이야기일수록 그녀의 습관과 행동, 생활방식은 확대되고 과장되었다. 그 누구보다도 그녀는 스스로 선택한 삶이나 평판을 감당할 자질이 있었다. 하지만 그녀의 아이들은 완전히 다른 문제였다. 네드와 실비아는 부잣집 자녀인데도, 마치 가난한 어머니와 다를 바 없는 사람에게서 자라나다 보니 기묘한 이중생활을 경험했다. 그들은 어울리지 않는 옷을 입었다. 사람들은 이것을 보고 수군거리며 아이들을 동정하기에 이르렀다.

네드는 어릴 때 미끄럼을 타다 사고가 나는 바람에 다리를 절뚝거리게 되었다. 이런 사고는 벨로스폴스로 이사 와서 첫 겨울을 나는 기간에 한 번쯤 일어나는 일반적인 사고이다. 하지만 메리 님스가 말하기를, 헤티는 이 사고가 전에 영국에서 뉴욕으로 돌아온 직후에 일어났다고 했다. "뉴욕에서 첫 겨울을 보내는데, 눈보라가 많이 휘몰아쳤다고 했어요. 그런 부부는 네드에게 썰매를 사주었고, 네드는 공원에서 다른 아이들과 썰매를 탔다고 했어요. 네드는 한 번도 이런 눈을 본 적이 없었기에, 너무 열광적인 나머지 썰매에서 미끄러져 무릎을 다쳤다고 했어요." 네드가 사고가 난 후에도 계속 걸어다닐 수 있었기에, 부상의 정도를 생각해 보면 골절은 아닌 듯싶었다. 일부 보도에 따르면, 네드는 슬개골이 탈구 되었다고 했다. 어쨌든 이 부상은 시간이 흐르면서 만성이 되었고, 더욱 악화되었다.

세대를 이어 전해 내려오는 헤티의 인색한 이야기들 가운데 가장 지속적이고 노골적인 것은 그녀가 의사를 찾아갈 돈이 아까워서 아들의 다리가 악화하도록 몇 년이고 그냥 내버려뒀다는 것이다. 하지만 대부분의 전설적 이야기들과는 다르게, 이 이야기는 좀더 복잡 미묘하다. 헤티는 변호사보다 의사와 그들의 청구서를 더 경멸했기에, 그녀가 제대로 된 방식으로 의사를 찾아갔을 가능성은 적어 보인다. 백만장자에게 비싼 가격을 매길 것이 뻔하다는 두려움 때문에 그녀와 네드는 실제 이름을 사용하지 않고 의사를 방문했을 가능성도 있고, 헤티는 아들에게 넝마를 입혀서 자원봉사하는 무료진료소로 잡아끌었을 수도 있다. 그랬다면, 이런 방식으로 의사의 선행을 이용하는 것은 당연히 비난받을 만한 행동이다. 그저 헤티 그린이 비용 외에는 어떠한 것도 생각하지 않는 성향이었다고 해도, 아들의 건강이 위험에 처해 있을 때에도 돈을 우선 고려했다는 것은 변명의 여지가 없다. 돈이 드는 치료는 결코 하지 않았다는 말밖에는 할 수 없다.

그렇다 하더라도 네드의 다리가 시들어가는 동안 헤티가 무책임하게 묵묵히 바라만 보고 있었다는 말은 부정확하고 믿기 어려운 말이다. 반복되는 얘기지만, 헤티가 병원을 찾아간 것은 확실했다. 아들은 그녀의 삶에서 가장 사랑하는 중요한 존재였다. 그들의 넓고 넓은 기묘하지만 사랑하는 관계는, 그러니까 헤티가 죽는 날까지 서로에게 헌신한 점을 고려해 볼 때, 헤티가 단지 돈을 아끼려고 네드가 고통스러워하는 것을 그냥 참고 견뎠다고 보기는 어렵다. 마찬가지로 에드워드도 다른 문제에서는 헤티를 묵인해줬다 하더라도 이 문제에서 헤티가 네드를 소홀히 하도록 내버려두지는 않았을 것이다. 부상의 정확한 상태를 알지 못하기 때문에 이런저런 치료를 했느니 안 했느니, 혹은 다리를 구할 수 있었느니 구하지 못했느니 하고 왈가왈부할 수 없다. 어쨌든, 그린 부부가 노력했다는 것만은 분명하다. 늘 스스로 간호사라고 생각한 헤티는 무수한 민간 치료법을 시도해 어떻게 해서든 아들을 온전하게 되돌리려고 노력했을 것이다. 메리 님스가 처음 그린 부부를 만났을 때 헤티에게서 이러한 사명감을 엿보았다.

"우리는 그린 여사와 그분의 별난 생활방식에 대해서 믿을 수 없는 가십을 수없이 들었어요. 그래서 그린 부부가 낡은 마차를 타고 마을을 돌 때면 엄청난 흥분이 밀려왔어요. 어느 따뜻한 날, 남쪽 창 블라인드가 쳐진 거실에서 내 친구와 나, 그리고 우리 집 하녀, 이렇게 셋이서 그들의 행동을 논평해가며 지켜보았어요. 말을 운전하는 그린 씨는 마차에서 내리지 않았어요. 그분의 아내도 마찬가지였고요. 그러는 동안 두 아이는 뜰에서 노는 중이었는데, 여자 아이는 내 나이 또래였고, 남자 아이는 다리를 절었어요. 제 아버지는 담배를 재배했어요. 그린 여사는 담배잎사귀를 네드의 다리에 붙이면 수축한 인대가 헐거워진다는 얘기를 들었어요. 아버지는 그린 여사에게 마른 담배잎사귀를 제공해 주었어요. 또 아버지는 그린 여사와 마닐라에 관한 얘기, 지진을 경험한 얘기 등을 재미있게 하셨어요." 메리가 회상했다.

헤티의 담배잎사귀 민간요법은 일반 사람들과 의사들이 제안한 다른 치료법들과 마찬가지로 실패하고 말았다. 네드는 아버지처럼 키가 컸고, 몸무게가 늘어남에 따라 약해진 다리에 더욱 무리가 갔다.

사람들이 헤티와 그의 가족을 보고 괴짜라고 했으나, 벨로스폴스에서 산 몇 년간이 외관상 그녀의 삶 가운데 가장 평범했다. 에드워드는 사업차 자주 기차를 타고 뉴욕에 갔다. 헤티는 아직은 월스트리트에서 남편과 비교해서 상대적으로 모호한 인물이었다. 에드워드는 철도 주식과 채권을 활발하게 거래하는 사람이었고, 당시 루이빌앤내시빌 철도회사의 중역이었다. 그는 저명한 월스트리트 금융 가문 존 J. 시스코앤선을 통해 거래를 했다. 그는 꼭 자신의 돈으로 거래했다. 헤티는 에드워드가 거래할 때 자신의 자본을 사용하지 말라고 요구했다. 헤티도 시스코와 거래를 했다. 그녀는 이 은행에 현금으로 50만 달러 약간 넘게 예치해 놓았다. 이 금액은 그녀의 전체 자산으로는 얼마 되지 않았지만, 그녀가 시스코은행에서 굵직한 고객이 되기에는 충분한 금액이었다. 담보물과 채권, 유가증권에 묶여 있는 그녀의 나머지 재산은 2천 6백만 달러였다. 증가분에 대해서는 에드워드와 다른 사람들의 눈을 피해 안전하게 시스코 금고에 보관해놓았다. 그녀는 가끔 뉴욕을 방문했다. 그녀는 가정을 지키는 데, 두 아이를 키우는 데 주력했다. 이 모든 것이 변화를 맞이하는 준비과정이었다.

7장

폭풍우를 몰고 오다

❋

1885년 1월 말, 전에 없이 온화했던 겨울 날씨가 갑자기 혹한 추위로 바뀌어 뉴욕을 강타했다. 온도가 하루에 10℃ 씩이나 내려가 영하로 뚝 떨어졌고, 강풍이 해안을 강타했다. 항구로 접근할 수 없는 선박들은 그저 앞바다에서 폭풍을 이겨내야만 했다. 바다에서 무시무시한 밤을 보낸 후 마침내 범선 W.M.H. 클레멘트 호가 애틀랜틱 부두로 느릿느릿 들어섰다. 범선의 돛은 갈가리 찢어졌고, 닻줄은 끊기었고, 승무원들은 손과 발이 동상에 걸렸다. 범선 전체가 얼음으로 둘러싸였다. 로어 맨해튼 거리에도 모래와 먼지 구름이 일어나 마부와 보행자의 앞을 가로막았기에, 사람들은 피할 수 있는 곳이면 어디든 가서 몸을 사렸다. 이런 로어 맨해튼의 은행과 증권회사에도 세찬 바람이 몰아쳤다. 중개업자와 무역업자들은 머리에서 날아간 중산모를 쫓느라고 거리로 돌진하고 있다. 며칠 전에 홀로 뉴욕에 도착한 헤티도 월스트리트의 존 J. 시스코앤선Jonh J. Cisco and Son 사무실에 들이닥친 경제적 폭풍으로 우려가 극에 달하였다. 몇몇 유명 인사들은 이 상황에 감정이 격해져서 자신들의 명성은 아랑곳없다는 듯이 노골적으로 행동했다. 헤티 측에서도 에드워드가 투자했고, 자신의 담보물과 큰돈을 예치한 시스코앤선이 무너진 1월은 참담했다. 이때는 헤티의 50번째 생일이 두 달 지난 시기였는데, 이 나이 사람들은 이미 남은 생애가 정해져 안정을 찾는 시기였지만, 헤티는 전혀 그렇지 못했다. 시스코가 무너진 후 그녀는 남편에게서 독립을 선언했고, 세상과 전쟁을 공표했다.

헤티와 에드워드는 이 은행과 아주 오랫동안 거래를 해왔다. 존 J. 시스코는 1867년에 은행을 시작하기 전에는 미국 재무부 출납국장 보좌관으로 일했었다. 에드워드는 이따금 존 J. 시스코와 은행 일을 함께 했다. 헤티는 자신의 유가증권을 안전하게 보호해달라고 맡길 만큼 충분히 이 은행의 신중하고 안정된 평판을 믿었다. 헤티가 자산을 점검하고, 예치도 할 겸 해서 벨로스폴스에서 뉴욕으로 올 경우, 시스코는 헤티의 기괴한 옷차림과 행동에 적잖이 놀라곤 했다. 그는 월스트리트 59번지의 건물에서 창문 밖을 내다보며 담소를 즐기다가 헤티가 손에 부피가 큰 짐을 들고 대형 대중마차에서 내리는 모습을 보았다. 그는 정문으로 나가 그녀를 맞이했고, 그 꾸러미에 양도성 채권 20만 달러가 들어 있는 것을 보았다.

"이런 채권을 다운타운에서 공공연히 들고 다니시면 위험하지 않습니까? 개인 마차를 타고 오셨어야죠"라고 시스코가 말하자, 헤티는 눈썹을 치켜뜨면서 말했다. "당신이 내 마차 비용을 내준다면요. 난 그럴 수 없어요."

1884년 3월, 시스코가 사망한 이후로 이 회사는 아들 존 A. 시스코와 그의 파트너 프레더릭 W. 푸트가 경영했다. 경영인으로서 시스코 2세와 푸트는 죽은 시스코보다 덜 신중했고 덜 조심스러웠다. 이 은행은 휴스턴앤텍사스센트럴 철도회사 자금을 지원하는 재정관리자였다. 시스코 2세와 푸트는 재정체계를 잘 다루지 못했다. 두 사람은 각자 개인적으로, 또 은행을 대신하여 무리하게 철도채권을 사들였다. 1884년, 이 은행은 새로운 대륙횡탄 철도노선 중에서 그런대로 괜찮은 노선을 사들였는데, 이 철도는 북부 노선을 반영하여 규모가 점점 확대되었다. 이 거대 은행 뒤에는 콜리스 P. 헌팅턴이라는 사람이 있었는데, 그는 빅포big four : 서부철도 건설의 4대 거두, 콜리스 헌팅턴, 마크 홉킨스, 찰스 크록커, 리랜드 스탠퍼드-옮긴이의 리더로 강력하고 완고한 불같은 성격의 소유자였다. 그는 수많은 산과 숲을 통과하는 첫 대륙횡단 철도노선의 서부 몫인 센트럴퍼시픽 철도를 개척한 실업계 거물 중에서도 핵심인물이었다. 하지만 헌팅턴과 그의 동맹자들은 철도채권 판매가 끝나자마자 1월 1일까지 예정된 채권지급에 대한 채무불이행으로 투자자들을 완전히 경악시켰다. 헌팅턴은 휴스턴앤텍사스센트럴 철도회사는 원래 생각했던 것보다 훨씬 더 최악의 형태가 되었다고 발표했다. 철도채권은 곤두박질쳤다. 시스코은행이 보유한 휴스턴앤텍사스 센트럴 채권도 30만 4천 달러였던 것이 18만 2천 4백 달러로 가치가 하락했다. 게다가 푸트와 시스코는 다른 철도 루이빌앤내시빌 철도에도 무리하게 투자를 해서 이것마저 곤란한 상황에 봉착했다. 아주 단시간 내에 시스코의 개인 자산은 7만 7천 달러에서 3만 2천 달러로 하락했고, 푸트의 자산은 15만 3천 5백 달러에서 2만 1천 5백 달러로 더욱 큰 폭으로 내려갔다.

시스코앤선이 곤란을 겪고 있다는 소문은 삽시간에 월스트리트로 퍼져 나갔고, 벨로스폴스에 있는 헤티의 귀에까지 들려왔다. 그녀는 시스코와 푸트에게 급히 편지를 썼다. 거대한 재산을 예치한 것은 아니지만, 은행이 파산한다면 55만 달러가 넘는 예치금이 위험했다. 그녀는 케미컬내셔널뱅크로 즉시 예치금액 전부를 옮기겠다고 요구했다. 시스코와 푸트는 헤티의 편지를 읽고 숨이 막혀왔다. 루머가 퍼지면서 예금을 인출하겠다고 요구하는 사람이 그녀 한 사람만은 아니었다. 절망에 빠진 두 파트너는 은행의 가장 큰 고객을 잃을 처지가 아니었다.

헤티에게는 당연히 시스코와 푸트가 자신의 요구 사항을 접수하도록 할 권리가 있었다. 하지만 이것은 그리 간단한 문제가 아니었다. 헤티가 존 J. 시스코앤선의 가장 큰 예치고객인 반면에, 에드워드 그린은 가장 큰 채무자이기도 했기 때문이다. 극동의 출중한 무역업자였고, 서른한 곳의 신사복 매장의 주인으로, 팁을 주는데도 관대한 벨로스폴스의 자존심인 멋진 신사는 이 은행에 70만 2천 달러가량 빚을 지었다. 에드워드는 푸트와 시스코의 가까운 동맹관계였고, 다양한 투자로 그들과 관련되어 있었다. 그들처럼 그는 루이빌앤내시빌 철도에 핵심 투자자였다. 그는 투자위원회의 중역을 맡았고, 심지어는 짧은 기간이지만 의장을 맡은 적도 있었다. 의심할 여지없이 루이빌앤내시빌 철도채권의 붕괴는 그에게 심한 타격을 주었다. 하지만 전반적인 1880년대 초기 경제는 구조적으로 투기꾼이 돈을 잃도록 수많은 기회를 제공했다. 에드워드가 어디에 투자를 했던 간에, 이 시기에 그의 행동은 너무나 뻔한 이야기다. 잃어버린 재산을 되찾으려고 이리 뛰고 저리 뛰며 운이 다한 투자를 좇는 그런 남자 이야기다. 에드워드가 채무 속에 더 깊이 빠져들자 존 J. 시스코앤선은 그에게 신용대출을 중지했다. 에드워드는 명확하게 헤티의 재산을 담보로 제공하지 않았다. 적어도 은행은 이런 흔적을 찾을 수 없었다. 그런데도 채권자들은 2천 5백만 달러를 깔고 앉은 아내가 있는 그에게 돈을 빌려주는 것을 주저하지 않았다. 이제 시스코와 푸트는 헤티에게 남편의 채무를 갚으라고 강요하기 시작했다.

언제부터 에드워드가 심각한 곤란에 빠져들었는지는 명확하지 않다. 하지만 벨로스폴스 마을 직원 사무실의 오래된 기록에서 발견된 권리 포기 증서가 단서를 제공한다. 증서 날짜는 존 J. 시스코가 사망한 후 3개월째 되던 1884년 6월 19일로 되어 있다. 시스코의 아들이 서명한 이 증서에는 터커하우스를 1달러에 양도한다는 내용이 적혀 있었다. 이 증서에 명시된 새로운 주인은 헤티 그린이다. 이 서류에는 논리적이고 완전히 신랄하게 끌어낼 수 있는 추론이 들어 있었다. 에드워드는 담보로든, 아니면 직접 대출금을 갚을 요량으로든 집을 내놓았고, 결국 집을 잃게 되었다. 실제로 벨로스폴스에 집이 필요 없는 뉴욕 은행가들은 호의를 표현한답시고, 당연히 자신들의 가장 큰 예치고객에게 집을 넘겨주는데 동의했을 것이다. 1884년 6월, 에드워드는 대대로 내려오는 가문의 집에서 아내에게 더부살이를 하게 되었다.

헤티는 속이 부글부글 끓어올라, 터커하우스에서 훨씬 더 단호하게 시스코와 푸트에게 두 번째 편지를 썼다. 남편의 재정은 그의 몫이었다. 그녀는 자신이 직접 빌리지도 않는 대출금을 갚아줄 의향이 전혀 없었다. 은행이 즉시 자신의 돈을 풀어주지 않는다면 소송을 걸겠다고 협박했다. 이 편지를 받은 푸트와 시스코는 그다지 큰 문제로 여기지 않았다.

1885년 1월 15, 이날 뉴욕증권거래소는 문을 닫았다. 도시의 금융업자들은 로어 맨해튼에 불어닥친 겨울 한파에 대비하여 이미 코트를 잔뜩 껴입고 만반의 채비를 했다. 마침내 시스코앤선은 경영을 중지한다는 간결한 성명을 발표했다. 이것을 필두로 주말까지 나쁜 소식이 계속해서 이어졌다. 이런 소식을 접할 때마다 금융업자들은 궁리하여 선별작업을 해야만 했다.

시스코에 대한 루머가 며칠 동안 퍼져 나갔다고는 하지만, 막상 이런 성명이 발표되자, 월스트리트를 혼란에 빠져들게 했다. 시스코앤선은 여전히 신중한 회사로 알려졌었기에 사람들은 경솔한 추측은 하지 못한 상태였다. 〈뉴욕월드〉는 다음날 이런 글을 실었다. "사실, 넓은 의미로 보면 이 은행은 투기사업을 하지는 않았다. 시스코은행은 무수한 개인과 법인들로부터 어마어마한 예치금을 받았고, 여러 철도회사의 재정적 대리인으로 활동했고, 많은 지방은행가의 거래처였다. 또 이 은행에서는 유럽을 여행하는 여행객들에게 신용증서를 발행하는 광범위한 비즈니스를 했다. 하지만 이런 모든 것이 평범한 재앙 이상의 실패를 안겨주었다."

로어 맨해튼 주위의 은행가들과 투자자들, 금융담당 기자들은 즉시 시스코 가문이 무너진데 대한 책임을 질 악역을 찾기 시작했다. 이미 폭로되었듯이, 여러 가지 가능성이 제기되었다. 그들은 주체할 수 없는 분노와 노여움을 우선 휴스턴앤텍사스센트럴의 리더인 콜리스 P. 헌팅턴에게 돌렸다. 이 사건에서 흥미 이상의 관심을 지닌 사람들에게는, 채권지급을 하지 못한 철도회사의 파산은 소량 채권 소유자들을 무시한 헌팅턴과 그의 동맹자들이 계획하고 계산한 음흉한 모략인 재정적 재앙에 더 초점을 맞추었다. 채권 가격이 하락하자마자 헌팅턴 그룹은 비통한 채권 보유자들에게 아주 싼 가격으로 채권을 사들이기 시작했다. 요즘 이런 행동을 했다간 헌팅턴과 그의 친구들은 증권거래위원회나 법무부의 자세한 조사를 받아 적어도 전기의자에 앉힐 수 있는 일이었다.

거칠고 파란만장한 19세기에 평범한 투자자들은 헌팅턴이 이 논쟁에서 자신의 정당성을 변론하는 것을 무능력하게 바라만 본 채 분노로 이를 갈 뿐이었다. 시스코가 무너진 지 이틀이 지나서 〈뉴욕 데일리 트리뷴〉에 헌팅턴은 자신의 서던디벨로프먼트컴퍼니Southern Development Company는 기업가 찰스 모건의 루이지에나앤텍사스 · 레일로드앤스팀십컴퍼니Louisiana and Texas Railroad and Steamship Company가 획득한 상당히 큰 몫 가운데 일부인 휴스턴앤텍사스센트럴을 에둘러서 얻었다는 이기적인 글을 실었다. 헌팅턴은 자신은 H&TC을 건설하지 않았을 뿐만 아니라 채권도 발행하지 않았기 때문에 그것에 대한 이자를 지급할 책임이 없다고 주장했다. "이 철도회사의 채권 만기이자를 내 재산에서 지급해야 할 법적 책임이 도덕적으로 내게 있다는 결론을 낼 수 없다. 나는 이 철도회사와 이미 말한 대로 에둘린 상태로만 연결되어 있다." 그는 계속해서 자신이 가격이 뚝 떨어진 채권을 저렴한 가격으로 사들이겠다는 의중을 내비치며, 이익이 안 되는 '귀찮은' 채권을 소유한 투자자들에 대한 순전한 호의로 이런 제안을 하는 것이라고 설명했다.

이 에피소드에서 명확한 두 범죄자는 존 A. 시스코와 프레더릭 W. 푸트였다. 그들의 범죄는 작정을 하고 저지른 것이 아니라 단순한 행위에서 나온 것이다. 어느 익명의 투자자는 헌팅턴의 글을 읽은 다음날 글을 썼다. "시스코 씨는 아주 오랫동안 텍사스 철도회사의 재정 에이전트 노릇을 해왔고, 그 회사의 재정 상태가 어떤지를 정확히 알았어야만 했다." 이 글을 쓴 사람은 시스코와 푸트는 이미 사악한 책략을 구사하기로 유명한 헌팅턴과의 거래에 더욱 조심했어야만 했다는 말은 언급하지 않았다.

시스코은행이 무너진 지 며칠이 지나서 언론과 금융사는 새로운 희생양을 내놓았다. 1월 18일 자 〈뉴욕월드〉 헤드라인에 간략하게 이를 명기했다.

헤티 그린의 돈이 최근 존 J. 시스코앤선의 파산 원인이다.

> 존 J. 시스코앤선에는 거의 800명에 이르는 채권자들이 있다. 어제 보도한 바와 같이 미시즈 에드워드 H. 그린은 어제 월스트리트에서 가장 많은 돈을 지급받았다. 그녀가 이 은행에 예치한 금액은 대략 47만 5천 달러이다. 기묘하게도 그녀는 이 은행의 채권자인 반면, 그녀의 남편은 이 회사의 핵심 채무자이다.
>
> 시스코 가문의 지인들은 미시즈 그린이 남편이 빌린 대출금을 갚지 않는다면 지급을 정지할 수밖에 없었다. 그녀는 이 몰락에 큰 책임이 있으며, 20년간 자신의 재정에이전트로 활동한 이 은행에 자신의 이기심만을 내세운 것은 비난받아 마땅하다. 시스코은행은 그녀의 신탁자금이 자그마치 2천 5백만 달러에 달하는 유가증권을 훌륭히 보살펴준 것 외에도 이자를 관리해주었다. 지인들은 이 은행이 강한 압박하에서, 하루나 이틀 동안 그녀가 소유한 유가증권 중에서 1~2백만 달러만 융통할 수 있었어도 난관을 극복하고 재정적 파산은 면할 수 있었다고 말했다.

이와같이 〈뉴욕월드〉는 시스코와 푸트가 헤티의 유가증권에서 1~2백만 달러를 슬쩍할 수 있는 유혹을 물리친 그들의 용기에 찬사를 보내자, 이에 질세라 〈트리뷴〉도 "어마어마한 돈을 내 달라는 헤티의 안하무인격 요구가 은행을 도탄에 빠트렸다고" 거들고 나섰다.

〈타임스〉는 사건을 이렇게 묘사했다.

> 은행이 불안정하다는 루머가 돌자, 미시즈 그린은 버몬트 주 벨로스폴스에서 거래를 중지하고, 자신이 보유한 현금을 다른 은행으로 보내달라고 요청하는 편지를 썼다. 편지는 경영난에 허덕이는 존 J. 시스코앤선으로 배달되었다. 이 회사의 지인들은 당시 미시즈 그린이 요구한 굉장한 금액을 지급하는 것은 은행을 절름발이로 만드는 길이었고, 다른 채무자들의 이자를 희생시키는 원인이 되었다고 했다. 은행은 답장으로 그녀의 남편, 전 루이빌앤내시빌 철도회사의 부사장이었던 미스터 E. H. 그린이 그들에게 70만 달러를 빚지고 있으니, 이 대출금을 차감하고 나머지를 돌려주겠다는 요청의 편지를 썼다. 그녀는 즉시 이 제안을 거절했다. 이것은 늘 그녀가 강조한 자신의 경제적 문제는 전적으로 남편의 것과는 별개라는 불변의 법칙에 따른 것이었다.

헤티 그린이 관련된 시스코 사건은 대중적인 관심을 불러일으켰다. 그리고 이 사건은 헤티의 뒤를 평생 쫓아다녔다. 당시 그녀는 여전히 '미시즈 E. H. 그린' 으로 언급되었다. 단시간 내에 그녀의 명성은 남편의 명성을 능가했고, 언론은 아주 드물게 그녀를 '헤티 그린' 으로 언급했다. "미시즈 E. H. 그린은 적어도 명성만큼은 월스트리트에 아주 잘 알려졌다. 미국에서 가장 부유한 여자인 그녀는 이런 명성을 사업적 총명함과 열정, 신중함으로 얻었다. 그녀의 삶은 검소했지만, 투자에서는 이례적인 날카로움을 과시했고, 주식시장이 제공한 좋은 기회를 받아들임으로써 자신의 상속분을 다섯 배 이상 증가시켰다. 예전 월스트리트 경영자들은 미시즈 그린이 자신들이 아는 주위 사람들만큼 철도주식에 대해 지식이 많다는 평가를 했다." 그녀의 특성 또한 관심을 끌었다. "미국에서 가장 부유한 이 여성은 아주 강한 개성이 있다. 그녀는 비즈니스를 감정이나 관계는 무시하고 철저한 원칙에 따라 운영한다. 그녀에게는 아주 자세히 계획된 절약정신이 있었다. 그녀는 평생 개인 사치품을 탐닉하지 않는 것을 원칙으로 삼았다. 그녀는 마차 운임을 지불하느니 차라리 몰아치는 눈보라를 뚫고 호텔에서 걸어 나와 세상의 반응에 맞서고 있다"고 타임스가 적었다.

〈뉴욕월드〉의 어느 기업 취재기자는 벨로스폴스로 취재를 갔었다. "미시즈 그린은 건강해 보이는 체구에 45세 정도 되어 보였고(실제로는 50세였음), 늘 짙은 회색 머리를 프렌치 트위스트머리를 뒤로 묶어 원기둥 모양으로 감아올린 여성의 헤어스타일-옮긴이 스타일로 하고 있었고, 매서운 두 눈은 계속해서 여기저기를 둘러보았다. 그녀는 엄청난 의지력의 소유자였다. 그녀의 결단력은 그녀의 인색함 만큼이나 대단했다. 마을 사람들의 얘기를 들어보니, 그녀의 허술한 의상은 그녀의 단점이라고 할 수 없을 정도라고 했다…… 그녀는 주로 진주빛의 모자를 쓰고 산책했고, 추운 날에는 변함없이 덧신을 낡은 천으로 싸매었고, 물물교환을 하는데도 타고난 욕심쟁이였고, 이곳 버몬트 주 사람들의 약삭빠른 양키 습성에도 굴하지 않고 미시즈 그린은 작은 거래에서조차 한 푼도 손해를 보지 않았다고 한다."

〈뉴욕월드〉는 또 헤티가 주식에 특별한 관심을 보이게 된 것은 그녀가 행복하지 않았기 때문이라고 공공연히 떠들어댔다. "그녀는 건강과 재산을 갖고 있었지만, 이곳 마을 사람들은 미시즈 에드워드 H. 그린보다 덜 행복하고, 덜 즐거운 사람은 아무도 없었다."

헤티는 마을 사람들이 자기에 대해 수군거리는 말에 별로 신경쓰지 않았고, 시스코은행에 예치해 둔 자산에 훨씬 더 큰 관심을 쏟았다. 경제적 어려움이 시작된 후 에드워드는 가족과 떨어져 뉴욕의 유니언클럽에서 점점 더 많은 시간을 보냈다. 이번 사건이 터졌을 때 벨로스폴스에 있는 것보다 차라리 뉴욕에 있는 것이 그에게는 더 나은 편이었다. 헤티는 늘 성미가 급해서, 특히 자신의 돈이 위태롭다고 느꼈을 때는 더욱 그랬기에, 시스코 대실패에 대한 그녀의 반응이 불같을 것은 뻔한 일이었고, 뉴베드퍼드 부둣가에서 배운 각종 원색적인 욕으로 방안이 진동할 것도 자명했다. 그녀는 짐을 챙겨 벨로스폴스 기차역으로 부리나케 향하여 뉴욕행 기차를 잡아탔다.

그녀가 뉴욕에 도착했을 즈음 존 J. 시스코앤선의 관리는 시스코와 푸트에서 파산관재인破産管財人으로 임명된 루이스 메이에게로 넘어간 상태였다. 메이는 다음과 같은 성명을 발표했다. 이 성명은 미국 전역뿐만이 아니라 유럽에도 전송되었다.

> 오랜 은행가 가문 존 J. 시스코앤선이 매우 심각한 경영 상태에 빠져 있다는 루머가 거의 열흘 째 나돌고 있습니다. 게다가 이 회사는 휴스턴앤텍사스센트럴 철도회사에 엄청난 투자를 한 상태입니다. 이 철도회사는 첫 담보 채권에 대한 이자표를 구입하는데 있어서 C. P. 헌팅턴의 행동으로 말미암아 신용에 심각한 타격을 입어 채권 가치가 급속도로 떨어졌습니다. 유가증권의 일반적 불황과 더불어 이 문제는 강제적용시킬 수밖에 없는 입장입니다. 우리는 이 은행 모든 채무자의 이익을 위해서 우선권 없이 피해를 최소한으로 줄이도록 할 것입니다. 모든 예금주는 확인되는 대로 의심할 여지없이 전액을 지급받게 될 것입니다. 이 은행은 증권거래소에 채무는 없습니다.

예금주 모두 돈을 돌려받을 거라는 보장도 헤티를 진정시키지는 못했다. 뉴욕에 도착하자마자 그녀는 월스트리트 59번지에 소재한 시스코 사무실로 찾아가서 두 눈을 똑바로 뜨고 메이를 바라보며 말했다.

"내 몫을 찾으러 왔어요."

헤티는 풀죽은 시스코와 푸트를 협박해서 자신의 요구에 즉시 응하도록 독촉했다. 하지만 메이는 전혀 위축되지 않았다. 월스트리트에서 잘 알려졌고 존경받는 인물인 그는 투자회사 메이앤킹의 파트너이다. 〈트리뷴〉의 표현에 따르면, 그는 "신속한 비즈니스 방식으로 명성을 얻었다."

범상치 않은 장면이 이후 7~8일간 전개되었다. 헤티는 위협하며 고래고래 소리를 질렀고, 간청했고, 발을 구르며 왔다 갔다 하다 흐느껴 울기도 했다. 메이는 그녀의 이런 분노에 냉정함으로 잘 응수했다(반면, 헤티는 격분했다). 구경꾼들이 이런 모습을 지켜보려고 시스코 본사 창가로 모여들었다. 더욱 많은 사람이 신문에서 무용담을 읽었다. 헤티의 유가증권 2천 5백만 달러는 법적으로 시스코의 자산에 속하지 않았고, 그러므로 메이의 권한이 아니었다. 이 은행에 예치한 헤티의 현금 558,851달러는 회사 전체 예치금의 4분의 1보다 더 많은 금액이었다. 그다음으로 예치금이 많은 사람은 이 은행의 창시자 존 J. 시스코의 자산으로 장부상 218,593달러였다. 예치고객들 리스트 맨 밑에 다소 애처롭게 에드워드 그린이 보였다. 그는 아들 네드를 위해 1,106달러를 신탁에 맡겨놓았다. 하지만 폐쇄된 은행에서 헤티의 거대한 유가증권은 메이가 강력한 협상을 할 수 있는 도구가 되었다. 헤티가 예치한 현금이 얼마든 간에 메이는 유가증권이 사실상 그녀의 전체 순자산이라는 것을 알고 있었다.

메이는 헤티가 남편의 채무 70만 2천 달러를 갚자마자, 그녀의 거대한 유가증권을 기쁘게 풀어주겠다고 했다. 처음에, 헤티는 오만하게 시스코와 푸트에게 자기 남편의 재정문제는 자신과는 아무런 관련이 없다는 말만 되풀이했다. 그녀는 유가증권을 검토하게 해 달라고 요구했다. 메이는 이에 동의했다. 헤티는 꼬박 7시간 가량을 앉아서 세심하게 계산을 했다. 그런 후 아무런 문제가 없다는 것을 알고는 안도의 한숨을 쉬었다.

헤티가 몸을 뒤틀며 몸부림칠 때 메이는 자신의 존재를 인식시켰다. 〈트리뷴〉이 보도했다.

> 미스터 메이는 4주 안에 예치자 문제를 해결했다. 하지만 그는 양쪽 모두를 위해 이 문제를 관리하길 원하며, 기꺼이 문제를 바로잡는데 1년 정도를 헌신할 작정이다. 예치금을 요구한 남자들은 없었다. 반대로, 그들은 대부분 미스터 메이가 지급시기를 정해주기를 바란다.

"남자들은 없었다"는 〈트리뷴〉의 보도는 아마도 헤티의 성性에 관한 익살맞은 언급이었을 것이다. 이 기사는 이런 말과 함께 끝을 맺었다.

> 미시즈 그린의 태도가 미스터 메이의 설득으로 바뀌었는지에 대한 정보는 없다.

몇 주 동안 심지어는 몇 달간 재산을 통제하지 못할지도 모른다는 전망이 적어도 헤티의 저항을 가라앉게 했다. 2월 초, 그녀는 펜을 잡고 어쩔 수 없이 422,142.42짜리 수표를 갈겨썼다. 그녀는 또 자신의 예치금 중 절반, 즉 280,015.62를 양도하는데 동의했다. 이렇게 해서 그녀는 총 702,159.04 금액을 지급했다. 이것으로 그녀는 자신의 유가증권을 챙겨서 케미컬내셔널뱅크로 갔다. 이 은행으로 갈 때 그녀는 짐의 사이즈를 고려하여 어쩔 수 없이 값비싼 마차를 임대했다.

헤티는 시스코 대실패를 통해 자신이 겪은 수많은 모욕을 절대로 잊지 않았다. 그녀는 루이스 메이에게 원한을 품었다. 특히 철도왕 콜리스 P. 헌팅턴에게 그러했다. 그녀는 꾸준히 메이에게 복수할 계획을 세웠고, 시스코 패배로부터 2년간이나 기다렸다. 이즈음 메이는 적어도 자금을 해결했고, 오랫동안 기다린 예치고객에게 지급할 준비를 다 마쳤다. 헤티는 뉴욕대법원에 메이가 관재인으로서 과다한 커미션을 지급하여 채무자들을 속였다고 주장하며 이의신청을 냈다. 〈뉴욕타임스〉에 따르면 윌리엄 S. 케일리 판사는 헤티의 이의신청을 받아들였지만, 만약 그녀가 소송에서 패배한다면 모든 소송비용을 그녀가 지급해야 한다는 조건을 내걸었다. 이 비용은 1만 달러에 달하였으니, 이것은 그녀가 얼마나 화가 났는지를 보여주는 것이다.

시스코은행 파산을 관리하도록 법원에서 찬성을 이끌어내 메이를 임명한 케일리 판사는 이미 자신의 작품이 성공을 거두었다고 생각했다. 하지만 헤티는 139,500달러라는 그의 수수료가 터무니없이 비싸다고 주장했다. 그녀는 로펌이 2만 7천 달러나 되는 너무 많은 돈을 가져갔고, 메이가 시스코의 파트너인 프레더릭 푸트를 고용해 자신이 그 사건을 다루는 것을 돕도록 한 것은 실수였다고 주장했다. 예전에 실비아 이모 소송사건 때와 마찬가지로 메이를 공격하는 이런 행동은 오랜 기간 돈을 받기를 기다리는 엄청나게 많은 예금주에게 돈을 지급하는 실질적인 효과를 낳았다. 그녀의 목표는 당연히 메이를 당황시키는 것이었다. 헤티는 넬슨 스미스라는 뉴욕의 새 변호사를 고용해 이 소송 진행과정을 관리하도록 했지만, 실질적인 통제는 자신이 하며 매일 상황을 점검하였고 어떨 때는 개인적으로 증인에게 질문을 던지기도 했다. 그녀의 이런 행동은 판사를 성나게 했고, 심지어 그녀 측 변호사는 당혹하여 말을 더듬으며 재판장을 나가곤 했다.

메이는 증인석에 서서 헤티에게 남편의 빚을 갚으라고 법적으로 강요한 적이 없다고 보란 듯이 말하여 헤티의 분노에 기름을 부었다. 그는 헤티가 예치한 현금과 유가증권까지 들고 가려는 행위는 은행 측에는 이중타격이었다고 주장했다. 메이는 말했다.

"저는 아주 큰일을 해냈어요. 매일 축하 인사를 받았다고요."

헤티는 또 그가 자신과 죽은 존 A. 시스코에 대한 의리를 거론하자 더욱더 속이 부글부글 끓어올랐다. 〈타임스〉 기사에 따르면, "그녀는 마치 그에게 호랑이처럼 으르렁거렸으나 아무것도 얻지는 못했다."

"몇 가지 질문해도 될까요?" 그녀는 변호사 넬슨 스미스를 제치고 질문을 하기 시작했다. 그녀는 에드워드가 손실금을 막으려고 자신의 돈을 사용했다는 사실을 은행 측이 고의로 숨겼다고 증인과 증인의 죽은 아버지를 공격하기 시작했다. "당신 아버지가 언제 내게 편지를 썼죠? 그가 내게 편지를 썼다고 하던가요? 여기 내게 있는 이 편지에는 내 돈이 그 어디에도 사용되지 않을 거라고 쓰여 있는데요. 하지만 미스터 그린은 늘 이 돈을 사용했다고요." 심지어 그녀는 시스코가 벨로스폴스로 사람을 보내 협박했다는 말도 했다. "당신이 위장파산을 하고, 위장위임을 하고, 위장소송을……"

"미시즈 그린!"

이 고함소리는 메이의 변호사나 판사가 지른 것이 아니라 헤티 스스로 자멸하는 것을 막을 요량으로 헤티 측 변호사의 외침이었다.

헤티의 폭발에 만족한 메이의 변호사는 끼어드는 것을 원치 않았기에, 그녀에게 계속하라는 신호를 보냈다. 그녀는 그렇게 했다. 이번에 헤티는 시스코와 푸트가 자신을 위협하려는 계획에 직접 참여했다고 비난하는 중이었다.

"내게 심장마비를 일으키게 할 작정이었나요? 그런 방식으로 날 몰아내고 내 돈을 다 차지할 꿍꿍이였죠?" 법정 여기저기서 웅성거리는 소리가 들려오자 헤티는 설명했다. "나는 이것이 제대로 된 게임이었는지를 그에게 묻고 싶군요. 왜냐하면 이 나라 사람들은 내가 돈을 지킨 것이 무가치하다고 말했어요. 나는 그에게 단지 그 대답을 듣고 싶을 뿐입니다."

마침내 당황한 시스코가 응답했다. "내가 말할 수 있는 것은 미시즈 그린이 말하는 상황에 대해 나는 잘 모른다는 겁니다."

헤티는 재판이 진행되는 동안 여러 번 반복해서 자신의 행위에 대해 변론할 기회를 달라고 했다. "나는 퀘이커교도라는 것이 자랑스럽습니다. 나는 옳은 일을 했습니다. 하늘에 대해 맹세합니다."

헤티의 말에 전혀 감흥을 받지 않은 케일리 판사는 메이의 편에 서서 이번 시스코은행 사건을 다룬 메이의 행동은 타의 모범이 됐다고 생각했다. 헤티는 대략 1만 달러에서 1만 5천 달러가량의 소송비용을 청구받았다. 엄청나게 인색한 헤티는 늘 이 비용을 아주 잘 지급했다고 생각했다. 물론 상대가 억지로 그녀에게 지급하도록 압박해서 마지못해 치루기는 했지만.

금융업계는 시스코 대참패의 희생양으로 헤티를 지목했지만 헤티는 콜리스 P. 헌팅턴을 비난하고 나섰다. 그의 행동이 시스코은행을 무너뜨리는 결과를 초래했고, 그녀가 예치해 놓은 현금과, 심지어 그녀의 전 재산 2천 5백만 달러까지도 위험에 빠뜨렸다고 했다. 헌팅턴에 대한 헤티의 펄펄 끓어오르는 극도의 증오는 당연했다. 그녀는 조금도 자신을 두려워하지 않는 나쁜 놈에게 서서히 복수의 칼날을 디밀었다. 그 시기에 헌팅턴도 점차 헤티를 싫어하기 시작했다.

하지만 시스코 대참패는 헤티의 또 다른 전환점이 되었다. 이 사건은 그녀의 결혼생활에 사실상의 종지부를 찍게 했다. 그렇다고 법적으로 그런 것은 아니다. 헤티와 에드워드는 공식적으로는 이혼을 한 적이 없다. 사실, 몇 년간에 걸쳐 두 사람은 일종의 화해를 이루어냈다. 그들 사이에 마음에서 우러나온 일들도 있었고, 마음에 상처를 주는 일도 있었지만, 적어도 그들은 한지붕 아래에서 함께 살았다. 하지만 전통적인 의미의 결혼생활은 사실상 끝난 셈이었다. 헤티는 자신의 본분에 충실했다. 그녀는 아내의 의무에 충실한 척, 에드워드가 가족의 가장인 척 가장했다. 에드워드는 자금을 잘못 운영해 신용을 잃었다. 단순히 그는 자신의 전 재산만을 탕진한 것이 아니었다. 그는 극히 일부지만, 그녀의 재산에 흠집을 내었다. 늘 확신에 차 있고 강건한 에드워드조차도 헤티의 강철 같은 결단력에 당해낼 수 없었다. 그녀가 두 아이를 데리고 짐을 싸서 나가버렸을 때 에드워드는 돈 한 푼 없이 파산한 채로 홀로 남겨져, 우아한 삶은 찾아볼 수 없게 되었다. 시스코 대참패로 말미암아 헤티는 개인생활과 경제생활에서 완전히 독립하게 되었다.

8장

브루클린의 백만장자

미국의 야심에 찬 자본가들에겐 남북전쟁이 끝날 즈음과 19세기를 시작하는 사이인 이 시기가 황금시대였다. 남북전쟁은 일단 끝났지만, 여러 세대에 걸쳐서 이 나라를 괴롭힌 귀찮은 질문이 생겨났다. 과연 미합중국은 오래도록 살아남을 수 있을까? 그랬다. 유럽에서는 전쟁 말엽에는 으레 복잡하고 이미 문명화된 도시로 실업 군인들을 아무런 대책 없이 내보내는 경우가 허다했다. 하지만 미국의 풍경은 확연히 달랐다. 일거리나 기회를 찾는 수많은 전역 군인들 외에도 해마다 공장이나 수평선 너머로 쫙 뻗은 밭으로 일하러 들어오는 무수한 이민자까지도 받아들일 만큼 풍요로웠다. 알렉산더 노이에스는 자신의 고전 작품인 『미국 경제 40년*Forty Year of American Finance*』에서 이렇게 썼다. "100만 명이나 되는 시민들이 조직화된 파괴에 종사하다가 평화적인 산업으로 들어서는 순간에 평범한 미국은 무역 역사상 고용과 생산방법이 전례 없이 넓어졌다."

성장과 생산의 속도는 경이로웠다. 제조업에서 농업에 이르기까지 모든 산업이 활황이었다. 1867년에 6천 4백만 에이커에 밀, 옥수수, 귀리, 호밀 등을 심은 미국 농부들은 1878년에는 1억 에이커에 보리를 심었다. 총 합한 수확량은 8억 톤 이상이 증가했다. 수많은 사람뿐만이 아니라 거대한 수확량을 운반하려면 새로운 대규모의 운송 네트워크가 확실히 필요했다. 대륙횡단철도가 1869년 봄에 양측을 연결하였을 때 기념비적인 건설 위업으로서 제 본분을 다했지만, 3천 킬로미터 정도로는 전반적인 철도 발전에는 창해일속滄海一粟에 지나지 않았다. 남북전쟁이 끝난 후 8년 안에 철도 승무원들은 미국을 가로지르는 선로를 대략 4만 8천 킬로미터를 달렸다. 러시아 또한 적극적으로 철도 생산기반을 마련하여, 같은 시기에 17,600킬로미터 길이의 철도를 건설했다

철도를 넓힐 때마다 선로를 놓을 강철과 침목枕木에 쓸 목재, 돈을 조달해줄 자본가가 필요했다. 철도에 투자하여 얻는 잠정적 대가가 크다고 한다면 그만큼 위험성도 높았다. 견실한 경영으로 모든 철도산업이 강건하고 건전하려면 부실경영과 자연적 장애물, 혹은 노골적 사기 등을 근절해야만 했다. 부패한 정치와 잦은 공황, 위태위태한 자금공급은 금과 은, 종이의 발행을 불안정하게 했다. 그리하여 실업계 거물들의 시체들을 흩뿌려놓은 풍경을 연출하게 되었다. 그 희생양들 가운데 한 사람이 에드워드 그린이었다.

헤티 그린은 금박시대金箔時代 Gilded Age에 경제 시장에서 확실한 자신의 위치를 만들겠다는 원대한 꿈을 품었다. 이제까지 헤티가 여자라는 이유로 억압과 제한 등의 심각한 장애가 있었다면, 금박시대는 거의 모든 면에서 그녀를 위한 맞춤시대 같았다. 헤티 세대의 경제인과 기업가 명부는 미국의 자본가 명부라고 보면 맞다. 이들의 재산은 주

목할 만한 시기에 그녀의 자본과 함께 활짝 만개했다. '악덕 자본가' 라는 용어를 구체화한 재정적 음모로 악명 높은 짐 피스크는 1834년 헤티보다 7개월 앞서서 태어났다. 피스크의 파트너 제이 굴드는 1836년에 태어났다. 강철왕 앤드루 카네기는 1835년 스코틀랜드에서 태어났다. 골프게임을 통해 카네기의 회사를 사들여 거대한 U.S. 스틸을 만든 자본가 겸 은행가인 J. P. 모건은 1837년에 태어났다. 스텐더드 오일의 힘과 두뇌 존 D. 록펠러는 1839년에 태어났다. 한때 록펠러의 파트너로 오늘날의 팜비치를 만든 부동산 개발자 헨리 M. 플레글러는 1830년에 태어났다. 운이 좋게도 규정과 노동조합, 소득세 등이 생기기 전이라 그들은 제한 없이 모든 기회를 잡을 수 있었다.

이 남자들은 대부분 역사상 전례 없이 규모가 큰 집에서 가족과 함께 살았다. 1811년에 착공에 들어가 1824년에 완성된 뉴욕 5번가는 전쟁이 끝난 후, 미국에서 가장 부유하고 최신 유행을 선도하는 곳으로 자리 잡았다. 이곳과 연결된 센트럴파크 부근 5번가는 백만장자들의 거리Millionaire's Row로 불렸다. 부와 특권의 증거로 프랑스풍 영주의 저택, 왕실 궁전, 화려한 성과 같은 저택들이 솟아올랐다. 5번가에는 록펠러의 저택, 플레글러의 저택, 구겐하임 저택, 잡화상 주인에서 재정가가 된 러셀 세이지 저택, 헤티의 대적 콜리스 P. 헌팅턴의 저택 등이 있다. 콜리스는 캘리포니아 골드러시 기간에 광부들에게 철물을 파는 행상으로 시작하여 갑부가 되었다. 밴더빌트의 저택 두 채는 밴더빌트 거리Vanderbilt Row로 알려지게 된 센트럴파크 아래 15번가 10블록 구역에 상당히 멋진 저택들이 즐비한 곳에 지어졌다. 1879년, 헨리 밴더빌트는 한 채가 아닌 집 두 채를 주문했다. 몇 달 후 윌리엄 키셈 밴더빌트가 5번가에 저명한 건축가 리처드 모리스 헌트가 디자인한 거대한 집을 지을 계획을 세웠다. 아첨하기를 좋아하는 비평가들은 이 집을 팔레드쥐스티스Palais de justice 프랑스 법원, 루앙의 부르떼룰드저택Hotel de Bourgtheroulde, 파리의 클뤼니호텔Hotel cluny, 샤또드블르와 Chateau de Blois 등의 성공적인 결합이라고 표명했다. 이 저택이 완성되었을 때 윌리엄의 아내 알바 밴더빌트는 의상무도회를 열어 손님들이 각각 유럽의 왕족처럼 차려입고 오도록 요청하여, 이 집을 소개했다.

이 거대한 축제는 시스코은행 몰락 후 헤티가 뉴욕으로 올라왔을 시기에 열렸다. 하지만 그녀가 두 아이를 거느리고 벨로스폴스를 떠나서, 밴더빌트의 두 저택 옆에 집을 짓지는 않았다. 물론 당시 그녀는 백만장자 거리에서 가장 멋진 집과 맞먹는 집을 지을 여유가 있었다. 대신에 그녀는 아이들이 많고 인구가 조밀한 브루클린 자치구역을 선택했다. 브루클린은 이민자들과 노동자들이 주류를 이루었고, 그 어디에서도 유럽의 왕족처럼 옷을 입고 다니는 사람은 찾아볼 수 없었다. 로어 맨해튼에서 3개월 간격으로 집세를 내는 저렴한 집을 임대해 산 짧은 기간을 제외하고 헤티는 앞으로 10년간 브루클린에 정착하게 된다. 그녀는 아파트를 월세로 임대했다. 큰 집을 사거나 지으려면 가격 이외에도 하인들 비용은 물론 집을 유지하는 비용도 만만치 않았다. 또 다른 이유도 있었다. 당시 개인재산 세금을 징수하려면 징수원은 우선 체류한 증거를 확보해야만 했다. 다달이 임대료를 내면서 자주 옮겨다님으로써 헤티는 어딘가에 쭉 살았다는 것을 부인할 자료를 만들었다. 이로써 세금징수원은 악착같이 세금을 징수하기가 곤란했다. 평생 그녀는 벨로스폴스, 뉴베드퍼드, 뉴욕, 뉴저지 등에 살았지만, 이들 모든 곳에 산 것도 아니고, 이들 어디에도 산 것이 아니었다.

헤티, 실비아, 네드는 처음에 브루클린 하이츠의 피에로폰트스트리트에 소재한 수수한 아파트에서 살았다. 헤티 그린과 함께 보낸 어린 시절이 정상이라 할 수 없었지만, 이번 이사는 네드와 실비아를 새롭고 기상천외한 분위기 속으로 들어가게 했다. 미국의 굉장한 부자 아이들 명부에 있으면서도 네드와 실비아의 생활양식은 끊임없이 다음 끼니를 위해 투쟁해야 하는 아이들과 별다를 것이 없었다. 헤티는 아이들에게 자신들이 얼마나 부자인지, 미국에서 자신은 가장 큰 부자가 되겠다는 목표 등을 전혀 말하지 않았다.

네드는 심하게 다리를 절어 걸음걸이가 어색하고 엄마와 지내는 생활이 혹독한데도, 쑥쑥 잘 자라나 아주 잘 웃는 사교적인 젊은이가 되었다. 열일곱 살이 된 그는 이미 키가 180센티미터나 되었고, 아버지를 닮아갔다. 반대로 실비아는 내면으로 은거하는 듯이 보였다. 키는 크지만 예쁘지 않은 실비아는 너무나 수줍음을 많이 타는 소녀였다. 그녀와 시간을 보낸 사람들은 그녀에게서 어떠한 개성도 발견하지 못했다. 지인들에게 그녀는 어떠한 부분도 차지하지 않는 것처럼 보였다. 그녀는 헤티의 영원한 동반자로, 아파트에서 허드렛일을 하며 보냈다.

기괴한 이 가족은 자연스레 브루클린에 사는 사람들의 호기심을 자아냈다. 헤티의 재정적 무용담은 더욱 전파를 타면서, 괴짜라는 명성을 날리기 시작했다. 〈브루클린 이글〉의 기자가 쓴 글이다.

"아무도 제대로 된 드레스를 입은 그녀를 보지 못했다. 또 그녀가 구식 스타일에 다 낡은 검정 손가방을 들지 않은 모습을 본 사람도 거의 없다. 그녀의 외모는 검소하고 간소한 취향을 가진 구식 여성이라는 평 외에 뭐 달리 특별한 것을 기대하기는 어렵다. 그녀는 골목 잡화상이나 저 아래 빵집에서 볼 수 있는 그런 여자였다. 그러나 돈의 위력으로 보면, 똑같은 사람인데도 그녀는 이 나라에서 어마어마한 힘을 지닌 사람이다."

브루클린과 뉴저지 호보컨에서 사람들은 그녀의 검소한 모습을 보면서 끝없는 매력과 즐거움을 느꼈다. 헤티는 사람들이 자신에 대해 수군거리는 것을 염려하느라고 잠을 이루지 못한 적은 거의 없었다. 그녀를 대하는 대중의 반응에는 어떤 아이러니가 있었다. 그녀에게는 단점이 많았지만, 거만하지는 않았다.* 그녀는 겉치레를 경멸했고, 평판에도 전혀 신경 쓰지 않았다. 그렇다고 그녀는 평범한 사람들과도 섞이지 못했다.

그녀는 대중 사이에 살고, 그들의 식당에서 식사를 하고, 그들이 타는 전차와 나룻배를 타고 다녔다. 점원들과 가게주인들, 알바 밴더빌트의 15번가 저택 안으로 들어오는 것조차 허락되지 않은 배달 소년들과 여자 세탁부들도 헤티와 그녀의 아이들 옆에 살았다. 그러나 여왕처럼 살 수 있는데도 그렇게 살지 않은 그녀는 조롱과 비웃음을 샀다.

대중은 방이 65개나 있는 앤드루 카네기의 5번가 집을 곱지 않은 눈으로 바라보지는 않았다. 그의 집은 규모가 얼마나 컸으면, 겨울철 하루 난방에 필요한 석탄 2톤을 운반하고자 지하실로 연결되는 특수한 철도 지선支線이 필요했다고 한다. 카네기는 스스로 1889년 자신의 에세이에서 개인적 사치를 정당화하는 글을 썼다. "부는 좋은 것이다, 아니 인생의 발전을 위해서 꼭 필요한 요소이다. 일부 부유한 집은 모든 것의 보금자리 역할을 해야만 한다. 문학과 미술에서 최고로 값진 것들을 보관하는 곳, 문명화된 것들 가운데 고상한 것들을 보관하는 곳,

---

* 아주 재미나는 헤티 일화 가운데 하나는 아마도 헤티의 소유인 소에게 쫓기는 벨로스폴스를 지나가는 영국남자에 관한 것이다. 그 남자는 불평하며 헤티를 찾아갔지만 자신이 원한 사과의 말을 듣지 못했다. 대신에 아주 인상적인 소리를 들었다. '가서 소에게 말하세요.'

이런 곳이 부유한 집이다." 카네기 전기 작가 조셉 프래지어 월이 말하기를, 같은 도시에 사는 수많은 사람이 그의 말에 동조하는 듯했다고 한다. 월은 날카로운 통찰력으로 헤티 그린을 예로 들어가면서 부에 대한 대중적 감정을 평가했다. "대중은 갑부들이 큰 집에서 제대로 갖추어놓고 살기를 기대한다. 그들은 호보컨의 작은 아파트에서 몹시 인색하게 사는 헤티 그린을 경멸하는 듯이 본다."

그녀의 생활방식은 대중의 비판에 자신을 길들이지 못했고, 자신이 상류계급에서 자만심이 강한 사람이라는 것도 인식시키지 못했다. 한번은 어떤 기자가 그녀에게 왜 그런 방식으로 사느냐고 물은 적이 있었다. "나는 퀘이커교도에요. 어릴 때부터 화려한 것과 과시를 멀리하도록 배웠어요. 우리 가족은 5대째 부자였어요. 우리는 우리의 지위를 인식시키려고 과시할 필요가 없어요." 헤티가 대답했다. 〈뉴욕월드〉의 한 논설위원은 그녀를 아주 맹렬하게 비난하고 나섰다. "재벌의 말투와 그들의 방식에 오랜 기간 익숙해진 우리는 그녀의 무례한 말투에 벼락 맞은 듯이 놀라곤 한다."

1883년, 조셉 플리쳐는 악덕 자본가 제이 굴드에게서 〈월드〉를 사들인 후 굴드를 포함한 모든 부자 재정가에 대항하여 민중의 목소리를 내기 시작했다. 〈월드〉에 실린 사설 내용이다.

> 이렇게 허무맹랑한 말을 한 거만을 검토할 필요가 있다. 어떤 '집안'이 5대째 부자라는 것을 대중이 '인식'해야만 하는가? 그런 여사는 부자들이 부자가 아닌 사람들보다 더 잘났고, 더 영예롭고, 더 존경받을 자격이 있다는 말을 할 작정이었을까? 아니면 단지 5대째 부자가 그렇게 오랫동안 부자가 아닌 사람들보다 우위에 있다고 주장하는 것일까?

> 대중은 미시즈 헤티 그린이 부자라는 사실을 인정한다. 하지만 그녀가 다른 사람들보다 더 많은 재산을 소유하고 있다는 이유로 그녀가 더 우월하다든가, 더 장점이 많다는 것은 인정하지 못한다. 그저 그녀의 개인적 성격이 이런 주장을 한 것이라고 볼 수밖에 없다. 그녀는 영세민 아파트에 살면서 생계로 바느질하는 여성보다 한 치도 더 나은 것이 없다.

이것은 헤티가 그저 악의없이 한 말에 대한 지나친 반응이었다. 플리쳐와 논설위원들과는 다른 생각이지만, 헤티 그린이 실제로 영세민 아파트에 살았다는 것은 빈정거림을 받을 만한 요소였다.

헤티는 사회에 무관심하거나 반감을 품었지만, 부와 명예와 연결된 벗이 한 사람 있었는데, 바로 5번가의 라임스톤 대저택에 사는 애니 리어리였다. 오래전에 헤티의 결혼식에 참가한 리어리는 뉴욕에서 손꼽히는, 그러니까 미국에서 손꼽히는 자선가였다. 그녀는 그저 좋은 목적에 쓰라고 돈만 툭 던지지는 않았다. 그녀는 가난한 사람들을 위한 고급 안식처를 제공했다. 그녀는 팔을 걷어붙이고 어떤 논쟁의 대열에 적극적으로 합류했다. 애니는 뉴욕 콜럼버스 광장에 크리스토퍼 콜럼버스 기념비를 기증했다. 그녀는 결핵으로 고통받는 아디론댁족 Adirondacks 보호소 스토니울드의 부대표였고, 플라워 길드의 대표였다. 그녀는 가톨릭교회와 회관을 지었고, 벨뷰 병원에 죽은 동생 아서의 이름을 딴 예배당을 지었다. 가톨릭교회를 부흥시키려는 그녀의 노력을 가상히 여긴 교황은 그녀에게 교황의 백작부인이란 영예로운 칭호를 수여했다.

애니는 다른 사람들이 보지 못한 헤티의 면을 보았다. 그것은 사람들에게 알려진 이미지와는 정반대였다. 애니는 헤티의 유머감각과 친구에 대한 성실성을 높이 평가했다. 애니는 또한 헤티와의 우정이 얼마나 자신에게 영향을 줄지를 걱정하지 않아도 될 만큼 사회적 지위가 확고했다. 어떤 면에서 자선가인 애니는 헤티와 그녀의 가족을 사교적 프로젝트로 여겼다. 헤티가 파티나 무도회, 혹은 뉴포트의 행사에 나타났을 때 애니 리어리가 나서서 중간역할을 했다. 헤티의 딸 실비아는 애니에게는 특별 관심대상이었다. 애니는 실비아가 껍질을 벗고 밖으로 나오도록 해줘야 한다고 생각했다. 헤티는 실비아에게 돈을 존중하고 골드디거gold digger 재산을 보고 접근하는 사람를 경계하도록 딸을 훈육했는데, 이것이 실비아에게 역효과를 냈다는 것을 명확히 본 사람은 바로 애니 리어리였다.

이런 애니의 우정에도 헤티는 자신이 근본적으로 그리고 완벽하게 혼자라는 확신을 하고 살았다. 어느 누구도 그녀의 관심사에 대해 주의하지 않았다. 그녀는 모든 형태의 동맹과 조직을 믿지 않았다. 다른 투자자들은 믿을만한 사람들을 찾아 투자할 곳에 합의점을 찾는 반면, 헤티는 자신의 판단과 본능을 믿으며 스스로 판단할 때가 가장 편안함을 느꼈다. 그녀는 자신의 감각을 믿으며 자주적으로 행동했다. 시스코 실패 이후 조지아 센트럴 철도회사의 경영권을 인계받는 동안에 빈틈없이 일을 처리한 헤티는 앞으로 되풀이해서 이용할 그녀의 전략과 스타일에서 탁월함을 보여주었다.

사바나 대평원에 기초한 조지아 센트럴 철도는 수많은 남부 도로를 하나로 이어주었다. 이것은 남동 주위로 3,200킬로미터나 되는 선로를 낸 거대한 철도이긴 했으나, 너무 꼴사납고, 비효율적이고, 미흡했다. 이 주식은 1주당 69달러밖에 나가지 않았고, 이 회사는 1년에 두 번 빈약한 2퍼센트 배당금을 지급했다. 기업을 매수하는 데 건전하지 않았던 1880년대에, 주로 뉴욕출신의 부유한 투자자 그룹은 아주 좋은 인수 기회를 포착했다. 그들은 특히 이 철도회사 소유인 사바나와 뉴욕을 왕래하는 기선 항로에 관심이 많았다. 그들이 알아본 기선 항로는 뒤범벅된 철도의 자산 중에서 상당히 과소평가되어 있었다. 투자자들은 자신들이 이 회사의 경영인을 임명할 요량으로 1886년 여름 내내 이 주식을 사들이기 시작했다.

다음 몇 달간 뉴욕그룹은 1월 대표자 선거를 위해 의결권 주식 대다수를 끌어 모으려는 와중에 가혹하고 더러운 전투가 연이어 발생했다. 이 뉴요커들은 질척한 경영과 주주들에게 제대로 된 보상을 해주지 못한다는 이유로 이 철도회사를 비난했다. 조지아 측 사람들은 이 뉴요커들을 탐욕스러운 조작자이자 단순히 일순간의 이익을 위해 회사를 분열시키려는 아웃사이더로 규정해 뉴요커들을 해산시키려 했다. 남북전쟁 후, 양측은 서로 불꽃 튀는 마음의 앙금이 남아 있었다. 겨우 20년이 지난 그때까지도 이 앙금은 아직 사람의 마음속에 남아 있었다. 양키는 다시 한번 조지아로 당당히 진격하는 듯했다.

헤티는 초기에 이 계획의 감을 잡고 조용히 조지아 센트럴 주식을 1주당 70달러에 사들이기 시작해, 초여름이 되자, 6700주를 보유했다. 그녀는 인내심을 가지고 격정이 절정으로 치달을 때까지 기다렸다. 그녀는 어느 편도 아니었다. 사실, 그녀는 뉴요커 편이기도 했고, 양키 편이기도 했다. 비즈니스에 감정을 섞는 사람들은 어리석다. 가슴을 두드리는 늙은 병사들이 회의실에서 불런과 게티즈버그 전을 재현하기를 바란다면 이보다 더 좋은 기회는 없을 것이다.

11월이 되자, 이 주식은 1주당 100달러로 올라갔다. 헤티는 이 시점에서 20만 달러의 이익을 남기고 팔수도 있었다. 하지만 그녀는 꿈쩍

달싹 안하고, 시간이 더 가기를 기다렸다. 뉴요커들은 점점 더 안달이 났다. 선거가 임박해오자, 그녀의 주식이 강점으로 떠올랐다. 대표자 선거의 뉴요커 측의 후보자인 E. P. 알렉산더가 헤티에게 접근해 1주당 115달러를 제안했다. 거기다 그는 그녀에게 지급하는 금액 외에도 30만 달러를 더 지급하겠다고 했다.

헤티는 알렉산더에게 1주당 125달러를 불렀다. 이것은 대담한 도박이었다. 결국, 뉴요커들은 그녀의 주식 없이도 이길 수 있다는 결론을 내어, 그녀의 제안을 받아들이지 않기로 했다. 하지만 헤티의 재능은 상대방이 식은땀을 흘릴 때 진가가 발휘되었다. 알렉산더는 837,500달러라는 놀라운 금액에 겁을 먹고 헤티의 제안을 거절했다. 헤티는 묵묵히 기다렸다. 잠시 후, 알렉산더는 새로운 제안을 들고 돌아왔다. 그들은 그녀에게 1주당 125달러를 주겠으나, 지금이 아니라 선거 직후에 주겠다고 했다. 그러니까, 그녀의 몫을 지금 파는 대신에, 그녀가 그에게 투표를 해주기로 약속을 하는 것이다. 선거가 끝나면 그때 가서 그녀는 선거의 결과나 주식의 가격과는 관계없이 지금 제안한 돈을 받게 되는 것이다. 알렉산더는 자신이 이렇게 관대한 제안을 이토록 고집이 센 여자에게 제안해야 하는 처지가 어처구니 없었다.

"내가 돈을 나중에 받아야 한다면, 가격은 130달러로 올려야겠어요." 헤티가 대답했다.

알렉산더는 너무 어이가 없었지만, 선거는 코앞에 닥쳤기에, 다시 빈손으로 돌아갈 수는 없는 노릇이었다. 그는 127달러 50센트로 맞섰고, 헤티는 이에 동의했다. 우선 관례대로, 그녀는 투표에 앞서 이에 상응하는 담보물을 요구했다. 1월 3일, 주주들은 E. P. 알렉산더를 조지아 센트럴 철도회사의 대표로 선출했고, 새로운 이사회를 열었다. 알렉산더가 승리로 얻은 15,000주 중에서 헤티의 몫이 거의 절반이나 차지하였다. 새로운 경영진들은 북부 인이 아닌 남부 인들이 계속해서 철도 경영에 참여하도록 하고, 자신들은 회사를 파괴하려는 것이 아니라 오직 회사의 발전만을 바랄 뿐이라고 조지아 인들을 안심시키며 지난 전투의 상처를 어루만지려고 노력했다. 헤티 그린은 전체 사건에서 손을 떼고 싶어서, 자신의 몫을 팔아 854,250달러를 챙겨, 385,200달러의 이익을 보았다.

9장

후계자 수업

헤티는 '여자들은 경제를 쥐락펴락할 수 없다'는 널리 만연한 생각이 잘못되었음을 입증하였다. 그녀의 능력과 고집, 과감성 등이 그녀를 오래지 않아 페미니스트로 만들었다. 그녀의 돈은 남자들과 회사, 금융시장 등에 막강한 힘을 발휘하였지만, 그렇다고 그녀는 여성의 권리에 대해 자신이 본보기라고 떠들어대거나, 심지어 옹호조차도 하지 않았다. 헤티는 두 아이 가운데 어느 아이에게 가족의 재산을 관리하는 것을 계승해줄지를 결정해야 할 시기가 왔을 때 그녀의 선택은 다소 전통적일 수밖에 없었다. 처음부터 이 임무는 네드에게 예정되어 있었다.

훗날 1900년 헤티는 〈하퍼스 바자〉에 실린 기사에서 비즈니스를 하는 여성의 입장을 밝혔다. "마음으로 나는 여성이 남성보다 열등하다고 믿지 않는다. 나는 어린 시절부터 비즈니스 훈련을 받았다. 비즈니스 훈련의 어떤 분야는 여성에게 딱 맞는 것도 있다. 하지만 이런 훈련은 아주 어릴 때부터 시작해야만 한다." 그녀는 어렸을 적에 할아버지와 아버지에게 경제신문을 읽어주며 스스로 훈련한 얘기를 자주 언급했다. "어머니들은 아들에게는 '밖에 나가서 놀아라' 하고 말하는 반면에, 딸아이에게는 '이것 바느질하면 예쁜 리본 만들어줄게' 하고 말한다. 덧붙여 말하자면, 바느질은 허영심의 씨앗인 셈이다. 인생과 노동과 관련된 것들의 가치로 보면 이것은 제한적이고 그릇되었다. 남자아이는 강건한 밖의 활동을 통해서 정신적으로 육체적으로 시야가 넓어지게 되는 반면, 여자아이의 성향은 좁은 곳에 갇히게 된다. 이런 식으로 살다 보면 이것이 일상으로 굳어지기 마련이다."

명백히 판단해서 실비아는 어릴 때부터 유행에 뒤처진 옷만 입었다. 헤티는 예쁜 리본과 연관된 발달사항은 가르치지 않았다. 하지만 헤티는 실비아에게 세상을 이해하고 스스로 결정하고 실수도 하는 감각을 익히도록 밖에 나가서 놀도록 장려하지도 않았다. 하지만 실비아는 실제로는 경제 교육을 받은 것이나 마찬가지이다. 그 누구도 그렇게 오랜 세월을 헤티와 보내지 못했고, 그 누구보다도 헤티의 방침을 더 잘 보아온 사람은 없다. 또 그 누구보다도 근검하고 낭비하지 말아야 하는 헤티의 설교와 좌우명을 많이 들은 사람도 없을 것이다. 하지만 실비아는 절반만 완성된 개인으로, 고통스러우리만큼 심하게 부끄러움을 많이 타서 사교적으로 발육이 정지되었고, 세상과 주위 사람들을 향한 호기심이 턱없이 부족하였다. 헤티의 존재에 가려 실비아는 그림자만큼 눈에 띄지 않았다.

네드는 달랐다. 비록 헤티가 두 아이에게 공평하게 재산을 상속할 작정이었다 하더라도 그녀는 네드가 재산을 지키는 양치기 역할을 해줄 것을 내심 기대했다. 네드가 청소년 시기에 접어들자, 헤티는 그를 위해 수습생활을 준비했고, 위험부담이 적은 비즈니스 결정을 할 수 있는 지위를 주어 사회를 경험하도록 했다. 하지만 성인이 되기 전에 네드는 한 가지 특별한 어려움에 맞닥뜨려 고통을 당했다. 이 문제는 그의 절룩거리는 왼쪽 다리와 관련이 있었다.

어린 시절에 미끄러지는 사고로 다리를 절뚝거리게 된 것이 네드가 사는 모습을 한정했다. 180센티미터가 훌쩍 넘는 키에 풍채가 당당한 그의 걸음걸이는 꼴사나웠다. 멀쩡한 그의 한쪽 다리는 거대한 체구를 받치는 압력으로 크게 무리가 갔다. 그러다 보니 습관적으로 다리를 다쳐 큰 불편함을 겪어야 했다. 수만 가지 새로운 찜질과 민간요법을 시도하는 것 외에도 헤티는 네드를 데리고 수많은 전문가에 보였다. 닥터 루이스 A. 사이어라는 닥터가 회고하기를, 어떤 여자가 뉴욕의 자기 병원으로 아들을 끌어당기며 들어왔다. 그들은 낡은 옷을 입었고, 한눈에 딱 보기에도 자선을 베풀어야 할 대상으로 보였다. 정형외과 의사로 정평이 난 닥터 사이어는 유아 남자 아이들의 할례를 활성화한 사람으로, 이루 헤아릴 수 없는 남자들에게 자신의 흔적을 남겼다. 닥터 사이어는 헤티에게 네드를 벨뷔 병원으로 데리고 가서 그의 잘못된 다리를 의대생들에게 보여 치료해주겠다고 했다. 하지만 누군가가 이 소년의 엄마를 알아보고 닥터 사이어에게 소년이 백만장자 여성의 아들이라는 사실을 알려주었다. 닥터 사이어는 헤티에게 미리 선금으로 진료비를 내지 않는다면 앞으로 두 사람을 보지 않겠다고 했다. 헤티와 소년은 그곳을 떠나 두 번 다시 돌아오지 않았다.

헤티는 의사들에 대한 증오보다는 훨씬 더 강렬하게 아들을 사랑한 게 명확하다. 그런데도 그녀는 빈곤한 체하는 것이 더 좋았고, 네드를 위해서 뿐만이 아니라 그녀 자신을 위해서도 그 방법을 이용했다. 1898년 1월 19일, 저명한 내과의사 J. H. 부르든쇼는 뉴욕의 말버러 호텔에서 개최한 '의료자선의 남용'이라는 제목의 주된 예로 헤티를 언급했다.

그 스피치 내용을 인용해 보면, "어느 날, 헤티 그린이 이번에는 자신이 아닌 아들의 치료차 어떤 의사들의 모임을 찾았습니다. 다음날 〈뉴욕타임스〉에 '헤티 그린의 소송' 이라는 흥미를 유발시키는 헤드라인이 실렸습니다. 그 여성은 낡은 드레스를 입고 있었고, 어느 정도 참석한 의사들의 동정심을 불러일으켰기에, 한 의사가 그녀를 자신의 병원으로 오라고 했습니다. 그녀는 이를 기쁘게 받아들였고, 한동안 그 의사 병원에서 최상의 치료를 받았습니다. 당연히 진료비는 무료였습니다." 그는 계속했다.

"어느 날 의사 친구가 이 병원을 방문해서 그녀가 이 나라에서 가장 부유한 '헤티 그린' 이라는 사실을 알려주었습니다. 그는 미시즈 그린에게 이 사실에 대해 물었습니다. 처음에 그녀는 완강히 자신의 정체를 부정했지만 의사 친구와 대면하자, 어쩔 수 없이 인정하고 말았습니다. 젊은 의사는 즉각 자선행위를 무효로 하고 그녀에게 600달러 청구서를 보냈습니다. 비록 생각보다 많은 금액이긴 했지만, 그녀는 이 돈을 지급하도록 강요받았습니다."

어쨌든 네드의 왼쪽 다리는 눈에 띄게 악화되었다. 1888년 7월, 저명한 외과의사 찰스 맥브루니는 뉴욕의 루스벨트 병원에서 무릎제거 수술을 했다. 수술에서 회복한 후 네드는 코르크 의족을 했다. 물론 이 수술은 네드의 고통에 어쩔 수 없는 영원성을 안겨주었다. 하지만 적어도 그의 상태는 안정되었고, 앞으로 헤티와 함께 움직이며 후견인으로서 역할을 하게 된다.

월스트리트의 깊은 협곡을 따라 어머니를 보좌하던 시절에 네드는 언젠가 상속자가 되어 중요한 경제적 위치에 오르게 될 시절을 꿈꾸었다. "가끔 나는 어머니가 저를 뉴욕케미컬뱅크의 은행장으로 만들어주신다면 얼마나 좋을까를 생각했습니다. 하지만 그때까지만 해도 미래에 대해서는 모호한 생각뿐이었습니다." 네드는 헤티가 죽은 후 발행한 신문기사 인터뷰에서 저널리스트 제임스 모로우에게 말했다.

네드는 생각이 모호했다 하더라도, 네드에 대한 헤티의 계획은 전혀 그렇지가 않았다. 그녀는 그에게서 은행 지도자의 모습을 보았다. 하지만 우선 그는 비즈니스를 기초부터 배워야만 했다. 이것은 어머니로서 자식에 대한 한없는 믿음이었다. 하지만 그녀는 아들이 게으름이나 실패를 변명하고자 자신의 절뚝이는 다리를 이용하는 것을 허용치 않았다. 아마도 이런 부분이 그녀가 아들을 돌보지 않거나 소홀히 했다는 고정관념을 만들어냈을 것이다. 헤티가 약하거나 덜 주의 깊은 부모였다면, 안타까운 마음에 네드가 나쁜 짓에 빠지는 것을 그냥 보고만 있었을 것이다. 헤티를 가장 많이 헐뜯는 사람들조차도 네드의 잃어버린 다리가 어머니 탓이라고 비난하는 증거를 내놓지는 못했고, 모로우가 그에게 어머니로부터 배운 가장 중요한 교훈이 무엇인지를 물었을 때 그는 서슴지 않고 대답했다. "자기 믿음입니다." 물론 이것은 무거운 용어였고, 자기 어머니의 돈과 영향력으로 자유로이 사업을 추진하고, 때로는 어머니가 아들의 움직임을 조정하여 성공에 이른 남자들이나 할 수 있는 말이었다. 그렇지만 그는 어머니에게 자신이 오랫동안 도제를 사는 중이라는 것을 입증해야만 했다.

네드의 첫 임무는 코네티컷리버 철도회사Connecticut River Railroad Company에서 사무원 겸 사환으로 일하는 것이었다. 매사추세츠 스프링필드에 기반을 둔 코네티컷리버 철도회사는 벨로스폴스에 정기적 서비스를 제공했고, 뉴욕시와 화이트 마운틴스 사이의 관광객들을 위해 왕복 서비스를 제공했다. 헤티는 승객인 동시에 투자자이기도 했다. "어머니는 제가 철도사업을 배우기를 원하셨어요. 그리고 이 사업을 배울 수 있는 유일한 장소는 철도회사이기에, 현장에서 사람들과 부딪치며 배워야 한다고 하셨어요." 네드가 모로우에게 말했다. 의족을 한 다리를 이끌고 네드는 주급 10달러를 받고, 선로를 순찰하고 잔디를 깎고 선로 수리를 도왔다.

그의 다음 업무는 신시내티에 기반을 둔 오하이오앤미시시피 철도회사Ohio and Mississippi Railroad에서 일을 하는 것이었다. 1890년, 헤티는 그에게 시카고에서 자신의 물권 관리를 도우라는 새로운 임무를 주었다. 그의 초창기 임무 중에 그녀가 소유한 담보물 가운데 최근에 가치가 하락한 것을 관리하는 일도 있었다. "만기 된 저당물, 물권, 원금에 대해 총액을 정확히 파악해라. 누군가가 너에게 바보같이 금액을 넉넉히 제공한다면 군소리 없이 받아라. 또 조금 부족한 금액을 제시한다면 그에게 아침에 답을 해주겠다고 해라. 그런 후 너는 이 제안을 받아들이는 것이 우리에게 이익이 되는지 아닌지를 결정해서 다음날 말하라. 일반적으로 비즈니스에서는 네가 밤새 그것의 장단점을 곰곰이 생각할 때까지 거래를 하지 않는 것이 좋다." 헤티는 그에게 말했다.

네드가 시카고로 떠나던 날, 헤티는 서류 꾸러미를 주면서 무슨 일이 있더라고 기차에서 이것을 안전하게 지켜야 한다고 말했다. 그것이 거액의 양도성 채권이나 유가증권이라고 생각한 네드는 여행하는 내내 기차의 2층 침대의 매트리스 밑에 꾸러미를 넣고, 이를 지키느라고 한숨도 자지 못했다. 그가 시카고에 도착해서 어머니가 말한 사무실로 서류꾸러미를 들고 갔을 때 그 속에는 만기가 지난 화재보험증권 뭉치가 들어 있었다. 배달은 어머니의 믿음성 테스트였던 것이다. 네드는 웃으면서 회상했다.

네드가 시카고에 도착했다는 사실은 스물두 살 남자가 불러일으킬 수 있는 가장 큰 파장을 일으켰다. 그는 즉시 이 도시에 커다란 영향력을 행사할 중요 인물로 소개되었다. 그는 다운타운에 있는 어머니 소유의 마천루 오윙스 빌딩 맨 꼭대기 층에서 며칠을 보냈다. 네드는 아직 젊고 비즈니스 경험이 부족한 상태인데도, 빠르게 이 새로운 도시와 연결되었다. 방문객들이 그와 안면을 트려고 물밀듯이 밀려왔다. 헤티는 이미 시카고에서 지주로 잘 알려진 상태였다. 네드는 사람들에게 시카고가 마음에 들고 한동안 이곳에서 머물 계획이라고 말했다. 그는 실무가로서 주요인물로 부각되었다. 시카고에 도착한지 몇 주 지나지 않아서 그는 큼지막한 계획을 발표했다.

"시카고에는 곧 개인 은행이 세워질 것이다. 좀더 정확히 말하자면, 어마어마한 자금으로 운용되는 신탁은행이 생겨난다는 뜻이다. 미국에서 가장 부유한 여성으로 널리 알려진 미시즈 헤티 그린과 그의 아들 E.H.R. 그린이 이 사업의 선두에 서게 될 것이다." 1890년 11월, 시카고 특파원이 〈뉴욕타임스〉에 보도했다.

이 기사는 네드가 한 말도 인용했다. "사실상 새로운 비즈니스 준비는 끝난 상태입니다. 우리는 옛 비즈니스 방식이 아닌 새로운 형태의 사업을 할 것입니다." 그는 덧붙였다. "우리가 하려는 것은 모기지업으로 담보를 받고 돈을 빌려줄 겁니다. 우리는 합당한 이율을 받고 돈을 융자해 줄 것이고, 차용자는 언제든지 담보물을 찾아갈 수 있습니다. 이것은 일종의 개인 은행이 될 것입니다. 이 은행은 뉴욕케미컬뱅크의 근본방침을 수행하게 될 것입니다."

22세의 네드는 마치 익숙한 전문가처럼 말했다. "어머니와 저는 물권을 컨트롤할 겁니다. 우리가 이것을 통제하지 않는다면 어떤 것에도 투자할 수 없기 때문입니다. 이해관계가 연결된 곳은 뉴욕케미컬뱅크와 런던베어링브러더스입니다. 샌프란시스코 자본가들 또한 이해관계가 연결되어 있습니다. 공식 자본은 대략 30만 달러 정도 되겠지만, 예비금은 거의 1억 5천만 달러에 달하게 될 것입니다. 뉴욕케미컬뱅크는 이와 비슷한 방식으로 운영되고 있습니다. 이곳의 자본은 적지만 예비금은 3천만 달러에 달합니다. 제 생각으로는 이 은행은 미국의 선두 금융기관입니다. 마지막 세부사항은 곧 정해질 것입니다."

그는 시카고에서 든든한 후원자로 시민의 마음을 따뜻하게 해주겠다는 약속과 함께 확신에 차고 자랑스러운 성명을 끝마쳤다. "우리는 시카고를 우리의 근거지로 만들 작정이고, 경제의 중심으로 앞으로 시카고가 검어 쥐게 될 상위 서열에 크게 이바지할 기관을 열 것입니다."

네드가 이 연설을 헤티의 허락 하에 한 것인지, 아니면 단순히 그저 희망사항일 뿐이었는지는 명확하지 않다. 하지만 곧 새로운 은행이 선다는 소문은 잠잠해졌다. 사교성이 좋은 젊은이 네드는 신문지상에 자신의 기사가 나오는 것을 즐겼고, 진정으로 기자들을 좋아했다. 다음 해 여름쯤에 그는 자신을 떠오르는 언론의 거물로 상상하기 시작했다. 1891년 7월 16일, 〈뉴욕타임스〉는 보도했다. "오늘 미시즈 헤티 그린의 아들 E.H.R. 그린이 시카고에서 신문사를 매입할 의사를 내비쳤다는 루머가 돌았다." 이 이야기가 무슨 소리가 하면, 세 명의 신문기자(두 명은 뉴욕 출신이고, 한 명은 시카고 출신)가 네드에게 접근해서 시카고에 규모가 큰 일간지를 시작할 가능성에 대해 물었다. 이 신문에는 지역취재 외에도 한 페이지에는 뉴욕 소식을, 또 한 페이지에는 보스턴 소식을 할애할 생각이었다. 네드는 이 세 명을 알아보지 못했지만, 그들은 저명한 저널리스트라고 소개를 하며 이제 월급 받는 일도 지겹고 해서 직접 신문사를 차리고 싶다고 했다. 같은 시각, 어떤 변호사가 네드에게 연락을 취해 〈시카고 타임스〉를 30만 달러나 40만 달러 정도 가격에 매입할 수 있다는 정보를 주었다. "그 변호사가 신문사에 권한을 위임받은 에이전트인지 아닌지 잘 모르겠습니다. 하지만 〈시카고 타임스〉를 내게 판다면 한번 신문을 만들어 볼 생각도 있습니다." 네드가 말했다.

네드는 세 명의 신문기자에게 건물 지을 자금이 충분한지, 출판 장비와 직원을 갖출 능력이 있는지를 물었다. "나는 그들에게 내가 참여하게 될 프로젝트에 대한 자금력이 있다는 것을 보여줄 수 있는지를 물었습니다. 뉴욕 출신 두 사람은 자신들이 확실히 도움을 줄 수 있는지 없는지를 알아보고 오겠다며 동부로 돌아갔습니다. 그들은 돌아오는 토요일에 돌아와서 내 사무실에서 어찌 진행해야 할지 회의할 예정입니다."

신문사 거물이 되는 것에 대한 네드의 유창한 대화는 어머니의 제자로서 자신의 현실적인 지위와 일치되지 않았기에, 그 계획은 급속도로 생명력을 잃었다. 헤티는 네드에게 절약하는 법을 가르쳤다. 그녀는 그에게 무척 박한 급여를 주었다. 물론 이 돈으로 충분히 생계를 이을 수는 있었지만, 그 이상은 아무것도 할 수 없었다. 그녀는 네드에게 하룻밤에 6달러짜리 강당 별관에서 지내는 것이 어떻겠느냐는 제안을 했다. 제임스 모로우에 따르면, 클리프튼 하우스에서 가격이 그리 비싸지 않은 방으로 이사해서 돈을 조금 더 지출하려던 네드의 계획은 헤티가 이 사실을 알았을 때 물거품이 되고 말았다. 그녀는 아들에게 편지를 썼다. "나는 네가 내가 제안한 호텔에 머물지 않는다는 걸 안다.

그런 건 상관없다. 하지만 네 하루 급여에서 3달러를 줄일 참이다. 너는 처음부터 주려고 했던 양만큼만 받게 될 것이다."

비록 네드가 시카고를 마음에 들어 했고, 중요한 실무자로 대우받는 느낌이 좋았다고는 하지만, 헤티에게는 다른 계획이 있었다. 1893년, 그녀는 이제 스물 다섯이 된 네드를 텍사스로 보내 몇몇 철도 문제를 해결하도록 했다. 엄밀히 말해서 이제 그녀가 콜리스 P. 헌팅턴에 대해 오래도록 염원한 복수할 시기가 온 것이다.

1885년 헤티와 콜리스 헌팅턴이 악연이 된 시스코 위기 때 헌팅턴은 64세로, 미국에서 크게 성공한 영향력이 있는 비즈니스맨 중 한 사람이었다. 코네티컷의 작은 마을에서 9남매 중 여섯째로 태어난 헌팅턴은 1849년에 금을 찾는 무리에 속해서 캘리포니아로 향했다. 하지만 오래지 않아 그는 금을 찾는 사람들이 모두 주머니가 텅 빈 채로 꿈을 잃고 돌아간다는 사실을 깨달았다. 사람들은 대부분 딱히 경험이나 장비 없이 동부에서 금을 캐러 왔기에, 헌팅턴은 그들이 곡괭이, 삽, 부츠, 용기, 그릇, 텐트 등이 필요하다는 것을 알아차렸다. 금광 탐험대의 집합지인 새크라멘토라는 신흥도시에서 헌팅턴은 마크 홉킨스라는 파트너를 만나서 철물점을 열어 처음부터 번창하였다.

1860년, 철도 감독관 시어도어 유다가 헌팅턴과 홉킨스, 캘리포니아 상인인 리랜드 스탠퍼드와 찰스 크록커에게 접근해서 새크라멘토에서 시작해 산을 통과해 동쪽으로 향하는 철도노선 계획을 설명했다. 이 4명은 새로운 프로젝트의 재정 후원자가 되었다. 마침내 그들은 대륙횡단 철도의 서부 부분인 센트럴퍼시픽을 계획할 때 시어도어 유다를 따돌리고 빅포Big Four, 이 용어는 비웃음과 존경의 의미로 사용됨로 유명세를 타기 시작했다. 강력하고 두려움이 없고 냉혹한 헌팅턴은 빅포의 리더로 두각을 나타냈다. 대륙횡단 연결고리가 이제 막 시작되었다. 새로운 철도 서던퍼시픽Sourthern Pacific은 헌팅턴의 지휘 아래 캘리포니아와 남서부 주를 연결했다. 헌팅턴은 워싱턴 D.C.에서 이례적으로 유망한 토지 권리를 따내고자 국회의원들을 협박하기도 하고 비위를 맞추기도 하며 대부분의 시간을 보냈다. 이 토지에서 농사짓는 수많은 캘리포니아 농부는 농산품을 배로 수송하려면 고리대금 운임을 치러야 했기에, 어쩔 수 없이 철도 노동자가 되었다. 결국 농지는 철도를 짓는데 양도되었다.

프랭크 노리스는 전권을 가진 캘리포니아 철도와 그 지배, 그리고 지역 사람들의 남용에 대해 쓴 자신의 고전소설 『문어*The Octopus*』를 집필할 때, 헌팅턴을 염두에 두었다. 클라이맥스 부분에서 노리스는 '펄조개 습지대 비극Mussel Slough Tragedy'으로 알려진 실제 사건을 언급했다. 이 사건은 철도산업을 이끄는 사람들과 정부가 어떤 밀 농사꾼을 그의 땅에서 쫓아낸 것이 계기였다. 이에 반발한 한 농부 집단이 철도사와 정부측과 충돌을 일으켰고 총격이 멈추었을 때 양측에선 7명이 죽었다. 비록 헌팅턴이 그 근처 어디에도 있지는 않았지만, 격분한 농부들과 동조자들은 폭력을 행사한 진정한 악당인 서던퍼시픽과 그 냉혹한 지도자를 색출하는데 전혀 수고를 아끼지 않았다.

'캘리포니아 시민'으로만 자신의 신분을 밝힌 어떤 남자가 의회에 공개편지를 제출했다. "헌팅턴이 정부 일에 적당한 근거 없이 계속해서 주제넘게 참견하고 있다. 그는 대중을 상대로 협박과 지키지 않을 약속만 하는 파렴치한 상인으로, 평범한 사무실에서 일하는 보통 사람들에게 끊임없는 공갈을 쳐대는 사악한 사탄으로, 일반적인 법에 저촉되는 무자비한 폭군이다. 그리고 그는 개인의 이익을 위해 평범한 행복을 짓밟는 음모자이다."

노리스의 책에서 묘사한 극악무도한 철도 에이전트의 모습과는 다르게 헌팅턴은 스캔들과 논쟁이 일어날 때마다 더욱더 강해졌다. 1880년대 말경 그는 뉴욕으로 거처를 옮겼고, 서던퍼시픽이 텍사스를 횡단하는 일을 미친 듯이 밀어붙였다. 천성이 강하고 억센 남자들도 콜리스 헌팅턴을 두려워함과 동시에 증오했다. 그는 몸무게가 90킬로그램이 넘는 거구인데다 머리도 크고 꿰뚫어보는 듯한 눈매를 하고 있어, 매우 인상적이었다. 그는 자신이 위협적인 존재라는 것을 알고 있었기에, 틈만 나면 이익을 위해서 그것을 이용하였다. 그는 누군가에게 모욕을 당한 걸 절대로 잊지 않고 꼭 보복을 하고 마는 사람이었다.

헤티 그린은 이에 주눅들지 않았다. 헤티가 보기에 헌팅턴은 건설 제왕이 아니었다. 그는 자신의 삶에 굴욕을 준 장본인이었다. 그녀는 휴스턴앤텍사스센트럴 철도회사의 관리를 잘못한 것과 시스코은행이 붕괴한 원인인 채권 사기에 대해 헌팅턴을 비난했다. 헌팅턴 때문에 그녀는 거만한 루이스 메이 앞에서 구걸하고 간청하는 수모를 당했다. 헌팅턴 때문에 그녀는 수십만 달러 수표에 사인을 해야만 하는 일이 발생했다. 이런 행위는 몸의 살점이 떨어져 나가는 고통과 비슷했다. 만약 사람들이 헌팅턴이 유감을 품었다고 생각한다면 그들이 헤티를 보지 못해서 그러는 것이다.

네드가 도제살이를 시작하기 훨씬 이전부터 헤티는 시스코 재앙을 본떠서 휴스턴앤텍사스센트럴 철도회사의 하락한 채권을 가능한 한 많이 사들였다. 1887년 무렵 그녀는 제1저당 채권을 25만 달러어치를 소유했고, 일반저당 채권은 거의 100만 달러를 소유하기에 이르러, 헌팅턴이 철도산업을 위한 어떤 계획을 세울 때 그를 불안하게 할 충분한 요소가 되었다.

회사의 일부를 재편성할 때 헌팅턴은 채권 소유자에게 뻣뻣하게 굴었다. 그는 현재 채권을 2퍼센트 낮은 이자로 지급하는 새로운 채권으로 교환하고, 5년 대신에 50년 효력을 제안했다. 채권 소유자들은 투덜거리며 불쾌감을 표현했지만, 실제로 의사는 거의 표출하지 못했다. 그들은 굴복했고, 헌팅턴은 휴스턴앤텍사스센트럴이 곧 파산할 거라고 넌지시 공표했다. 그러자 투자자들은 가진 채권을 응접실 벽에 도배용으로 사용하는 수밖에 달리 도리가 없었었다.

한 채권 소유자가 자신은 헌팅턴의 제안을 받아들일 의향이 없다는 뜻을 명확히 밝혔다. "휴스턴앤텍사스센트럴 철도회사의 헌팅턴과 그 일당들은 어제 모여서 새로운 조직 개편안에 대해 회의를 열었다. 그러나 미시즈 헤티 그린은 불참했다. 그녀는 이 회사의 채권을 100만 달러가 넘게 소유하고 있고, 미스터 헌팅턴의 제안은 그녀를 만족시키지 못했다. 헌팅턴 측은 자신들은 미시즈 그린이 동의를 하든 그렇지 않든 상관하지 않겠다고 공표했다. 그들은 그녀의 허락 없이도 즉시 일을 착수해 회사를 재편할 수 있다고 했다. 다른 리더들도 과거에는 미시즈 그린에 대해 이런 식으로 말을 했다. 그리고 그녀는 쟁점이 자신을 공격할 때마다 어떻게 해서든지 그럭저럭 용케 해쳐나갔다." 1887년 12월 〈타임스〉의 기사내용이다.

월스트리트는 헤티와 헌팅턴 사이의 전투에 대해서 이러쿵저러쿵 입방아를 찧어댔다. "대체로 여자와 관련된 일에 매우 당당한 월스트리트 남자들은 미시즈 그린과 그녀의 비즈니스 방법을 좋아하지 않았다. 그렇다고 그들이 특별히 미스터 헌팅턴에 대해 애정이 있는 것은 아니었다. 유리한 조건으로 거래를 흥정하는 그의 재능은 이미 알려졌었기에, 그들은 어느 쪽에도 치우치지 않고 공평한 마음으로, 하지만 긴장과 강력한 관심을 두고 이 대결을 지켜보았다." 〈뉴욕월드〉가 1887년 5월 27일 보도했다.

점점 신경이 초조해진 채권소유자위원회는 6개월이 지나서 헌팅턴이 제안한 것보다 좀더 나은 조건을 내놓아 타협안을 모색하려고 했다. 헤티는 케미컬내셔널뱅크의 지점장 윌리엄 J. 퀼란 주니어를 대리인으로 보냈다. 헤티의 대리인과의 거래가 만족스럽지 못한 채권 소유자들은 사절단을 꾸려 그녀를 직접 만나러 나섰다. 그들은 이 철도회사가 파산하기 전에 그녀와 타협점을 찾기를 희망했다.

헤티가 즉석에서 서약을 해주었든, 아니면 단순히 그녀가 넌지시 찬성을 해주었든 간에 위원회 멤버들은 일치된 전선을 꾸리게 되리라고 믿었다. 그들은 헌팅턴과 충분한 이야기를 나누어 타협점을 찾았다. 물론 근본적으로 그의 요구에 부합되는 결론이었다. 이런 합의에 대해 루머가 퍼져 휴스턴앤텍사스 센트럴 주식이 한 주에 40달러로 올랐는데, 이제껏 가장 높은 가격이었다. 이것은 헌팅턴에게는 좋은 소식이었다. 그는 한 주당 10달러씩 이익을 올릴 수 있었다. 하지만 1887년 5월, 채권 소유주들이 해결책을 발표하자마자 얼마 안 있어 헤티가 성명을 발표했다. 그녀는 마음을 바꾸었다는 것이다. 이것이 여자의 특권이 아니겠느냐고 그녀는 거침없이 말했다. 헌팅턴과 그의 무리가 그녀에게 협력을 원한다면 그들은 직접 그녀에게 와서 사정을 해야할 판이었다.

헤티가 거절했다는 말이 퍼져 나가자 주식은 바람이 새는 풍선처럼 가라앉더니 한 주당 10달러로 주저앉았다. 다른 누구보다 타격이 큰 헌팅턴은 자신의 유가증권의 가치가 침몰하고, 자신의 야심 찬 계획이 물거품이 되는 것을 격노하면서 지켜보았다. 이 모든 것이 그……여자 때문이었다.

한편, 채권 소유자들은 헤티의 표리부동한 행동에 아연실색하며 단언했다. "위원회 멤버들은……그녀가 마음을 바꾼 것보다 더욱 강력한 조치를 취하겠다고 했다. 그들은 그녀가 고의로 약속을 깨뜨렸다고 했다. 그들은 그 여자를 향한 대중적 공격을 할 마음조차 내켜하지 않았고, 그녀의 행동에 대해 자신들의 역겨움도 참으려 하지 않았다. 단언하건대, 그녀의 행동은 옹호의 여지가 없었다. 이번 사건은 2년 전에 시스코은행에서 50만 달러를 인출하려던 미시즈 그린의 행동을 회상시켰다. 그 시절 그녀의 행동은 오랜 가문의 즉각적인 몰락을 야기했다." 〈월드〉가 금요일에 보도했다.

헤티는 무슨 생각일까? 고귀해지고 영예로워지는 것이 콜리스 헌팅턴에게 사기를 당하는 것이라면 다른 채권 소유자들은 고귀함과 영예를 지켰다고 할 수 있다. 에드워드 모트 로빈슨은 자신의 재산이 포경산업의 몰락과 함께 뚝뚝 떨어지는 동안 다른 감상적인 바보들처럼 그냥 앉아만 있지 않았다. 그의 딸은 마찬가지로 채권 소유자들과 더불어 밑으로 침몰할 수 없었다. 이전에 조지아 센트럴 인계 전투에서 행동했던 것과 똑같이 헤티는 자신을 유리한 처지에 서게 했다. 그녀는 다음 11달 동안 헌팅턴의 대리인들과의 협상을 미루었다. 1888년 4월, 마침내 그녀는 재편성 안에 동의했다. 어쩔 수 없이 헌팅턴이 양보한 것이 무엇인지는 완벽하게 비밀에 부쳐졌다. 〈월드〉는 보도했다. 일반적으로 "그녀는 원하는 것을 다 얻었다는 것을 알 수 있는 사항이다."

하지만 이 모든 것은 단지 서곡에 불과했다. 완전히 성인이 되어 잘 훈련받은 네드는 텍사스의 정상을 차지할 준비가 되었다. 함께 그들은 자신들의 적을 상대할 만반의 준비를 갖추었다.

10장

무임승차를 하지 말라

1892년 12월, 군중이 텍사스 웨이코의 법원에 모여, 웨이코앤노스웨스턴 철도회사Waco and Northwestern Railroad의 연방경매에 참석했다. 철도의 가치로 볼 때 웨이코앤노스웨스턴 철도는 구매력이 강하지는 않았다. 그저 용케 운영되는 90킬로미터 정도 되는 선로가 브레몬드와 로스라는 작은 동부 텍사스 지역과 연결되어 있을 뿐이었다. 하지만 이 구석진 소유권은 사우스웨스트를 가로지르는 철도교통을 관리하려는 콜리스 헌팅턴의 계획에서는 중대한 연결로였다. 북부지방을 가로지르는 완전히 곧장 뻗은 센트럴퍼시픽 라인과는 대조적으로 텍사스를 가로지르는 이번 노선은 표면적인 특징이 거의 없었다. 이 노선은 임시변통으로 이어 맞추어 놓은 어울리지 않는 크고 작은 텍사스 도로로 구성되었다. 1885년 이후로 법정관리에 들어간 웨이코앤노스웨스턴은 중대한 접속로였다. 헌팅턴은 텍사스에서 최고의 라이벌 재정가 제이 굴드와 길고도 추잡한 전투를 이제 막 끝냈다. 탐나는 도시에 선로를 먼저 깔려는 맹렬한 전투에서 서로 텍사스를 통과하려는 경주를 끝낸 후 두 사람은 휴전하여 공동으로 건설하고 화물운송 교통도 공동 출자하기로 했다. 이제 헌팅턴은 웨이코에 접근하려면 웨이코앤노스웨스턴이 필요했다. 으레 있는 일이지만, 여기엔 엄청난 뇌물이 관련됐고 거의 50만 에이커의 땅이 주에 의해 양도되었다.

이 거래를 처리하도록 법원에서 임명한 특수지방행정관 크리스토퍼 다트는 개회를 시작했다. 몰린 사람 중에는 줄리어스 크루트스키니트도 있었는데, 그는 서던퍼시픽의 텍사스와 루이지애나 지역의 총책임자로, 헌팅턴의 대리인이었다. 헌팅턴은 크루트스키니트에게 도로를 내는 금액을 높이 올려 125만 달러를 부르라고 주문했다. 적어도 크루트스키니트와 헌팅턴은 이렇게 높은 가격과 비슷하게 부를 사람은 아무도 없을 거라고 예상했다. 그런데 그날 군중 속에 다른 누군가가 있었다. 그는 24세가량 되어 보이는 키가 큰 젊은이였다. 그 지역 사람은 아니었고, 누군가 그에게 시선이 갔다면 그것은 아마도 인상적인 몸 때문이었을 것이다. 그의 젊고 강렬한 얼굴과 그의 뻣뻣하고 어색한 걸음걸이가 대조를 이루었다.

크루트스키니트는 80만 달러부터 시작하였다. 다른 측에서도 이 금액보다 가격을 점점 더 높이 불렀다. 그러다가 젊은 남자가 110만 달러를 불렀다. 순간 크루트스키니트는 강력한 라이벌과 입찰경쟁을 벌이고 있다는 사실을 너무 늦게 깨달았다. 그는 마음을 가다듬고 헌팅턴의 요구대로 제한선 125만 달러를 부르려고 일어서는데, 젊은 남자와 그 수행원들이 승리를 확정 짓는 136만 5천 달러를 불렀다. 이것은 순식간에 벌어진 일이었다. 지방 행정관 다트는 망치를 두드리며 웨이코앤노스웨스턴 철도의 공사가 어머니를 대신한 에드워드 하우랜드 로빈슨 그린에게 낙찰되었음을 공표했다.

크루트스키니트에게 전해 들은 당황스러운 이 소식은 헌팅턴을 격노하게 하였다. 헌팅턴은 즉시 반격을 시도했다. 그는 상당한 정치적 경제적 힘을 동원하여 철도 경매에 꼭 필요한 엄청난 토지에 대한 소유권이 누구에게 있는지를 명시해달라는 요구를 했다. 그러자 지역과 주정부 양측은 50만 에이커의 땅이 서로 자신들의 소유라고 주장하면서 논쟁에 참여했다. 변호사를 통하여 네드와 헤티는 그 땅이 입찰 된 경매에 포함된 것이라고 믿어 의심치 않는다는 응답을 보내왔다. 두 사람은 이 땅이 없으면 철도 건설이 실제로 아무런 소용이 없다는 사실을 지적했다. 이 땅이 경매에 포함된 것이 아니라면 그들은 이 산업을 포기하겠다고 했다. 이제 헌팅턴은 두 번째 행동을 취할 차례였다. 그는 그린 모자가 입찰을 철회할 수 없게 해달라는 요청을 했다. 본질적으로 헌팅턴은 그린 모자가 텍사스 철도산업에 뛰어들고 싶다면 그들이 절대로 잊지 못할 경험을 만들어줄 작정이었다. 그들은 코 앞에서 136만 5천 달러가 낭비되고 있는 것을 지켜보게 될 것이다.

웨이코앤노스웨스턴 소송은 3년이나 질질 끌었다. 이 전투의 한 가지 효과는 헌팅턴을 증오하는 캘리포니아 농부들 사이에서 헤티가 민중적 영웅으로 부상한 것이다. 샌프란시스코의 한 모임은 그녀에게 선물로 44구경 연발권총을 권총집과 벨트, 탄약통과 함께 보내왔고, 그녀가 한번 그곳을 방문해준다면 그녀를 맞이하러 역으로 1만 명이나 되는 건장한 사람이 마중을 나가겠다고 약속하는 편지도 보내왔다. 자신의 개인적 특징에 대해 이루 말할 수 없는 노골적인 기사에 익숙한 헤티에게는 이런 포용적인 제스처가 낯설었다. 그녀는 이를 즐겁게 여겼다. 그녀는 받은 선물을 친구들에게 자랑했다. 헌팅턴은 한창 싸움이 절정에 오르자 케미컬뱅크의 사무실에서 그녀를 보자고 청했다. 의심할 여지없이 그는 그녀를 협박할 생각이었다. 대화 도중에 그는 그녀와 텍사스에 있는 네드가 마음을 누그러뜨리지 않는다면 네드를 텍사스 교도소에 집어넣는 꼴을 보게 될 거라고 협박했다. 헤티는 두 눈을 가늘게 뜨고 헌팅턴을 노려보았다. "지금까지, 헌팅턴 당신은 비즈니스 우먼 헤티 그린과 대화를 했어요. 이제부터 당신은 엄마인 헤티 그린과 싸우게 될 겁니다. 네드의 머리털 하나라도 다치게 한다면 당신의 심장에 총알을 박아버릴 테야!" 그녀는 책상에 놓인 권총(아마도 캘리포니아에서 선물로 받은 것)을 향해 걸어갔다. 헌팅턴은 질겁하여 겁을 먹고 부리나케 사무실을 떠났다. 너무 서두르는 바람에 그는 실크 모자를 잊고 갔다. 다음날 그는 비서를 보내왔다.

이 분쟁은 1865년에 끝이 났다. 법원은 사실 이 땅은 경매에 포함된 것은 아니지만, 그렇다고 그린 모자가 입찰 된 경매를 꼭 실행하지 않아도 된다는 결론을 내렸다. 이것은 어찌 보면 양측에게 무언의 승리였다. 헤티는 네드가 이 경매를 얻고자 예치한 거대한 기탁금을 회수했고, 헌팅턴은 철도산업을 손에 쥐었다. 그는 3년 전에 지출하려던 금액보다 25만 5천 달러를 더 지출해 총 150만 5천 달러를 지급했다. 네드와 헤티는 변호사 수임료로 2만 5천 달러를 청구받았다. 판사는 이 금액을 헤티와 헌팅턴에게 절반씩 내라고 판정했다. 헤티 못지않게 인색한 헌팅턴은 큰돈이 아닌 1만 2천 5백 달러에 대해 소송을 걸어, 결정을 뒤집었다. 불필요하게 돈을 소비하는 것을 극도로 싫어하는 헤티가 단지 헌팅턴이 몸부림치는 모습을 볼 요량으로 2만 5천 달러를 쓸 생각을 하였다. 이 금액은 이제껏 그녀가 법정에서 소비한 것 중 최고로 많은 금액이었다.

웨이코앤노스웨스턴 분규가 시작할 즈음에 헤티는 또 다른 쇠퇴해가는 눈에 띄지 않는 분기선을 인수했다. 이것은 옛 텍사스센트럴 철도회사(헌팅턴의 휴스턴앤텍사스센트럴과는 다름)의 80킬로미터 분기선으로, 댈러스 동쪽의 가렛과 로버츠라는 마을을 이었다. 텍사스센트럴이 재정적 재편성을 겪을 때 헤티는 75만 달러를 투자해야 할 가능성에 직면했다. 우선 그녀는 채권을 넘겨주었고, 게다가 지선支線을 구입하고자 현금으로 7만 5천 달러를 투자했다. 이것으로 그녀는 네드의 비즈니스 능력에 대해 마지막 테스트를 끝마쳤다. 텍사스는 앞으로 16년간 네드의 주요 본거지가 되었고, 그의 개성과 욕망을 충분히 수용할 수 있는 크고 넓은 장소가 되었다. 그는 텍사스에서 생활하면서 무척 행복했다. 이곳 텍사스에서 네드는 의사결정 능력과 자본결정 능력을 발휘하며 비즈니스맨으로서 자신을 입증해 보였다. 네드는 정치, 철도, 농업, 스포츠 피싱, 자동차 경주 분야에서 쾌거를 이룩하며 론스타 스테이트텍사스 주의 속칭 –옮긴이의 화려한 인물로 발전했다.

1893년 1월, 네드는 댈러스의 동쪽으로 50킬로미터 정도 떨어진 텍사스 테럴에 도착했다. 그의 지위는 새로 만든 텍사스미드랜드 철도회사Texas Midland Railroad의 대표였다. 24세의 네드 그린은 철도회사 대표라는 장엄한 타이틀을 하기에는 몹시 어렸고 경험도 부족했다. 하지만 당시 텍사스미드랜드는 철도 시설이 많지 않았다. 그렇다고 하찮은 것처럼 보이는 아주 짧은 선로도 아니었다. 이곳은 명백하게 시대에 뒤져 있었고 관리도 엉망이었다. 나무로 만든 신호교는 심하게 꺼져 있어, 수시로 수리가 필요한 상태였다. 객차는 오래되어 많이 낡았다. 승객과 화물수송 서비스는 신뢰할 수 없었다.

요즘 테럴은 댈러스에 편입되었지만, 1893년에는 작은 외딴 시골 마을이었다. 네드의 도착으로 이 마을은 즉시 흥분으로 들썩이었다. 그는 철도가 제대로 된 모양을 갖추게 하는데 사용할 지급수표 50만 달러를 미국 내셔널뱅크에 예치하면서 거대하게 시작했다. 이 예치금은 당시 이 은행 자산의 두 배가량 되는 금액이었다. 은행 직원들은 충격에서 벗어나 이런 금액을 예치한 사람이 키가 크고 밝은 성격의 소유자인 젊은 남자라는 사실을 확인했다. 그들은 즉시 그를 은행의 부 은행장으로 추대했다.

비록 그 돈이 헤티의 것이기는 하지만, 이 자본으로 무엇을 할지에 대한 결정은 그의 몫이었다. 처음에 큰소리는 떵떵 쳤지만 네드는 두려웠다. 중요한 결정사항에 직면했을 때 즉시 뉴욕에 계신 어머니에게 전보를 쳐 자문했다고 훗날 네드는 저널리스트 제임스 모로우에게 털어놓았다. 헤티는 짧고 간결한 답장을 보내왔다. "네가 현장에 있으니, 네 뜻대로 해라." 그는 스스로 결정을 내려야만 했다. 그는 어머니의 무심함에 크나큰 절망을 느낀 나머지 뉴욕까지 한걸음에 달려간 적도 있었다.

헤티는 그런 그에게 물었다. "내가 여기 없으면 어찌하겠느냐?" 그녀는 옛날부터 전해 내려오는 뉴베드퍼드의 고래 우화를 꺼냈다. 아들을 둘 둔 선장 이야기였다. "그의 아들 둘은 그의 파트너였지. 그들은 유니폼을 입었기에 매우 말쑥하게 보였다. 하지만 그들은 핸들을 잡거나 망을 보지 않았다. 마침내 선장이 죽었고, 둘 다 그 배를 항해할 만한 능력이 없었지. 결국 배는 바위에 부딪혔어. 나는 너를 철도산업을 배우라고 텍사스로 보냈다. 나는 뉴욕에 앉아서 전보로 너를 가르칠 생각이 없구나. 그러니 가서 네가 할 수 있는 최선을 다해라." 헤티가 말했다.

일단 신경이 안정되자, 네드는 이번 기회를 잘 이용했다. 그는 스스로 철도사업을 배우는 학생으로 생각했다. 그는 철도 분야에 노련한 직원을 고용해서 그들에게 시설을 개조하고 다시 짓도록 했다. 그는 또 개인적인 관심도 기울여 우선 노선을 신설하고 개선하여 더 큰 도로와 연결하도록 했다. 그는 남쪽으로 선로를 5킬로미터 정도를 더 추가하여 다른 철도와 연결하였다. 그런 후 그는 북쪽 끝으로도 25킬로미터 정도를 늘려서 작은 로버츠 촌락마을에서 좀더 규모가 큰 그린빌까지 연결했고, 마침내 파리스까지 이었다. 이로써 커다란 동서 철도의 연결이 완성된 셈이었다. 4년 동안 텍사스미드랜드의 철도 선로는 200킬로미터로 늘어났다.

그를 보좌하는 전문 간부들과 함께 네드는 낡은 나무신호교를 튼튼한 강철로 대체했고, 침목枕木을 교체했고, 내구성이 강한 선로를 추가했다. S. G. 리드의 독창적인 책 『텍사스 철도의 역사』에서 리드는 이런 글을 썼다. "남서부에 주도적 역할을 하는 도로를 건설하는 데 비용을 아끼지 않았다. 그린은 도로 자갈로 검고 말랑말랑한 흙을 구운 빨간 벽돌과 비슷한 물질인 '불에 구운 흙burnt gumbo'을 처음으로 사용한 사람이다. 이것은 가격이 저렴한데다 균열이 가지 않고 물을 흡수하는 장점이 있다. 그의 기관차는 속도가 빠른 편이었다. 객차 시설도 텍사스에서 가장 호화로웠고, 최초로 카페 라운지 칸을 운영하였다. 그린은 또 1894년에 텍사스에서 최초로 기관차에 전기 헤드라이트를 사용하였고, 1900년에 철제 칸막이가 있는 객차를 최초로 만들었다. 이후에 자동차가 나타났을 때 그는 철도가 자동차와 경쟁하기 위해 속도를 높일 수 있는 가솔린 전기철도 차량을 도입했다."

네드는 간부들에게 인기가 좋았다. 그는 배우고자 하는 열망이 컸고, 잘난 척 나서지 않았다. 그는 그들이 개선하자는 제안에 대부분 쉽게 동의했다. 그는 또한 기관사들부터 대못을 박는 이민 노동자들에 이르기까지 두루두루 인기가 좋았다. 그는 상냥하며, 의젓했고, 지위에 관계없이 누구에게나 유쾌한 인사와 대화를 나누었다. 또한 기관차에 승차하는 것을 즐거워했고, 늘 기관사 옆에 앉았다.

네드는 과학에도 관심을 보였다. 훗날, 그는 믿기 어려울 정도로 연구에 몰두했다. 1890년대 후반 멕시코에서 온 목화다래 바구미의 침입은 면화 농부들뿐만이 아니라 화물수송 항목을 주로 목화에 의존하는 텍사스 철도산업까지도 위협했다. 연방정부와 주 정부 농업관료들이 해결책을 찾고 있을 때 네드도 가능한 치료법을 찾으려면 실험농장을 만들자는 제안을 하면서 이에 참여했다. 거의 5만 달러에 달하는 400에이커 농장을 사들여 바구미를 이겨낼 수 있는 다양하고 새로운 목화를 개발하는데 도움이 되었다.

헤티는 결단코 이 돈을 내놓으려고 하지 않았을 것이다. 하지만 그녀는 그를 테럴에 그대로 내버려두었다. 헤티는 네드가 상냥하고 부드러운 걸로 정평이 나 있는 것이 못내 염려되었다. 거기다 텍사스 정치가들이나 그 외 사람들이 텍사스미드랜드 기차의 무임승차권 요청이 쇄도하는 것을 안 헤티는 특유의 위트로 응답했다. 그녀는 성경에서 영감을 받은 내용을 인용해 네드가 쇄도하는 무임승차 요청을 물리칠 것을 권했다.

월요일 : 민수기 20, 18.

무임승차하지 말지니라.

Thou shalt not pass.

화요일 : 사사기 3, 28.

무임승차하는 남자를 그냥 두지 말라.

Suffer not a man to pass.

수요일 : 나훔서 1. 15.

사악한 것은 더 이상 무임승차가 안 된다.

The wicked shall no more pass.

목요일 : 마가복음 13, 30.

이번 세대는 무임승차가 안 된다.

This generation shall not pass.

금요일 : 예레미아서 5, 22.

영원한 교령教令에 따라 무임승차는 할 수 없다.

By a perpetual decree it can not pass.

토요일 : 이사야 34, 10.

아무도 무임승차 할 수 없다.

None shall pass.

일요일 : 요나서 1, 2.

그래서 그는 그것에 대해 운임을 지급한 후 떠났다.

So he paid the fare thereof and went.

테럴의 상류층 사람들은 네드가 탁월하다는 것을 인식하고 그를 집으로 초대했고, 딸을 둔 어머니들은 사윗감으로 마음에 두었다. 하지만 네드는 속박 없는 삶을 살고 싶었다. 그가 처음에 테럴에 왔을 때는 호텔에서 지내다가, 2층 건물로 이사했다. 이 큼지막한 집은 비공식적으로 '그린 아파트'로 알려졌다. 네드는 이 건물에서 다른 독신남자들과 함께 살았고, 이곳을 일종의 도원경처럼 만들었다. 그는 자주 여성들과 파티를 즐기며 술을 마셨다. 이런 행위는 그의 높은 지위와 돈다발이 아니었다면 보수적인 테럴 마을에서는 묵인하기 어려웠을 것이다. 초창기 텍사스 시절, 헤티는 네드가 시카고에서 받은 임금만큼만 주었다. 그의 투자로 철도산업은 번창하였고, 네드는 유흥을 즐길 수 있는 위치에 서게 되었다. 거의 같은 시기에 시카고에서 만났던 창녀 마벨 할로우를 아주 우연히 텍사스에서 만났다. 이로부터 두 사람의 관계는 오래, 그리고 화려하게 이어졌다.

테럴로 이사 온 지 약 1년쯤 지나, 네드는 댈러스로 주거지를 옮겼다. 댈러스는 그가 텍사스미드랜드를 통제하는데 전혀 문제없는 거리였고, 사람들의 눈을 피해 마벨 할로우와 동거를 하기에는 도시도 클뿐더러 거리도 어느 정도 있고 해서 아주 적당했다. 그는 상업지역 모퉁이에 쿨렘앤보렌 상점건물 2층과 3층에 방을 얻었다. 그는 이곳을 리모델링해서 설비를 새롭게 하고 마벨 할로우를 한 달에 200달러 임금을 주는 '가정부'로 취직시켰다. 그녀가 청소와 요리하는 재주가 있었는지는 증거가 남아 있지 않지만, 네드에게 이 동거는 만족스러운 듯했다. 이런 관계는 오래도록 지속되었다. 헤티가 언제 마벨 할로우의 존재에 대해서 알았는지는 명확하지 않지만, 그녀는 이 관계를 인정하지 않았다. 그러나 마벨이 그저 한때 즐기고 마는 대상이 아니라는 것이 명확해지자, 헤티는 두 사람의 관계를 묵인하면서 그녀를 쌀쌀맞게 '마벨 할롯'이라고 언급하기도 했다. 어쨌든 헤티는 이런 장기간에 걸친 외도가 네드를 종교와 멀어지게 했다는 판단을 내렸다. 헤티는 창녀와 함께 사는 아들을 마땅치 않게 여겼지만, 그가 시카고나 댈러스 출신의 남부럽지 않은 처자와 결혼하여 그녀에게 재산에 대한 법적 권리를 주는 것보다는 낫다고 여겼다.

1890년대 텍사스미드랜드 철도회사의 경영인 가운데 다소 놀라운 이름, 에드워드 헨리 그린이 포함되어 있었다. 비록 헤티와 에드워드가 떨어져 살긴 했어도 이 부부는 이혼하지 않았다. 가끔 실비아와 네드는 뉴욕과 벨로스폴스로 그를 방문하러 갔고, 헤티와 에드워드도 가끔 휴일에 식사를 같이했다. 텍사스미드랜드 지도자는 한때는 경제활동이 왕성했던 남자의 분신이다. 그래서 아마도 네드가 그에게 도움을 청했을 것이다. 에드워드는 투자할만한 자금을 한 푼도 갖고 있지 않았다는 것은 분명하다. 그는 파산한 상태로, 한때 화려했던 생활을 접고 조용한 서재에서 책을 읽으며 한동안 작은 굴욕을 참으며 살아왔다.

1893년 9월, 헤티와 네드가 헌팅턴과 싸울 시기에 에드워드는 〈브루클린 데일리 이글〉 신문을 한 장 집어들었다가 뜻밖에도 자신의 사망 소식을 접했다. 기사는 이렇게 전하였다. "미시즈 그린은 오랫동안 미망인 생활을 해왔고, 그녀의 딸은 이제 스무 살이다. 남편이 죽은 이후 헤티 그린은 비범하고 약삭빠른 재정가가 되었다. 그녀는 중개인을 별로 신임하지 않았기에, 어떤 일을 하고자 한다면 자신이 직접 나서는 것이 최선의 방법이라고 생각한다."

그녀가 과부가 아니라는 사실을 아는 사람들조차도 에드워드가 재정적으로 무능하다는 사실을 알고 있었다. 1889년 3월, 〈월드〉는 그를 주목했다. "에드워드는 1884년 시스코은행 몰락으로 재산을 모두 잃었다. 그 후로 그는 아내의 도움을 전혀 받지 못해 재건에 성공하지 못했다. 그의 키는 아직 190센티미터가 넘지만 그의 재정적 모습은 쪼그라들어 거의 없어진 것이나 다름없다. 그는 일주일에 두세 번 거리로 나오지만, 모습은 초라하기 짝이 없다." 5년 후 그는 살이 좀 찌고 나이가 들어 활동이 없는 것 외에는 예전과 다름없었다. 1894년 〈타임스〉가 크리스마스에 보도했다. "그녀의 남편은 가끔 그녀에게 완전히 고문 자격으로 조언을 해준다. 그의 나이 이제 70세이고, 몸무게는 110킬로그램이 넘었기에, 이런 그가 돌아다니는 일은 엄청나게 어려운 일이다. 그는 대부분 유니언클럽에서 시간을 보낸다."

에드워드가 어둠 속으로 더욱 깊이 가라앉는 동안 헤티는 이 나라에서 가장 강력하고 활동이 활발한 은행들 가운데 하나와 동맹을 맺은 것을 계기로, 계속해서 전국적으로 유명해졌다. 브로드웨이 270번지에 소재한 케미컬내셔널뱅크는 견실하고 안전하며 냉정하고 보수적으로 정평이 나 있었다. 이 은행은 헤티가 시스코은행의 붕괴 이후로 열망하는 조건을 모두 갖추었다. 그녀는 자신의 수많은 돈을 안전하게 위탁할 기관이 필요했다. 1824년에 창단된 이 은행은 뉴욕케미컬매뉴팩처링 컴퍼니(화학제품 제조회사) 계열회사이다. 이 회사는 1년 전에 페인트, 염료, 약품에 이어 질산, 황산구리, 정제된 장뇌樟腦등과 다른 산업 화학물질을 만들기 시작했다.

1844년, 이 은행은 제조회사에서 독립하여 재편성을 단행했다. 하지만 '케미컬' 이라는 타이틀은 유지하기로 했다. 이 은행은 시작부터 번창했다. 주주들 목록에는 뉴욕 경제와 사회의 최상층 사람들이 포함되었다. 주주와 예금자들 가운데는 코넬리어스 밴더빌트, 앤서니 드라셀, 러셀 세이지, 루스벨트라는 성을 가진 여러 명 등이 들어 있었다. 헤티의 절친한 친구 애니 리어리도 이 은행과 거래를 했다. 헤티처럼 이 은행도 경기가 좋든 그렇지 않든 간에 엄청난 현금을 보유하고 있다는 평판이 있었고, 시기가 안 좋을 때일수록 침착함을 유지했다. 1857년 경제공황으로 은행들이 금화 지급을 잠시 멈추었을 때에도 케미컬 은행은 금화가 다 떨어질 때까지 계속해서 금화를 지급하겠다고 공개적으로 선언한 유일한 은행으로, 전국적인 존경을 받았다. 첫 보유 금화가 바닥날 즈음부터 실제로 은행의 금화가 증가하기 시작했다. 그것은 이런 확신을 보여준 것에 감흥을 받은 예금자들이 자신의 자산을 케미컬 은행으로 이동했기 때문이었다.

1857년 위기 기간에 사환으로 시작한 31세의 조지 길버트 윌리엄스 지점장은 청년 스타 반열에 오른 사람이다. 1885년 헤티가 처음으로 이 은행에 예치할 시기에 윌리엄스는 40년 이상을 이 은행에서 일했고, 은행장으로는 8년째 재임 중이었다. 그즈음 열심히 일하고, 검소하고, 재정적 합리성을 갖추었다는 그의 개인적 명성이 은행의 명성과 서로 얽히어 많은 사람이 그를 케미컬내셔널뱅크의 모든 것을 구현한 사람으로 존경하였다.

헤티와 거래를 하려면, 그녀의 주거래 은행으로서 역할을 할 것은 두말할 것도 없고, 어떤 비즈니스나 법적 관계에서도 특별한 사람이 요구되었는데, 윌리엄스는 이런 직무에 안성맞춤이었다. 더욱이 윌리엄스와 헤티는 서로 진정으로 좋아하고 존경하는 것처럼 보였다. 윌리엄스는 헤티가 매력을 느끼는 겸손함과 강인함을 둘 다 갖추고 있어 극히 드문 혼합을 보여주었다. 그는 말쑥하고 까다로운 남자로, 단단히 풀을 먹인 칼라 깃에, 숱이 없는 회색 머리카락에, 상냥한 눈매, 입술로 흐르는 빅토리아풍의 턱수염과 콧수염이 절묘하게 조화를 이루었다. 그에게는 견실하고 변함없는 습관이 있었다. 매일 날씨가 어떻든 간에 그는 일부러 마차를 타지 않고 웨스트 58번가 집에서 케미컬뱅크까지 11킬로미터 정도를 걸었다. 여름마다 그는 브루클린의 맨해튼 비치에 같은 호텔 같은 방을 빌려서 여름을 보냈는데, 출근길인 로어 맨해튼으

‖ 조지 길버트 윌리엄스(헤티의 친구 겸 은행가)

로 가는 배를 타기 전인 정확히 아침 6시에 수영을 하러 바다로 나왔다.

헤티에게 로빈슨이란 조상이 있는 것처럼, 윌리엄스도 로드아일랜드 가문의 후손이다. 그의 조상에는 로드아일랜드 주를 세운 로저 윌리엄스와 독립 선언서에 서명을 한 윌리엄 윌리엄스가 있다. 이렇게 위대한 가문 출신이었지만, 그는 헤티에게는 지나칠 정도로 깍듯했다. 이런 확고함이 그의 특징이었다. 직업적인 부분에서 윌리엄스는 가끔은 구식으로 여겨지는 공손함을 표현했다. 윌리엄스에게 공손함은 단지 친절 이상이었다. 이것은 안전한 비즈니스였다. "공손함에는 대가가 있습니다. 티끌만큼의 공손함으로도 1톤의 징벌을 면할 수 있습니다. 예절 바름은 이루 형언할 수 없을 정도로 중요하기 때문에 어느 조직에서나 이것을 무시해서는 절대 안 됩니다. 나는 허름한 옷을 입고 들어오는 고객이 채권 다발을 숨겨서 들어오는 경우도, 화려한 옷을 입었다고 늘 백만장자가 아닌 경우를 아주 많이 보았습니다." 윌리엄스의 마지막 말은 자신의 가장 덩치 큰 고객 헤티를 염두에 두고 한 말이

브로드웨이에 위치한 케미컬내셔널뱅크의 내부

라는 것은 의심할 여지가 없다.

헤티는 아주 영리했기에, 확신에 차서 이런 행동을 하는 사람과 단순히 부의 존재 앞에서 알랑거리는 사람들과의 차이를 제대로 판단할 수 있었다. 본질적으로 윌리엄스가 케미컬내셔널뱅크라고 해도 과언이 아니기 때문에 처신을 강조하는 그의 주장은 은행 곳곳에 스며들었다. "이것은 케미컬내셔널뱅크의 불변의 규칙이기에 말단 직원에서부터 고위 관리까지 모든 종업원이 모든 고객에게 공손해야만 합니다." 그가 말했다. 이런 철학은 은행 전반에 걸쳐 가장 큰 고객인 헤티를 환영하는 분위기를 창출했다. 케미컬의 종업원들은 헤티에게 모든 것을 맞추었고, 그녀의 대중적이지 않은 습관에 대해 눈썹을 치켜뜨는 행동은 하지 않았다. 그들은 그녀의 낡은 옷이나 절약 방식에 대해 수군거리지도 않았다. 그녀는 때때로 은행에 올 때 도시락으로 오트밀을 들고 왔다. 점심시간이 되면 도시락에 물을 붓고 라디에이터에다 데워 먹어, 점심값을 아꼈다. 이런 그녀의 행동을 보고도 은행직원들은 일체

▎1894년 케미컬내셔널뱅크의 직원들

함구했다.

은행직원들은 헤티에게 대우 받는 느낌이 들게 환경을 만들었다. 자주 그녀는 은행에 와서 일을 했기에, 은행 측이 개인용 사무실을 제공하겠다고 했다. 하지만 그녀는 세금징수원이 세금징수를 목적으로 그녀를 노릴 것이 두려웠기 때문에 이를 거절했다. 종종 그녀는 뒤쪽 책상에 앉았고, 앞의 은행 창구직원은 보호막이 되어 동정을 살피는 대중의 시선을 피하게 해주었고, 호시탐탐 이야깃거리를 찾는 기자들의 시선도 막아주었다.

이 은행은 또 헤티를 보좌하는 직원들을 두어, 지급 예정된 이자권利子券을 정리하는 일부터 담보물에 대한 협상, 점점 늘어나는 자산을 계산하는 일 등을 도왔다.

헤티의 재산이 급속도로 증가하여 하나의 금융제국이 되어 가고 있었기 때문에, 이런 일은 중요했다. 정부채권과 철도채권에서의 막대한 부 외에도 그녀는 대규모의 부동산을 소유하고 있었다. 그녀는 뉴욕, 시카고, 세인트루이스, 보스턴 등지에 수많은 건물을 소유했다. 그녀의 자산 가운데 일부는 아버지에게서 물려받았지만, 대부분은 권리를 상실한 담보물 처분을 통해서 획득한 것이다. 이것이 헤티가 엄청난 현금을 보유할 수 있던 직접적인 결과였다. 그녀는 여자 혼자 개인 은행을 운영하며 자신의 능력을 확실히 보여주었다. 그녀는 일반 시장에서 물건을 현찰로 구매한 적은 거의 없었다. 이런 일이 있다 하더라도 아주 극히 드물었다. 일단 물건을 소유하면 그것을 계속 보유했다. 그녀는 사들인 토지에 건물을 짓거나 사들인 건물을 수리하거나 하는 일은 거의 없었다. 건물을 짓거나 수리를 하면 건축 비용은 말할 것도 없고 세금 노출이 되기 때문이었다. 사들인 물건을 그냥 내버려두고, 그 주위가 발전하기를 기다렸다.

시카고에서 그녀의 재산은 루프 지역지하철과 전철이 loop 형태로 돌고 있어서 붙여진 이름-옮긴이에서부터 북부 교외 지역에 이르기까지, 미시간 호숫가에서부터 시카고의 개발되지 않은 남서부 땅에 이르기까지 두루두루 분포되어 있었다. 그녀는 디어본과 몬로 남서 모퉁이에 하우랜드 블록을 소유했는데, 여기에는 디어본 앞 200피트 토지도 포함되었다. 이곳의 유일한 적막한 구조물은 구식 5층 건물이었으나 이 재산은 해마다 점점 더 가치가 높아졌다. 그녀는 또한 와바시 애비뉴 183~187번지를 소유했고, 해리슨스트리트 근처 와바시에 또 다른 작은 구획을 소유했고, 미시간 애비뉴 정면에 80피트 토지, 몬로스트리트 211번지와 213번지 저택, 시블리스트리트에 아파트 건물 여섯 채를 보유하고 있다.

그녀의 덩치 큰 자산 가운데 하나는 게이지파크로 알려진 지역의

480에이커 땅이다. 1877년, 헤티는 이 지역을 압류해 20만 달러도 채 안 되는 금액으로 획득해, 개발시키지 않은 채로 그냥 보유하고 있었다. 그녀는 이 땅의 일부를 청과물 재배농민에게 임대했다. 그들은 지역 시장에 내다 팔 양배추, 오이, 토마토 등을 재배했다. 이 지역 남학생들은 방학에 농부들을 도와 용돈을 벌었다. 이들 가운데 프랭크 미쿨레키라는 남학생은 그 주위의 유일한 건물이라고는 단지 사우스웨스턴 애비뉴의 고르지 못한 벌판에 상처 난 엄지손가락처럼 불쑥 튀어나온 벽돌집 외에는 아무것도 없었다고 훗날 회상했다. 미쿨레키는 헤티가 시카고를 방문하면 이 버림받은 집에서 익명으로 묵었다고 했다.

그녀는 세인트루이스와 보스턴에 아파트 건물 몇 채를 소유했고, 여러 주에 걸쳐 광산도 갖고 있었다. 이런 광산 중에는 유명한 캘리포니아 셔터 크리크에 있는 센트럴 유레카 광산도 포함되었는데, 이곳에서만 그녀는 금과 석영 생산으로 120만 달러 정도를 벌어들였다. 그녀는 가격이 높은 저당물도 보유하고 있었다. 뉴욕의 저당물을 살펴보면, 로어 맨해튼의 창고에서부터 5번가의 백만장자 대열에 이르는 저택까지 담보물을 소유했다. 그녀가 보유하고 있는 물건 중에는 이스트 67번가 근처 5번가에 아주 큰 저택인 '스턴 하우스Stern House'가 있는데, 무려 40만 달러짜리 담보물이다. 어느 날, 헤티가 화려한 5번가 부동산 사무실을 방문한 적이 있었는데, 점원이 그녀의 구식 검은 드레스와 검소한 모자를 훑어보더니 사무실에서 광고 낸 관리인에 지원하러 온 것이 분명하다고 생각했다. "이미 뽑았어요. 더는 필요 없어요!" 점원은 그녀를 내쫓을 준비를 하면서 소리쳤다. "나는 헤티 그린입니다. 당신네 회사가 내게 빌린 대출금 50만 달러를 회수하려고 왔어요." 그녀가 말했다.

헤티의 대출업이 소문이 나자, 전국에서 그녀를 만나러 몰려들었다. 예를 들어, 1900년에 애리조나 투손 도시가 급속하게 성장하자, 절실히 현대화 과정과 수도시스템을 확장할 필요가 있었다. 당시 사람들은 남북전쟁 말엽처럼 근처 샘물에서 퍼 오는 물을 양동이 하나에 5센트를 주고 사먹어야 할 형편이었다. 이 도시는 11만 달러 채권을 구입한 헤티에게 의존해 수도 시설과 하수구 시설을 만들 계획이었다.

또한 헤티가 위기에 처한 뉴욕을 몇 번이나 구했다. 손에 모자를 든 싱글 여성이 뉴욕시에 입성했다는 소문에 도시가 출렁거렸다. 이곳 뉴욕은 헤티의 재산 범위에 있는 지역이었다. 수전노에다 고집 센 거래자라는 명성이 자자했지만, 헤티는 보통 공정한 이율을 제공했다. 비록 그녀가 적과 거래할 때 냉혹하다고는 하지만, 좀처럼 차용자가 상황이 좋지 않을 시기에 무자비하게 내쳐서 기회를 박탈하지는 않았다. 그녀는 늘 이런 것은 악덕 비즈니스라고 주장했다. 1898년, 그녀는 자금이 부족하여 경영에 허덕이는 뉴욕시에 2퍼센트 이율로 100만 달러를 빌려주었다. 이것은 보통 3퍼센트에서 3.5퍼센트의 이율에도 많이 못 미치는 숫자였다. 1901년, 그녀는 이 도시에 150만 달러를 빌려주었다. "헤티 그린은 영리합니다. 여름 내내 월스트리트에 돈이 많이 몰리지 않았죠. 그녀는 뉴욕시에 150만 달러를 빌려주었습니다. 가을에 금융시장이 활기를 되찾을 때쯤 이 돈은 상당한 이자와 함께 돌아올 것입니다." 익명의 뉴욕 재무공무원이 1901년 〈타임스〉기자에게 말했다.

헤티는 자주 전국에 걸쳐 분포된 자산을 둘러볼 요량으로 길을 나섰다. 가끔 그녀는 네드나 실비아를 동반했지만, 대부분은 홀로 다녔다. 변함없이 그녀는 비싼 침대칸보다는 저렴한 보통객차를 이용했다. 여자가 아무런 동반자도 없이 여행하지 않던 시절에 헤티는 두려움 없이 전국을 돌아다녔다. 그녀는 늘 검은색 손가방을 들고 다녔다. 기자들은 이따금 그 가방에는 수백만 달러 가치의 채권이 가득 들어 있을 거로 추측했지만, 헤티는 이를 부인했다. 그녀가 이 가방에 넣어서 다닌 한 가지 물건은 열쇠뭉치였다. 이것은 한 50여 개 쯤 되었는데, 걸을 때마다 가방에서 요란한 소리를 내었다. 이 열쇠뭉치는 그 시대 50여 명의 다른 여성의 가방 속에서 시끄러운 소리를 내는 방식으로 그녀의 가방 속에서도 짤랑짤랑 소리를 내었다.

11장

위트 넘치는 법정 소송

헤티 그린은 다른 누가 자신을 어떻게 부르든 간에, 늘 스스로의 권리를 찾으려 노력하는 여성으로 자신을 바라보았다. 월스트리트에서 전투를 할 때 그녀는 싸움에서 진 적이 거의 없었다. 하지만 법정에서 그녀의 기록은, 수십 년 전 실비아 이모의 유언 사건이 전조가 되면서 오점으로 얼룩졌다. 그런데도 그녀는 절대로 합당한 법적 투쟁에서 물러서지 않았다. 그녀의 증오스런 변호사들은 필요에 의해서만 실력발휘를 하였다. 그녀는 1890년대를 거치면서 수많은 소송에서 원고 혹은 피고인 자격으로 여러 변호사를 경험했다. 그녀는 모든 심문에 열심히 참석했다. 가끔 어느 법정 사건은 다른 치명적인 소송을 파생시켜 마치 빨리 자라나는 소송 덩굴나무 같았다. 간혹 그녀는 이전 소송의 수임료가 너무 비싸다는 이유로 소송을 건 경우도 있었다. 하지만 분명한 것은 그녀는 이 과정을 즐겼다. 헤티는 얕잡아 볼 수 없는 군인이었다. 그러나 여자들은 전쟁에서 싸우지 않는다. 법정은 그녀의 전투장이었다.

1890년대에 그녀가 원고로든 피고로든 관련된 모든 법정 소송 가운데 그녀의 부친이 상속한 500만 달러 자산수탁자 헨리 A. 바링에 대항한 전투가 가장 오래 끈 전투였다. 바링은 로빈슨이 사망하기 바로 직전에 뉴욕에서 그의 직원으로 일한 사람이다. 그는 헤티가 당연히 증오할 만한 인물이었다. 그는 헤티의 돈을 합법적으로 다루도록 임명되었다. 그녀는 바링이 수탁을 잘못 운영하고 있다고 믿었다. 자신은 호화로운 생활을 하면서 그녀의 투자금은 점점 줄어들면서 삐걱거렸다. 그녀는 핵심을 짚었다. 신탁한 원금은 거의 30년간 늘어나지 않았다. 해마다 헤티가 받는 35만 달러는 그녀의 아버지가 죽은 그다음 해에 받은 금액과 거의 비슷했다. 헤티의 변호사들은 바링이 해마다 수십만 달러를 직원들 월급으로 탕진하고 있다고 고발했다. 그중에는 바링의 아들도 포함되어 있었다. 그들은 뉴베드퍼드 출신의 공동 수탁자 토머스 먼델이 지난 2년간 수수료에서 80만 달러를 갈취했다고 고발했다. 그는 신탁이 진행되는 뉴욕에 한 번도 방문조차 하지 않았다고 했다. 그들은 또 다른 수탁자 아브너 데이비스가 코네티컷의 정신요양소로 들어간 이후로도 몇 년간 수수료 수십만 달러를 챙겼다고 고소했다. 수탁인 역할을 하면서 엄청난 재산을 모은 바링은 그 돈을 직원들 급여와 뉴욕 아파트 임대료뿐만 아니라 외곽에 나가 풍요로운 삶을 영위하는 데 지출했다. 그는 뉴저지 하이우드의 허드슨 강 건너편에 커다란 저택을 소유했는데, 불행히도 이 멋진 집에서 대부분의 시간을 헤티 그린이 다음에 무슨 행동을 저지를지를 걱정하며 보내야 했다.

이 분쟁은 수탁자들이 헤티의 아버지가 1860년대에 구입한 시카고 토지 651에이커를 팔기로 결정한 시기인 1888년에 터졌다. 수탁자들은 당시가 이 땅을 팔아 이익을 남길 가장 적기라고 주장했다. 토지에 대한 헤티의 철학은 간단했다. 경험상 무조건 갖고 있는 게 상책이라는 것이다. 그녀는 그냥 재산으로 들고 있어야 한다고 주장했다.

헤티는 으레 대담한 조치를 취했다. 1889년 6월, 바링이 유럽으로 그동안 미루었던 휴가를 떠났을 때 헤티는 그가 휴가비를 자신의 돈으로 소비한다는 사실을 알자 분노로 얼굴이 일그러졌다. 그녀는 케미컬내셔널뱅크 소속의 여러 직원을 대동하고 그의 사우스스트리트 46번지 뉴욕 사무실로 쳐들어갔다.

헤티가 모든 것을 지휘했다. 그녀는 사무실 중앙에 서서 직원들에게 모든 유가증권을 당장 가져오라고 명령했다. 직원들이 난감해 하자, 헤티는 목소리를 높이며 끈질기게 요구했다. 그녀는 정당한 자신의 권리를 내세우는 것이었다. 바링이 없는 상태에서 직원들의 저항은 아무런 힘도 발휘하지 못했다. 그들은 합쳐서 300만 달러 가치가 나가는 채권과 주식 증서를 내왔다. 헤티와 동료가 큰 가방 여러 곳에 유가증권을 가득 채워 문밖으로 나가, 기다리는 마차에 오를 때까지 한 마디 입을 여는 사람은 없었다. 파리에서 전보로 이 소식을 들은 바링은 즉시 휴가를 접고 뉴욕으로 돌아왔다. 그는 곧장 브로드웨이에 있는 케미컬뱅크로 가서 당장 유가증권과 서류를 돌려 달라고 요구했다. "이 문제는 진중한 일이지만 무척 신속하게 이루어졌다. 이제 법 집행관은 로빈슨의 재산 사건을 다시 한번 다루게 되었다." 6월 9일 자 〈뉴욕월드〉에 보도되었다.

이 일이 있은지 2~3일 후 어떤 기자가 바링이 하이우드 집 베란다에 앉은 모습을 보고 그가 휴가를 마칠 요량으로 다시 유럽으로 돌아갈 생각인지를 물었다.

"아니요. 여기 남아 있어야 하고말고요. 적어도 지금은요. 내게 위탁한 자산을 개인적으로 감독해야지요." 바링이 신경질적으로 대답했다.

이번 사건은 양측이 서로 맞고소하는 사태를 초래해 뒤죽박죽 실타래처럼 얽히자, H. H. 앤더슨이라는 뉴욕 판사가 중재자로 임명되어, 이번 사건을 정돈하려는 시도를 했다. 2년 동안 소송 당사자들은 브로드웨이 35번지의 앤더슨 사무실을 들락날락하며 겉으로 보기에는 끝이 없을 것 같은 심리에 참여했다. 이 심리에서 헤티는 자신의 익살을 유감없이 발휘하였다. 앤더슨은 이런 쇼를 즐기지 못했지만, 기자들은 그렇지가 않았다.

1895년 겨울, 헤티는 바링의 등짝을 손바닥으로 철썩 때리면서 원기왕성한 목소리로 "어째서 그런 짓을 했죠, 미스터 바링?" 하고 외친 후, 당당히 법정으로 들어가며 그날의 심리를 시작했다.

헤티의 변호사는 바링에게 아브너 데이비스가 정신적인 문제로 요양소에서 살고 있는데도, 왜 계속해서 수수료를 받아왔는지를 질문하기 시작했다. 바링은 '마음의 휴식을 취하고자 하는 사람들을 위한 요양소'는 병원과 다름없다고 주장하며 상황을 긍정적으로 바꾸려고 노력했다.

"울부짖는 미치광이들을 수용하는 장소죠." 관중석에서 명쾌한 목소리가 들려왔다.

"미시즈 그린!" 앤더슨 판사가 말했다.

2주 후에 바링의 변호사 J. 에바츠 트레시는 바링의 서류는 늘 헤티와 그녀의 변호사들이 점검하도록 오픈되어 있었다고 말했다.

"아니, 쌩쇼에요." 목소리가 들려왔다.

"미시즈 그린! 나는 당신 나이 또래의 여성이 그런 식으로 말하는 것을 좋아하지 않습니다." 앤더슨 판사가 말했다.

"오, 판사님이 날 좋아할 필요는 없어요. 나도 내가 제2의 사춘기에 접어든 줄 알고 있어요. 하지만 당신은 입막음을……"

"미시즈 그린!" 앤더슨이 말을 낚아챘다.

"당신은 말을 해서는 안 됩니다. 이건 명령입니다. 그러니 할 말이 있으면 변호사를 통해서 하시지요."

변론이 좀 느슨하다 싶을 때면 앤더슨은 가끔 꾸벅꾸벅 졸기도 했다. 반면에 헤티는 경계를 게을리하지 않았다. 특히, 기자들이 오후 내내 오랜 심리를 끝마치고 홀로 나오는 그녀를 뒤쫓아 인터뷰를 청할 때는 더욱 빈틈을 보이지 않았다. 그녀는 기자들을 실망시킨 적이 거의 없었다. "오늘 판사님은 19번이나 졸았고, 14번이나 코를 골았고, 책상에 코를 3번이나 부닥쳤어요. 그는 내가 말을 하지 말았으면 좋겠다고 했지만, 나는 그분이 코를 좀 골지 말았으면 좋겠어요. 그는 코를 골아 시끄럽게 만들었고, 나는 말로 시끄럽게 했어요. 그런데 그건 거의 똑같은 거 아닌가요?"

1895년 6월 14일, 법정에 있는 변호사들, 기자들, 그 외 다른 사람들이 서류를 작성해서 문으로 향하자, 헤티는 조용히 창가로 걸어가서 무릎을 굽히고 기도를 했다. 즉시 법정에 시끄러운 소리가 멈추었다. 실비아를 제외한 사람들이 모두 당황한 듯했다. 실비아는 자주 심리에 참석해서 소송 절차를 아주 인상적으로 지켜보았다.

헤티는 거의 1시간가량 그 자세를 유지하며 소리는 내지 않고 입술만 살짝 움직이며 기도했다. 그런 후 일어나서 드레스의 먼지를 털고 출입구로 향했다. 기자들이 무슨 기도를 했느냐고 묻자, 대답하기를 거절하고 실비아를 데리고 방을 나갔다.

헤티는 특히 바링의 수석 변호사 조세프 초트를 혐오했다. 그는 저명한 뉴욕 변호사로 훗날에 영국에서 미국 대사관으로 복무하였다. 그녀는 자신을 어려움에 부닥치게 한 그에 대해 공식적인 견해를 밝혔다. "여러분은 이렇게 비열한 사람들을 본 적이 있나요?" 그녀는 초트와 그의 팀 변호사들을 언급했다. "왜, 불쌍한 아이린 호트를 생각하지 못하는 걸까요? 초트와 그의 다른 얼간이들은 그녀를 이해해야 할 겁니다. 그녀는 지금 정신병원에 있다고요."

이 말은 미스 메리 아이린 호트의 눈을 피할 수는 없었다. 그녀는 6월 5일 헤티에게 명예훼손 소송으로 10만 달러를 청구했다. 편집자, 기자들, 독자들, 법원 사람들은 법정에서 헤티 그린과 아이린 호트을 호기심어린 눈으로 지켜보았다. 헤티가 뉴욕에서 가장 다채롭게 소송 경험이 많은 여자라 한다면, 아이린 호트는 아마도 그 두 번째일 것이다. 그녀는 기선汽船 거물인 아버지 제스 호트의 재산으로 수탁자와 법정투쟁을 여러 해 동안 하는 중이었다. 초트는 호트 사건의 수탁자 대표를 맡았다. 그래서 헤티와 아이린은 서로의 소송에 공감하는 부분이 많았을 것이 분명했다. 하지만 헤티의 분통적인 말이 두 사람 간의 동지애를 종식시켰다.

언론은 그들의 입장을 공평히 대변했다. "이 유별난 여성은 둘 다 백만장자이고, 얼마 전에 두 사람은 상황을 재미있게 만들 수 있는 그들의 의심할 수 없는 재능을 증명해 보였다. 이 명예훼손 소송이 재판까지 갔을 때는 활기 넘치는 상황이 펼쳐질 거로 예상된다." 〈뉴욕타임스〉가 예언했다. 하지만 3주 후 이 사건은 갑자기 해결이 되어 재판까지는 가지 않았다. 세부사항은 비밀이었다. "이 재판은 앞으로 어떻게 전개될지 아주 큰 기대를 모았다." 〈타임스〉가 애석히 여겼다.

바링 소송이 마치 영원히 지속할 것처럼 보였을 즈음, 헨리 바링이 1896년 4월에 급사하는 사건이 생겼다. 그는 에드워드 모트 로빈슨의 재산을 거의 31년 가까이 관리해왔다. 결국 소송에서 승리한 헤티는 기자들을 당황하게 했던 1년 전 공개 기도의 미스터리를 풀어주었다. "내가 기도한 내용은 유언 집행자의 부도덕한 행실이 뉴욕에 명백하게 밝혀지게 해달라는 거였습니다. 나는 퀘이커교도입니다. 내가 기도한 지 1년 안에 유언 집행인이 침대에서 죽은 채로 발견되었습니다." 뉴베드퍼드의 〈모닝 머큐리〉가 그녀의 말을 인용해 보도했다.

천신만고 끝에 헤티는 늘 자신의 권리라고 여겼던 재산을 직접 관리할 위치에 서게 되었다. 바링이 죽은 지 6주 후에 헤티는 뉴욕대법원 판사를 설득해서 바링을 대신할 호감 가는 이름을 적었다. 그 이름은 바로 네드 그린이었다.

헤티의 주거지가 모두 싸구려 집은 아니었다. 그녀가 아주 비싼 맨해튼의 일류 호텔들을 피했다고 해서 그녀가 전적으로 편안함을 추구하지 않은 것은 아니었다. 그녀의 요구사항 리스트 맨 위에는 로어 맨해튼으로 접근하고 싶은 마음과 사생활을 존중받고 싶은 마음이 적혀 있다. 1894년 12월, 그녀는 브루클린의 세인트조지 호텔에서 이 두 가지 소망을 이루었다. 1888년에 지어졌고, 이스트 강이 내려다보이는 유명한 산책길로부터 몇 블록 떨어진 브루클린 헤이츠의 헨리스트리트에 위치한 이 호텔은 브루클린의 새롭고 큰 호텔 중 하나로, 10층짜리 건물이다. 보잘것없는 아파트에 거무죽죽한 현관에 사는 헤티의 전설적인 삶과는 대조적으로 세인트조지 호텔은 크고 햇볕이 잘 드는 살아 있는 파인애플(헤티가 가장 좋아하는 과일) 나무로 장식된 식당이 있었다. 그녀와 실비아는 5층 스위트룸에 자리를 잡았다. 그들은 필명으로 체크인했다. '미시즈 H. 그레이와 미스 그레이' 호텔 주인 J. W. 튬

브리짓과 수석 지배인 프랭크 니블로는 그들의 사생활을 보호해주었고, 꼬치꼬치 캐묻는 기자들에게 헤티와 실비아가 그들이 없을 때 체크아웃했다고 말해주었다.

헤티는 브루클린을 돌아다니는 것과 맨해튼에서 대중교통을 이용하는 것에 익숙했다. 브루클린의 광활한 수평선상에 거의 100만 명이나 되는 거주민들이 살고 있었고, 전화電化한 전차는 운송수단 중에서 가장 믿을 만하고 효율적이었다. 전차는 거리를 지나가면서 삐걱 소리를 내거나 철거덕 소리를 내었다. 전차가 지나가는 거리는 서로 복잡하게 얽혀 있어서 사람들이 전차가 지나갈 때 재빠르게 몸을 요리조리 잘 빠져나가는dodge 것이 뜻밖에 즐거운 놀이가 되었다. 그래서 모든 야구팬이 알고 있듯이, 지역 이 프로팀의 이름이 트롤리 다저스Trolley Dodgers인데, 훗날 줄여서 다저스가 되었다trolley는 전차라는 뜻임, 다저스는 1958년 본거지를 LA로 옮기고 나서도 계속 같은 이름을 쓰고 있음-옮긴이. 1894년에서 95년 사이 겨울 동안 이 도시는 전차 노동자들의 파업이 일어났을 때 사실상 정지한 상태였다. 브루클린의 여섯 전차회사의 기관사와 차장은 하루 근로조건이 너무 과하니 조정해 달라고 요청했다. 그들은 하루 급여 24센트에서 최고 2달러까지 올려주고, 근무시간도 하루 12시간에서 10시간으로 줄여달라고 요구했다. 파업 첫 이틀 동안에는 무시무시한 침묵 속에서도 평화적으로 협정하자는 의견이 우세했지만, 곧 분위기는 1월의 날씨만큼 사나워졌다. 화가 난 노동자 무리는 파업에 불참한 기관사와 차장들에게 돌과 병, 쓰레기 등을 집어던졌다. 파업에 불참한 무리 대부분은 전국 각지에서 브루클린으로 밀려들어 온 사람들로, 1893년 경제공황이 확산되면서 일거리가 없어 죽을 지경이었다.

브루클린의 시장 찰스 A. 쉬렌은 회사 편에 서서, 우선 경찰을 소집한 후 방위군에게 집회를 진압하고 전차 운행을 재개하라고 명했다. 그는 파업을 평화적으로 진압하기를 바란다고 말했다. 비평가들은 뉴욕에 기반을 둔 쉬렌의 사업체가 전차 회사가 사용하는 전기 벨트를 제조했다고 언급했다. 대략 7,500명의 진압 연방 병사들은 브루클린을 전투장으로 바꾸어놓았다. 많은 파업자와 동조자가 체포되었다. 두 사람이 죽었다. 한 사람은 항의자들 머리 위로 발사되는 총알을 피하려다가 횃대에 찔려 죽었다. 두 번째 남자는 너무 가까이 접근하지 말라는 경고의 말을 무시해서 총에 맞아 죽었다. 저항할 수 없는 힘 앞에서, 굶주림 앞에서, 파업은 시작된 지 한 달 만에 진압되었다. 패배한 기관사와 차장들은 일터로 돌아갔다.

하지만 이번 파업은 이를 지켜보는 사람들 사이에서 열정적인 공감을 일으키는 데는 성공했다. 파업을 지지한 뉴욕 신문기자 시어도어 드라이저는 5년 후 그의 첫 소설 『시스터 캐리*Sister Carrie*』에서 조지 허스트우드라는 모순된 사람의 눈을 통해서 이를 조명했다. 헤티도 파업자 편에 섰다. 이것은 유명한 자본가에게는 어울리지 않는 행위였지만, 헤티는 이런 경영에 절대로 공감하지 않았다. 대중이 전적으로 그녀의 이런 방식을 파악하지 못하고 있었지만, 헤티는 자신을 인민주의자로 여겼다.

그녀는 파업 시기에 〈브루클린 데일리 이글〉 기자와 인터뷰했다. "이 나라는 가난한 사람에게 기회를 주지 않습니다. 무정부주의자와 사회주의자들이 셀 수 없이 많다는 것은 이상한 일이 절대 아닙니다. 우리는 살면 살수록 점점 더 불만이 많아집니다. 이것도 당연한 겁니다. 일부 사람들은 부자를 비난하지만, 모든 부자가 비난받지는 않습니다."

그녀는 계속했다. "법은 지탱되어야만 합니다, 그렇죠? 그런데 왜 그들은 그러지 않은 걸까요? 누가 법을 깨기 시작한 걸까요? 그건 바로 비열한 철도 거물들이죠. 거기엔 헌팅턴도 있습니다. 그와 일당은 수십 년간 가난한 사람들의 임금을 빨아먹고 있습니다. 당국에서도 이를 묵고합니다. 그와 대항해 싸우라고 결코 군대가 파견되지 않을 겁니다.…… 가난한 사람이 법을 지키지 않으면 그들은 곧 감옥으로 들어가는 신세가 되고 말죠."

헤티의 조용한 동반자 실비아는 이제 20대 중반에 접어들었다. 당시 결혼하지 않은 이 나이 또래의 젊은 여성들은 친구들이나 친척들과 함께 비슷한 관심사에 대해 이야기를 나누었고, 어머니하고는 그리 친밀한 관계를 유지하지는 않았다. 하지만 실비아는 헤티와 그렇지 않았다. 헤티는 딸을 보호하고 가족의 재산을 보호하는 것이 우선순위라고 생각했다. 그래서 실비아는 어디든지 헤티와 동행했다. 두 사람은 법정에도, 케미컬내셔널뱅크에도, 어느 아파트나 호텔에도 늘 함께 했다. 헤티와 실비아는 자주 벨로스폴스에 가서 여름을 보냈다. 그들은 가끔 터커하우스에 머무르기도 했고, 헤티가 그 집을 임대했을 때는 다운타운 호텔에서 머무르기도 했다.

실비아는 벨로스폴스를 좋아했다. 그곳에는 친구가 있고, 어느 정도 자유를 느낄 수 있는 곳이었다. 그녀는 시골 풍경과 말을 타는 것을 즐겼다. 실비아는 여름 막바지에 가을의 희미한 찬 기운이 느껴지는 것이 싫었다. 그것은 브루클린의 답답한 집으로 돌아가야 할 시기임을 의미했기 때문이다. 실비아가 어린 시절 친구인 메리 님스에게 보낸 편지 묶음이 지금까지 남아 있다. 싸고 평범한 편지지에 쓴 편지들이었다. 일부 편지에는 반송 주소로 브로드웨이 270번지의 케미컬내셔널 뱅크 주소가 쓰여 있는 것들도 눈에 띄었다. 브루클린에서 보낸 편지들에는 반송 주소가 없었다. 마치 그녀가 자신의 존재 일부를 감추고 싶은 듯이.

실비아는 크리스마스 선물로 향수를 보내준 것에 고맙다는 편지를 메리에게 썼다. 거기엔 벨로스폴스를 떠나기 전에 이별의 인사조차 나누지 못한 유감도 함께 써서 보냈다. 편지에는 억제된 그리움이 가득 담겼고, 큰 즐거움은 그다지 표현되지 않았다. "사랑스러운 사진과 달력을 보내줘서 정말로 고마워." 어느 1월 그녀는 브루클린에서 편지를 썼다. "정말로 고마워. 그런데 난 좀 아파. 먹는 것도 점점 줄어가고…… 아빠는 늘 똑같이 지내셔. 엄마는 평소대로 늘 바쁘시고. 네드는 아직 텍사스에 있어. 우린 별로 변한 것이 없이. 이것이 전부야. 네가 뭘 하고 지내는지 전부 말해줘." 그녀는 자기 사진을 동봉하며 이렇게 썼다. "내가 좀더 살이 찌게 되면 사진을 더 찍어서 보내줄게. 난 뉴욕으로 온 이후로 계속해서 마르고 있어. 그리고 난 1년 내내 시골에서 살고 싶어. 시골 생활이 나한테 맞는 것 같아."

선천적으로 부끄러움을 타고 어색해하는 실비아에게 골드디거들이 접근하지 못하게 하려는 헤티의 엄청난 노력에도, 여전히 그녀의 재산을 노린 수많은 구혼자가 몰려들었다. 그녀가 상속받을 수백만 달러는 청혼자들이 합법적이든, 계획적이든, 저돌적이든, 어떤 방식으로든 그녀에게 접근하게 했다. 헤티에 관한 기사는 외국으로까지 퍼져 나갔고, 베를린 신문에 실비아와 그녀의 수백만 달러에 대해 잠깐 언급이 되었을 때 독일 청혼자들의 편지가 수백 통이나 배달되었다. 그 가운데 4분의 1은 직접적으로 결혼하자는 프러포즈 편지였다. 카우프먼이라는 끈질긴 친구는 자신은 가난하지만, 가문 좋은 유럽왕실 출신이라고 했다. 그런 부부가 1천 마르크만 보내준다면 매력적인 왕자는 뉴욕행 기선을 바로 잡아타고 와서, 자기 자신을 '존경하는 천사, 실비아 발밑에' 던지겠다고 약속했다. 만약 실비아가 이 청혼을 거절한다면, 카우프먼은 기선 이등석 표를 구입하여 뉴욕으로 달려와, 영원히 가슴을 아프게 한 죄로 실비아를 죽이겠다고 맹세했다. 실비아가 이런 편지들을 읽어보았다면, 꽤 즐거웠거나 어느 정도 우쭐했을 것이다. 하지만 헤티는 이 편지들의 대부분을 뜯지도 않은 채 그녀의 변호사들에게 넘겨주었다.

이번에는 가까운 곳에서 좀더 동요를 일으키는 타데우스 맥도널드 사건이 일어났다. 그는 두 눈을 부라리며 워싱턴 경찰서로 허겁지겁 뛰어들어 와서, 헤티 그린이 자신과 실비아와의 약혼을 파기하려 하며, 자신을 죽이겠다고 협박한다고 주장했다. "나는 그녀의 딸과 결혼하기로 했어요." 맥도널드는 비번인 경찰에게 말했다. "그 어머니는 지금 나를 죽이려 하고 있어요. 늘 내게 사람을 붙여 나를 쫓도록 하고 있지요." 그는 연인에게 '수많은' 편지를 썼다고 주장했다. 하지만 아직 답장은 받지 못했다고 인정했다. 맥도널드는 자신의 생명이 위험에 처해 있으니 경찰 보호를 해달라고 요구했다. 그는 최근 뉴저지 뉴왁의 정신요양소에서 탈출한 사람으로 판명되었다.

구혼자들이 모두 사기나 미치광이들은 아니었다. 헤티의 친구 애니 리어리는 실비아를 헤티의 그늘에서 데리고 나와 사교계에 입문시켜 주어, 은둔생활 하는 그녀를 끄집어내었다. 5번가 집에서, 뉴포트에서, 로드아일랜드에서 그녀는 실비아를 위해서 계속해서 파티를 열고 춤을 추었다. 그녀는 결혼상대로 적합한 부유한 가문 자손들을 초대했다. 실비아는 거의 말을 하지 않아, 초반에는 잠정적인 구혼자들의 관심을 끌어들이지 못했다. 그렇지만 그녀 가문의 돈은 최음제임이 입증되었다. 점점 시간이 지나면서 많은 사람이 실비아 주위로 몰려들었다. 하지만 아무도 신뢰하지 않는 헤티는 특히 '유한계급 사람들'을 믿지 않았다.

1894년 12월, 〈뉴욕 트리뷴〉은 '상류층 클럽에 잘 알려진 젊은 남자'로 묘사한 저명한 은행가의 아들인 이름을 알 수 없는 구혼자가 실비아에게 프러포즈했다고 보도했다. 정보제공자에 따르면, 젊은이는 뉴포트로드아일랜드 주 동남부의 항구도시에서 실비아에게 지대한 관심을 보여 왔다고 했다. 기자는 실비아를 '평범하고 조용하고 지적인'으로 묘사했고, 실비아도 최근에 그 젊은이에게 호감을 표시했다고 전했다.

뉴욕에 있는 헤티도 뉴포트의 로맨스 소식을 접하게 되었고, 실비아를 집으로 불러들여 그녀의 휴가를 끝내게 했다. 실비아는 자신들이 집이라고 칭하는 브루클린호텔에 도착했다. 헤티는 그녀에게 이런 말을 했다.

> 나는 뉴포트에서 네가 만나는 젊은이에 대해 몇 가지 알아보았다. 그 젊은이는 아주 멋지고 예의도 바른 사람이더구나. 하지만 그의 아버지가 없었다면 이 세상은 그에 대해 어떠한 것도 알지 못했을 것이다. 그는 아직 한 푼도 벌지 않았고 돈의 가치도 제대로 알지 못하는 것 같다. 실비아야, 나는 평생 두 눈을 똑바로 뜨고 살아왔다. 그리고 지금 여기서 내가 하고 싶은 말은, 넌 내 동의 없이는 사교계 남자와 결혼할 수 없다는 것이다. 나는 네가 결혼해서 행복하게 가정을 가꾸는 것을 보고 싶다. 하지만 네가 가난하더라도 정직하고 성공을 향해 열심히 정진하

는 제대로 된 신념을 가진 남자와 결혼하기를 바란다. 나는 그 사람이 올바른 성격의 소유자라면 고작 100달러만 가졌다 해도 상관하지 않는다. 너는 평생 쓰고도 남을 돈을 갖게 될 것이니, 돈을 보고 남편감을 찾을 필요는 없다. 자, 이제 내가 뭘 원하는지 알았으니, 나는 뉴포트에 있는 현재 상황에 만족해하며 아버지 돈으로 생활하는 젊은이에 대해서 더는 아무런 소문이 들리지 않기를 바란다.

〈트리뷴〉에 축어적으로 실린 이런 감동적인 말의 출처는 명확하지 않다. 상세한 내용을 제공해준 '정보제공자'는 믿을 수 없을 만큼 예민한 귀와 좋은 기억력을 갖고 있어서, 사적인 대화를 엿듣는 것이 그리 어려운 상황은 아니라고 했다. 어쨌든 이 말에는 솔직함에서부터 익살에 이르기까지, 철두철미한 헤티가 재산을 상속받고도 이를 경영하지 못하는 젊은이에 대한 경멸이 살짝 담겨 있다. 그녀는 자신이 한 것처럼 열심히 일을 해서 재산을 늘려야 한다고 생각했다.

12장

여객선을 타고

❋

그녀가 사는 브루클린에 점점 더 관심이 쏠리자, 헤티는 다른 곳을 찾기 시작했다. 맨해튼에서는 생활비가 너무 많이 들기 때문에 허드슨 강 서쪽의 브루클린을 선택한 것이었다. 1895년 헤티가 처음으로 아파트를 임대한 뉴저지 호보컨은 이민자들이 모여 사는 소박한 마을로, 주로 독일이나 아일랜드 후손들이 살고 있었다. 호보컨은 18세기에 로어 맨해튼으로 여객선 서비스를 정기적으로 제공한 이후로 쇼핑의 중심지로 부각되었다. 몇 년간 승객들은 뉴저지 마을로 향하는 '모리스타운'과 '몬트클레어' 같은 외륜外輪증기여객선을 타고 3킬로미터 길이의 허드슨 강을 건넜다. 하지만 1898년 미래를 내다보고 호보컨은 「버젠」이라는 선박을 추가로 도입했다. 이것은 이중 스쿠루(프로펠러) 추진력을 갖춘 세계 최초의 증기여객선으로, 스피드와 장거리에서 육중한 외륜선과는 비교가 안 되는 엄청난 발전이었다.

헤티에게 품질 좋은 여객선 서비스는 호보컨을 선택한 세 가지 중요한 매력 중 하나였다. 다른 두 가지는 값싼 집세와 일시적으로나마 브루클린의 세금징수원과 기자들에게서 벗어날 수 있다는 것이었다. 그녀는 평범하게 말하는 사람들과 열심히 일하는 사람들을 좋아했다. 그녀가 새로 이사한 마을 사람들은 실제로 열심히 살았다. 그러나 호보컨에서 남은여생을 그곳 주민으로 살면서도 그녀는 계속해서 벨로스폴스에서 보딩하우스boardinghouse 식사가 제공되는 집-옮긴이로, 맨해튼의 호텔로, 브루클린으로, 롱아일랜드로, 보스턴으로, 뉴저지의 모리스타운 등지로 옮겨 다녔다. 그녀는 한 장소에 거주민으로 결코 오래 있지 않았다. 1890년대 중반부터 헤티의 마지막 해인 1916년까지 호보컨과 이웃 마을 저지시의 연감 인명록에는 그린이라는 이름을 가진 사람들이 몇 명 있었다. 명부에는 장부기록원 아비 그린, 재단사 한나 그린, 미망인 마가렛 그린, 건물 관리인 클레이본 그린이 있었다 하지만 그 유명한 그린의 이름은 그 어느 곳에도 찾아볼 수 없었다.

그러나 호보컨의 주민들은 거리에서 헤티의 모습을 보는 것에 익숙해져 갔다. 그녀는 몇 년간 여러 아파트를 전전하며 다녔다. 주로 이 도시의 북부 끝에 있는 건물 두 군데서 살았다. 하나는 커다란 6층짜리 벽돌 건물로, 1309년에 블룸필드스트리트에 지어진 것이고, 다른 하나는 워싱턴스트리트를 따라 강과 가까운 곳에 지은 2층짜리 건물이다. 헤티가 임대한 아파트들은 항상 검소했지만, 건물 자체는 크고 잘 지은 당시로는 현대식 건물이었고, 둘 다 아직도 사용되고 있다. 워싱턴스트리트에 있는 건물은 12번가와 13번가 사이의 완전히 한 구획을 점령하고 있어서 특히 더욱 유명하다. 공식적으로는 엘리시안 아파트라는 이름인데, 헤티가 살던 시절에 일반적으로 벽돌이 노란빛을 띠었다 해서 '옐로우 아파트Yellow Flats' 로 더 많이 알려졌다. 가끔은 '버락스The Barracks' 라고 부르는데, 아마도 외벽에 무늬를 넣은 벽돌로 장식

∥호보컨의 헤티가 살던 아파트 뒷 모습

해, 군대 건축물처럼 보이기 때문인 것 같다.

꼬치꼬치 캐묻기를 좋아하는 감시인을 피하려고 헤티는 옐로우 아파트 입구 전기 버저 옆 명패에 'C. 듀이'라는 이름을 써놓았다. 이것은 그녀의 개인적인 조크였다. 듀이는 그녀의 애완 강아지 스카이 테리어의 이름이었고, 'C'는 'Cutie귀여운'의 약자로, 강아지 닉네임으로 많이 쓰는 이름 중 하나였다. 기자들이 브루클린에서처럼 부득이하게 호보컨에 있는 그녀를 찾아내게 될 때면 그녀는 때때로 뒤 계단으로 돌아가서, 건물 뒤의 폭이 널따란 골목으로 우회하여 조용하게 거리로 발을 내디뎠다.

그녀는 이 기간에 방 5개에 증기난방이 들어오는 옐로우 아파트 3층을 한 달에 23달러를 주고 사용했다. 이 아파트에 있는 작은 응접실은 가로 3미터 세로 2.4미터 정도 되었는데, 그녀는 작은 창문 옆 가스등의 불꽃이 꺼지지 않을 정도로 가장 약하게 해놓았다. 방 벽에는 아름다운 이미테이션 장미 부케가 장식품으로 걸려 있었다. 헤티는 방문객

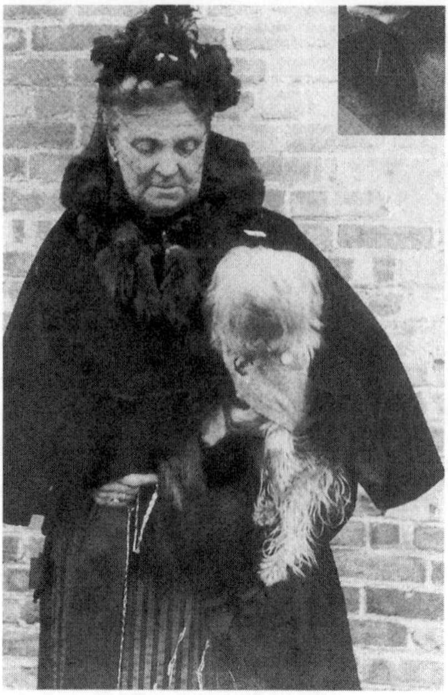

‖ 사랑하는 강아지 '듀이' 와 함께

들에게 그것을 시카고에서 1달러에 샀다고 자랑스럽게 말했다. "진짜 장미를 사려면 그 20배는 주어야 하죠. 거기다 생화는 일주일도 채 가지 않는다고요. 하지만 이것은 아직 10년은 더 갈 거예요." 그녀가 말했다. 부케 근처에 네드의 사진 두 장과 스물여섯 살 시절의 자신의 초상화, 그리고 강아지와 고양이 사진 몇 장이 걸려 있다. 방 안의 가구는 단순했다. 긴 소파와 작은 테이블 주위에 배열된 의자 세 개가 있었다.

헤티의 하루 일과는 단순해서 예측하기 쉬웠다. 아침마다 그녀는 일찍 일어나서 가벼운 아침식사를 했고, 비가 오건 햇볕이 나건 짧은 산책을 하고, 맨해튼으로 가는 아침 7시 여객선을 타려고 항구로 나갔다. 그녀는 배 타는 것을 즐겼다. 물은 뉴베드퍼드 시절을 상기시켜주었다. 웨스트 14번가에서 내려서 그녀는 대중 전차를 타고 시청 광장이 있는 브로드웨이의 케미컬내셔널뱅크 사무실로 간다. 그녀는 변함없이 은행에 가장 먼저 도착해서 은행의 후미진 좁은 모퉁이 창문 옆 책상에 가서 앉는다. 은행 직원 책상에 자리가 하나 둘 채워지면서 헤티와 고객들 사이에 직원들이 일렬로 앉아서 바리케이드를 형성한다. 헤티는 지급기일이 된 이자표bond coupons를 떼어내면서 하루 일과를 시작한다. 그녀는 투자에 대해 은행 측 대리인과 이야기를 나누고, 메일을 확인한다. 편지는 대부분 집보다는 은행으로 배달된다. 개인과 단체가 돈을 인출하겠다는 요청은 아직 우편에 의존하고 있었다. 그녀는 즉시 이 대부분을 처리한다. 은행을 떠나 월스트리트로 볼일을 보러 나갈 때 그녀는 이따금 알아보는 사람을 피하려고 보닛 테두리에 얇은 검은색 베일을 두른다.

그녀는 몇몇 근처 식당에서 서둘러서 약소한 점심을 먹는다. 베일을 썼는데도, 사람들은 가끔 그녀를 알아본다. 레스토랑과 관련된 것도 헤티의 전설적인 소재이다. 어떤 비즈니스맨이 〈타임스〉에 목격담을 털어놓았다. 그는 다운타운 레스토랑에서 점심을 먹는 중이었는데, 그때 추레한 드레스를 입은 여성이 들어와 앉았다고 했다.

"웨이터, 나는 30센트짜리 최고의 스테이크를 먹고 싶어요."

"여긴 30센트짜리 스테이크가 없는데요, 마담."

"30센트짜리 스테이크가 없다고요! 날 위해 준비할 게 없다고요?"

"그렇습니다, 마담."

"그럼, 차는 얼마인가요?"

"10센트입니다."

"10센트라고요! 으음, 차가 너무 비싸군. 그럼, 스튜는 얼마인가요?"

"15센트입니다."

"좀 깎아줄 수 없나요?"

"안됩니다, 마담."

"음, 그럼, 차와 버터를 바르지 않은 토스트하고, 스튜를 갖다 줘요."

식사를 다 마친 그 여성은 30센트를 지급하고, 팁도 주지 않았고, 식사 값이 겨우 25센트의 가치밖에 하지 않는다며 투덜거리면서 밖으로 걸어나갔다. 웨이터도 불평하면서 다른 방향으로 걸어갔다. 비즈니스맨은 식사를 마친 후, 나간 사람이 누구인지 물어보았다.

"헤티 그린입니다."

우연히 헤티와 마주친 다른 웨이터들의 이야기도 비슷하게 화려하지만, 갈등 상황은 다소 적다. 그녀는 웨이터 루이스 라프렌치가 류머티즘 때문에 불평하는 소리를 듣고 믿을만한 치료법을 이야기해줬다. "날달걀 두 개를 깨어, 껍질째 식초 400밀리리터에다 넣어요. 그런 후 같은 양의 알코올을 추가하여 완전히 섞으세요. 그것을 아픈 곳에 발라서 잘 문지르세요." 헤티가 이런 치료법을 알려주었다. 몇 년이 지나서 그는 보스턴의 레녹스 호텔의 부지배인이 되었고, 예전에 그 사건을 생각하고는 즐거워했다. 헤티가 처방해준 그 혼합물이 다리가 아플 때 바르면 기가 막히게 잘 들었다고 했다. 그는 또한 이 레시피는 헤티가 '팁 대신' 에 준 것이라고 무미건조하게 말했다.*

헤티는 보통 은행에서 맨 마지막으로 퇴근한다. 겨울에 그녀는 여객선을 타고 늦게 집으로 돌아와서 8시에 그녀의 작은 식당에서 실비아

---

* 이 처방은 매사추세츠 뉴베드퍼드의 켄달 학회에가 옛 신문에서 오려낸 기사를 정리 보관해 놓은 것. 신문에서 오린 기사는 어느 신문인지, 날짜가 언제인지 확인이 되지 않음

와 저녁을 먹는다. 실비아가 없으면 듀이하고만 저녁을 먹는다. 강아지는 라이스 푸딩과 설익은 비프스테이크를 아주 잘 먹는다.

이런 일상적인 헤티의 여러 가지 가정생활 엿보기는 의욕적인 레이 미첼 호지스라는 젊은 저널리스트에 의해서 보도되었다. 1899년, 호지스는 〈캔자스시티스타〉에서 갓 독립한 〈레이디스홈저널〉 전속작가로, 주급 50달러를 받고 일했다. 그가 일을 시작한 지 얼마 안 되어 편집장 에드워드 복이 그를 테스트하는 임무를 주었다. 그것은 거의 불가능한 일로 생각되는, 유명한 헤티 그린을 깊이 있게 인터뷰해오라는 것이다. 헤티가 호텔의 복도나 심리법정에 몰려드는 기자들에게는 다소 관대한 경향이 있다고는 하지만, 그것도 지나가면서 인용문 정도에 지나지 않을 뿐이었다. 호지스는 우선 케미컬뱅크에 가서 그녀를 만나보려고 했다. 은행에 방문하겠다는 카드를 보내놓은 상태지만, 답장은 오지 않았다. 한 은행 직원의 제안에 따라, 호지스는 헤티가 하루 업무를 마칠 때까지 밖에서 기다렸다가, 그녀를 따라 배를 탔다. 헤티가 자리를 잡고 앉았다. 그는 다가가서 헤티 그린이 맞느냐고 물었다. 그녀는 그를 빤히 응시하더니 아무 말도 하지 않았다. 그는 사죄를 하고 슬금슬금 물러나왔다. 이후 그는 조심성 있게 그녀의 뒤를 밟아, 그녀가 호보컨의 한 아파트 건물로 들어가는 것을 보았다. 1달러를 슬쩍 집어주고 건물 관리인에게 'C. 듀이'의 비밀을 전해 들었다. 호지스는 벨을 누른 후 기다렸다. 아무런 응답이 없었다. 끈질긴 젊은 기자는 이것을 2주나 계속하며 서로 다른 시간대에 와서 벨을 눌러댔다. 마침내 건물 안으로 들어와도 좋다는 허락이 떨어졌다. 그는 위층으로 올라가 'C. 듀이'라는 문패가 걸린 현관문 앞에 서서 노크를 했다.

문을 열고 나온 헤티가 날카롭게 물었다.

"당신, 도대체 누구야? 뭘 원하는 거야?"

호지스는 따귀라도 한 대 얻어맞을 각오로 자신의 신분을 밝혔다. 그런데 뜻밖에 헤티는 그를 응접실로 들어오게 했다. 그녀는 그의 끈질김에 감명받았다. 두 사람은 앉았고, 상냥한 기자의 말투에 그녀의 서릿발 같은 싸늘한 의심이 녹아내렸다. 그녀는 느긋이 앉아서 그와 두 시간 이상 대화를 나누었다. 그녀는 어린 시절에 할아버지와 아버지 무릎에 앉아서 비즈니스 교육을 받았던 것, 보스턴에서 학교에 다니던 시절, 투자와 돈에 대한 그녀의 이론 등에 대해 이야기했다.

인터뷰를 하는 동안 호지스는 긴 소파에 헤티와 나란히 앉았는데, 그 사이에 듀이가 있었다. 긴 소파는 '허름한 마포소파' 였다. 헤티는 인터뷰 내내 듀이를 '디어리dearie 귀여운 것' 라 부르며 사랑스럽게 어루만졌다.

분명히 호지스는 헤티에게 홀딱 반했다. 다른 사람들이 알고 있는 무시무시한 그녀의 명성과는 다르게, 놀랍게도 그는 그녀에게서 엄하거나, 날카로운 얼굴 표정은 발견하지 못했다. 반대로 기묘하게 젊어 보이는 이 여성은 순발력 있는 유머 감각을 지녔고, 긴장을 풀었을 때는 따뜻한 미소를 지었다. 호지스는 다음과 같이 보도했다.

> 그녀의 얼굴은 어느 정도 남성적 특성이 있어 강했지만, 목소리는 낮고 여성스러웠다. 그녀의 움푹 파인 깊은 두 눈은 푸르스름한 회색을 띠었고, 마치 금속이라도 뚫을 것처럼 예리했다. 두 눈은 사정거리 안에 있는 그 어느 것도 놓치지 않았고, 대화 속에서 좀더 대담하게 드러나는 예리한 유머감각으로 반짝거렸다. 그녀의 두 눈은 어린 아이의 눈처럼 밝게 빛났고, 두 뺨은 장밋빛을 띠었다. 세월과 세상사로 말미암아 이

마와 입 주위에 깊은 주름만 아니라면, 아무도 그녀가 65세라는 것을 믿지 않을 정도였다.

호지스는 헤티에게 사교계에 들어갔으면 그곳에서 여왕이었을 텐데, 왜 사교계를 피했는지를 물었다. "나는 사교계를 인정합니다. 젊었을 땐 나도 사교계에 한참 다녔지요. 나는 사교계가 일부 부유한 사람들을 널리 알리는 것을 의미한다고 생각하지 않아요. 나는 뉴욕의 거대한 저택에 살면서 온종일 잠만 자는 삶은 한심하다고 생각해요. 그들에게는 진정한 즐거움이 없는 셈이죠."

헤티가 재정적 적들에게 냉혹하긴 했어도, 호보컨에서는 다정한 이웃이라고 많은 사람 사이에 평판이 자자했다. 옆집에 사는 독일 여성이 아팠을 때 헤티는 밤새 그녀를 지켜주며 간호해 주었다. 그녀는 이웃 어린이들에게 저금통에 1달러를 넣어서 주었다. 몇 주 후에 아이들에게 저금통을 갖고 오게 하여, 그 저금통에 1달러 이상이 들었다면, 그것은 아이들이 돈을 써버리지 않고 저금한 것이 입증되기에, 1달러를 더 기부하였다. 어떤 젊은 부부는 그녀에게 경의를 표하고자 자신들이 낳은 아기 이름을 헤티로 지었다는 편지를 써서 보냈다. 헤티는 신생아 저금통에 1달러를 넣어서 선물로 보냈다.

그녀는 저명한 호보컨 시민들과 친구로 지냈다. 대표적으로는 제임스와 마이클 스미스 형제가 있었는데, 그들은 아일랜드 이민자로 가게를 운영해 부를 축적했다. 제임스 스미스는 이 도시 재무담당으로 조만간 헤티의 유언장에 서명하는 증인으로 역할을 하게 된다. 헤티는 마이클 스미스를 기꺼이 도왔다. 그는 사치스러운 삶을 꿈꾸었다. 마이클은 허드슨스트리트의 브라운스톤 저택 바닥에 상감象嵌 세공을 했고, 놋쇠장식을 새겼고, 벽과 천장에 회반죽을 발랐다. 섬세하게 조각한 목공품이 집안 전체를 장식했다. 특히 식당에는 목공품의 절정을 이루었다. 직접 손으로 조각한 어마어마하게 큰 중국제 장식장이 벽 전체를 둘렀고, 천장에는 더욱 정교한 조각물들로 덮여 있었다. 호보컨에는 저렴하고 재능 있는 유럽 노동자들이 꾸준히 공급되고 있는데도, 마이클 스미스의 소비가 워낙 크다 보니 그는 자주 현금이 부족했다. 스미스의 회계장부를 들여다보면 7년간에 걸쳐 헤티에게 적어도 1천 6백 달러를 상환했다. 이 자료는 현재 이 집에 사는 사람들이 다락방에서 썩고 있는 것을 찾아낸 것이다.

헤티는 벨로스폴스에 있을 때처럼 호보컨에서도 전설적인 존재였다. 호보컨에서 헤티에 관해 가장 대표적으로 전해 내려오는 이야기는 1903년 시절 강아지와 관련된 것이다. 이때 그녀는 강아지를 키우는 세금으로 2달러를 내지 않았다고 지방법원 판사에게 소환된 후, 성을 벌컥 내며 이 마을을 떠났다. 맨 처음에 헤티는 이미 듀이는 뉴욕에서 허가를 해주었기에, 호보컨에서는 세금을 내지 않아도 된다고 생각한다고 주장했다. 그다음에는 그 개가 어쩌다 한 번씩 들리는 실비아의 것이라고 주장했다. 판사는 조금도 동요하지 않았다. 최대 25달러라는 벌금을 내게 생긴 헤티는 마지못해 안면이 있는 찰스 가하간을 내세워 위생국에 2달러를 지급했다. 이 사건에 질색한 헤티는 짐을 꾸려 시카고로 떠났다. 떠나면서 그녀는 다른 마을을 알아보겠다고 맹세했다.

> 미시즈 헤티 그린은 호보컨을 떠났다. 미시즈 그린이 그곳에 있었던 마지막 한 달 남짓 기간의 경험은 그녀를 기쁘게 해주지 않았다. 그녀의 친구가 어제 말하기를, 그녀는 호보컨으로 돌아가고 싶지 않다고 했다.

〈타임스〉가 4월에 전했다. 하지만 잠시 멀리 떨어져 있자, 먼 거리가 헤티의 화를 진정시켰고, 그녀는 돌아왔다.

3년 후, 그녀가 호보컨 전차에 탔는데, 잔돈이 부족하다는 것을 알았다. "나중에 사무실로 요금을 갖다 줄게요. 저 뒤에 앉은 집배원이 나를 보증해줄 겁니다." 그녀는 차장에게 말했다. 집배원이 고개를 끄덕이자, 차장은 헤티의 요금을 자기 돈으로 내었다. 다음날 헤티는 5센트짜리 니켈을 들고 전차 사무실로 찾아갔다. 그녀는 영수증을 요구했다. 차장 조지 크렐은 기념으로 그 니켈을 보관했다.

세월이 흐르면서 헤티와 에드워드는 다시 마음의 문을 열었다. 헤티가 1890년대 중반에 호보컨으로 왔을 당시, 이제 70줄에 접어든 에드워드는 점점 노쇠해졌다. 네드는 텍사스에 있고, 실비아는 뉴욕과 뉴포트에서 애니 리어리와 점점 더 많은 시간을 보내게 되자, 헤티는 그를 돌보는 일에 주력했다. 그들의 결혼 생활이 정통적이지는 않았다 하더라도 헤티와 에드워드는 결혼한 지 30년이 넘었고, 헤티는 절대로 가족의 유대를 완전히 끊지 않았다. 에드워드는 여전히 뉴욕의 유니언클럽에서 많은 시간을 보냈지만, 가끔 호보컨에 있는 헤티의 위층 아파트에서 살기도 했다. 헤티는 뉴욕에서 일하고 집으로 돌아오면, 그를 찾아가 저녁 신문을 읽어주었다.

에드워드 그린의 마지막 몇 해는 조용하고 평온했다. 뉴베드퍼드의 변호사 겸 정치가, 그리고 비즈니스맨인 윌리엄 윌리스 크레이포는 삶의 많은 부분이 이런저런 일로 헤티와 엮이었다. 어느 날 저녁, 그는 뉴욕에서 헤티와 에드워드를 보았다. 크레이포는 철도경영자 회의에 참석고자 뉴욕에 왔다. 로어 맨해튼의 보딩하우스에 임시로 묵고 있는 헤티는 크레이포에게 메모를 보내, 중요한 일로 한번 보고 싶다는 뜻을 표현했다. 크레이포는 회의가 끝나는 마지막 날에 들르겠다고 약속했다. 그가 헤티를 찾아갔을 때 에드워드가 보딩하우스 거실에 헤티와 조용하게 앉아 있는 것이 보였다. 크레이포가 자리에 앉자, 헤티는 고 에드워드 D. 먼델과 고 닥터 고든(실비아 이모의 주치의 겸 수탁인), 다양한 뉴베드퍼드의 인물들(모두 다 크레이포의 친구들)에 대해 아주 친숙한 통렬한 비난을 하기 시작했다. 그녀는 이들이 금융적으로 죄가 있다고 여겼다. 헤티는 손에 성경을 들고 적들을 향한 신성한 앙갚음이라고 느낀 밑줄 친 구절을 읽었다. 크레이포는 자신을 여기까지 오게 한 '중요한 일'이 헤티가 분통을 터트릴 기회라는 것을 깨닫자, 아예 편안히 자리를 잡고 그녀가 진정될 때까지 인내심을 가지고 경청했다.

잠시 후, 그는 일어섰다. 에드워드도 클럽으로 탈출해야할 기회라는 것을 감지하고 일어섰다. 얼마 후, 두 노인은 계단을 내려와 어둠 속으로 발을 내디뎠다. 그들은 각각 전차를 타려고 브로드웨이로 향하는 11번가를 걸었다. 그린이 전차를 타면서 크레이포를 바라보며 말했다. "여자들은 참 기묘해요." 이것은 그린이 그 밤에 처음으로 던진 말이었다.

윌리엄은 미소를 지으며 그의 뒤에다 말했다.

"일부만 그렇죠."

헤티와 에드워드는 터커하우스에서 1900년 여름을 함께 보냈다. 그들은 헤티의 가장 지독한 앙숙이 임종했다는 소식을 함께 들었다. 그해 여름 8월에 콜리스 P. 헌팅턴과 그의 두 번째 아내 아라벨라는 아디론댁족의 라켓 호수로 향하는 개인 기차에 승차했다. 그곳에는 '파인낫 별장Pine Knot Lodge'이라 불리는 헌팅턴의 여름 별장이 있었다. 그는 이 건물을 35만 달러를 들여서 지었다. 79세로 여전히 건장하고, 어

‖ 콜리스 포터 헌팅턴(서부철도의 거두로 헤티의 맞수)

느 모로 보나 헤티만큼 일 중독인 헌팅턴은 8월 13일 아침을 비서 조지 마일즈와 일을 하며 보냈다. 오후에 그는 별장 주위를 한 바퀴 돌았고, 몇몇 친구들과 그의 모터보트 윈온타를 타고 크루즈를 즐겼다. 저녁에 헌팅턴은 이웃 대여섯 명을 초대해 저녁을 같이 먹었다. 여름에 건강을 의식한 헌팅턴은 육식은 하지 않았다(날씨가 너무 덥기 때문이라고 그는 말했다). 그는 담배도 피우지 않았고 술보다는 차를 더 즐겼다. 그는 종종 50번째 생일 이후로는 증류주조차 맛보지 않는다고 호언장담했다. 밤 11시경 헌팅턴은 손님들에게 굿나잇 인사를 하고 잠자리에 들었다. 잠시 후에 마일즈와 아라벨라는 끙끙거리는 소리를 듣고 그의 방으로 달려갔다. 헌팅턴이 의식을 잃은 채 쓰러져 있었다. 그는 자정이 되기 바로 직전에 죽었다. 사망 원인은 뇌일혈이었다.

헌팅턴의 장례식은 대궐 같은 5번가 집에서 치러졌다. 전체 서던퍼시픽 시스템, 모든 무개화차, 객차, 기관차는 그를 기리고자 7분간 운행을 정지하고 멈추어 섰다. 헌팅턴에 의해 잠자는 도시에서 세계에서 가장 거대한 조선소로 탈바꿈한 버지니아 주의 항구도시 뉴포트는 그 날 모든 운항을 중지했다. 신문 사설은 헌팅턴의 용기, 불굴의 의지, 열정에 대해 보도했다. 그들은 그의 책임지지 못할 식언과 종종 의회와 떳떳하지 못한 거래, 경쟁자들과 해운업자, 농부들을 대상으로 펼친 무자비한 전술 등에 대해서는 전혀 언급하지 않았다. 그들은 놀라운 프로젝트를 완성하도록 지도하는 그의 실질적인 능력과 확고부동함에 대해서만 침이 마르게 칭찬을 늘어놓았다.

에드워드는 터커하우스에서 이 소식을 처음 들었다. 헤티가 손에 신문을 쥔 채 방으로 뛰어 들어와 승리의 환호성을 질렀다. "그놈의 늙은 악마 헌팅턴이 죽었어요. 죄의 대가를 치른 거라고요."

에드워드는 헤티와 시간을 보내든지 혼자 있든지 하며 2년을 더 살았다. 1901년 여름에 에드워드는 건강이 급속도로 나빠져서 생애 마지막을 보내고자 벨로스폴스로 향했다. 네드는 텍사스에서 개인 기차를 보내와 아버지의 마지막 여행을 화려하게 에스코트했다. 벨로스폴스에는 그가 위독하다는 말을 듣고 방문객들이 줄을 이었다. 에드워드는 조용히 침대에 누워 창가를 통해 버몬트Vermont 푸른 산-옮긴이란 이름이 생기게 한 코네티컷 강을 따라 완만하게 굽은 푸른 언덕을 바라보았다. 위대한 잭 애덤스가 운하에 빠진 자신을 건져주던 시절이 떠올랐다.

10월 초, 그린은 신장에 염증이 생겨 심한 발작을 일으켰다. 의사들은 그의 삶이 며칠밖에 남지 않았다고 했다. 헤티가 뉴욕에서 와 한 달간 아버지 옆을 지킨 실비아와 합류했다. 네드도 텍사스에서 와서 며칠 머물렀으나 화급을 다투는 문제가 발생하여 텍사스로 돌아갔다. 헤티 또한 어쩔 수 없이 일 속에 파묻혀야만 했다. 케미컬은행에서 내어

준 비서와 몇몇 직원들이 터커하우스에 머무르면서 수시로 헤티를 호출했다. 의사의 예상과는 다르게 그린은 다소 소생하는 듯했다. 헤티는 사업차 꼭 필요할 때만 잠시 뉴욕에 갔다 왔고, 대부분은 그를 돌보면서 보냈다. 그녀는 에드워드를 편하게 해줄 수 있는 일이면 무엇이든 했다. 죽음의 그림자가 집 전체에 드리워지자, 헤티와 에드워드 사이에 애정이 다시 싹트기 시작했다. 돈 때문에 지독하게도 싸웠던 시절은 이제 사라졌다. 완전히 잊히지는 않겠지만. 그들은 이제 인생의 마지막에 직면한 두 노인이었다. 훗날 헤티는 이때가 유난히 긴장이 많은 시기였다고 털어놓았다. 에드워드가 죽은 지 거의 2년이 지나서, 매사추세츠 친구가 자신의 병에 대해 불평하는 편지를 쓴 1904년 1월 5일 소인이 찍힌 편지에서 이렇게 응답했다. "미스터 그린의 병과 죽음, 긴장한 채로 뉴욕에서 버몬트까지 오르락내리락, 그리고 한밤중에 세 번쯤은 눈을 뜨고 간호사가 깨어 있는지 아닌지를 확인하기…… 나도 무척 힘들었어."

1902년 3월 19일 수요일, 그린은 평화롭게 80세의 일기로 숨을 거두었다. A. L 마이너 검시관은 사망 원인을 만성신장염과 심장병이라고 진단했다. 그는 토요일 오후에 임마누엘 교회의 작은 묘지에 묻혔다. 그곳은 그린 조상이 대대로 묻힌 곳이다. 그의 운구를 나르는 사람들 중에는 마을 사람 4명과 그의 뉴욕 주치의가 포함되었다. 일 때문에 줄곧 텍사스에 있던 네드는 아버지의 장례식에 참석하지 못했다. 헤티는 에드워드의 사촌인 보스턴에 사는 프랭크 그린에게 에스코트 받았다. 조문객들이 많은 꽃다발을 보내왔지만 헤티의 것보다 인상적인 것은 없었다. 그녀는 엄청난 돈을 들여 월계수와 부활절 장식용 백합으로 커다란 원형 꽃다발을 만들어왔다. 다른 조문 물품 중에는 실비아와 네드가 보낸 베개가 있었는데, '아버지'라는 글자가 새겨져 있었다.

19세기가 얼마나 거칠고 분투를 요하는 제한된 삶이었는지를 고려해본다면, 그린은 벨로스폴스 출신의 그 어느 누구보다 풍요로운 삶을 살았다. 1902년 에드워드가 죽은 같은 시기에 생명을 잃은 마을 사람 중에는 가을에 척추를 다친 71세의 노동자, 일하는 도중 기진맥진해 졸도한 75세의 석공, 열여섯 살도 안 된 아이들 세 명과, 태어나자마자 죽은 아기 다섯 명이 포함되었다. 하지만 그가 편안하고 장수를 누렸다고는 하나 후미에는 그도 부인할 수 없는 삶의 우울함이 있었다. 그는 초년에 많은 재산을 모았지만 몹시 괴로울 정도로 모든 것을 다 잃었다. 그 후로 그는 거의 존재조차도 하지 않는 듯했다.

에드워드는 사망 시 현금으로 5,500 달러가 약간 넘는 돈을 남겼다. 그의 부동산은 작은 집과 그의 아버지 고향인 매사추세츠 멘델의 토지로, 가치는 1,500달러 정도 나갔다. 다른 사소한 재산에는 대부분 헤티에게 압류당한 것들이 많았다. 가치가 300달러 정도 나가는 손목시계와 줄, 반지 몇 개도 있었다. 가장 가슴에 사무치는 것은 그의 어머니 유화 초상화로, 가치는 200달러 정도 나갔다. 마지막 항목으로는 에드워드 그린이다. 한때 75만 달러의 재산을 자랑으로 여겼던 그는 가치가 22,509달러 75센트였다.

〈뉴욕타임스〉는 그의 사망 기사를 실었다.

헤티 그린의 남편 사망

세상에서 가장 부유한 여성의 남편이라는 특징을 제외하면 에드워드 그린은 대중적으로 거의 알려지지 않은 인물이다. 그는 지난 몇 년간 병상을 지키며 버몬트 주 벨로스폴스의 자택에서 생활을 해왔다. 이 가족과 관련된 모든 비즈니스는 그의 아내가 처리하기 때문에 사람들은 그를 거의 알지도 만나지도 못했다.

에드워드가 죽은 지 두 달이 채 안 된 5월, 헤티는 뉴욕으로 돌아와, 케미컬내셔널뱅크 직원을 동반하고 뉴욕시의 레너드스트리트 경찰서로 갔다. 기자들 한 무리도 그녀를 따라갔다. 그녀는 권총을 소지하는 걸 허락해 달라고 했다. 그녀는 캘리포니아 농부들에게 선물로 받은 연발 권총을 아주 오랫동안 소유하고 있었다. 하지만 지금 그녀는 거리를 돌아다닐 때 자신을 보호하고자 무장하기를 원했다.

"내가 부자라서 일부 사람들이 날 죽이려 할지 몰라요."

헤티는 당황한 내근 경사 아이작 프랭크에게 말했다.

프랭크 경사가 그녀에게 권총을 들고 다니는 것이 자신을 보호해줄 수 있다고 믿느냐고 물었더니, 헤티는 대답했다. "물론이죠. 나는 사람들이 내가 총을 갖고 있다는 것을 알길 바라요. 나를 아는 사람은 누구든지 내가 그것을 사용할 능력이나 용기가 있다는 것을 당연히 믿을 겁니다. 나는 평범한 상황에서는 충분히 스스로 돌볼 수 있어요. 하지만 부자를 노리는 살인자들이 너무 많은 탓에, 끊임없이 신분의 위험을 느낍니다." 헤티가 덧붙여 말했다.

헤티는 신청서를 완성했다. 프랭크 경사는 헤티가 무장할 필요가 없다고 여겼다. 그런데도 5월 8일, 헤티 그린은 권총허가번호 1854의 주인이 되어 레너드스트리트 경찰서를 나왔다. 권총허가신청서를 쓴 다음 날 〈타임스〉는 뉴욕에서 여성에게 총을 휴대할 수 있도록 허락한 것은 극히 드문 일이었다고 지적했다.

〈타임스〉기자는 케미컬뱅크로 가는 그녀를 따라갔다. 헤티는 그곳에서 물음에 대답했다. "네, 나는 총을 갖고 있어요. 그것을 사용하는 방법도 알고 있어요. 나는 종종 위협을 받고 있어요. 사람들은 내가 돈이 많다는 것을 알고 있고, 내가 자신들의 위협에 질겁할 거로 생각하죠. 하지만 턱도 없는 소리죠."

기자들이 그녀의 말을 받아 적고 있는 와중에 헤티는 생명이 위협받고 있다는 기괴한 주장을 좀더 늘어놓았다. 그녀는 뉴베드퍼드에서 취객이 접근해서 10만 달러를 요구하기도 했고, 자기 아버지에게 그랬던 것처럼 마을 밖으로 데리고 나가 죽이겠다고 협박했다고 주장했다. 또 브루클린의 세인트조지 호텔 밖에서도 한 남자한테 협박을 받았는데, 나중에 알고 보니, 그는 어느 은행가를 총으로 쏴서 죽였다고 했다. "그녀석이 내게도 똑같이 행동한다면 뇌에 구멍을 내주고 말 겁니다." 그녀가 말했다. 이 외에도 더 괴상망측한 주장을 늘어놓았다. 죽은 지 6주 된 에드워드가 살해당했다고 했다. "나는 그가 수은중독이었다고 확신합니다." 그녀가 말했다. 누군가가 왜 돈도 거의 없이 죽어가는 81세의 늙은이를 죽이기를 원하는지에 대해 그녀는 "사람들은 그가 방해가 되지 않기를 원했어요"라는 말 외엔 다른 말은 하지 않았다.

신문 사설란에는 헤티의 총기 허가에 대해 비판적인 견해를 밝혔다. 헤티를 다루는데 늘 우호적이었던 〈브루클린 데일리 이글〉은 5월 9일자 사설에서 그녀의 총기 허용은 총을 남용하게 할 징후로, 이 도시가 약간 정신이 나갔다고 지적했다.

> 이 도시에서 어제만 해도 한 명의 살인마와 두 명을 자살하게 한 불법 총기 소지는 당국에 의해 근절되어야 한다. 총기를 들고 다니면 일종의 처벌 형식이 있다고는 하지만 그것을 팔고 사고할 완벽한 자유를 주는

것이고, 폭력배나 강도는 스스로 강력하게 무장을 할 수 있게 해주는 셈이다. 미시즈 헤티 그린은…… 총을 소지하려고 신청서를 내서 허락을 얻어냈다. 이것은 그녀의 태도가 마음에 안 들어 날뛰는 변호사들을 향해 방아쇠를 당길 수 있다는 뜻이기도 하고, 그녀가 돈을 갖고 있거나 보석을 지니고 있다고 그저 의심만 하는 사람을 죽일 수도 있다는 뜻이다. 이 허가는 실행되어서는 안 된다.

미시즈 그린은 이제껏 아무런 문제없이 살아왔다. 그녀는 의심이 많고 적대적이다. 세상을 향한 그녀의 태도는 시기심이 강하고 분개해 있고, 자신이 축적한 재산을 갈취당할 것을 두려워하고 있다. 물론 이 세상이 그녀를 단지 호기심으로만 바라보는 것도 잘못된 태도이다. 하지만 생각해 봐라, 그녀는 남의 언행을 일부러 곡해하는 행동에 책임져야 한다. 그녀가 총기를 소지하게 되면 총을 쏘고자 하는 충동을 억제하기 어려워질지도 모른다.

사설은 이렇게 결론 맺었다.

이 여성은 자기 아버지가 살해당했고, 자기 딸이 변호사들에게 구타를 당했다고 믿고 있다. 그래서 그녀는 끊임없이 법에 호소하여 관련 사람들을 너무 지치게 하였다. 분명히 그녀는 만성적인 고소인으로 여겨질 것이다. 이런 그녀는 총을 소지할 만한 자격이 없다.

〈타임스〉도 이와 비슷하다. 다소 가벼운 톤으로 사설을 끝내긴 했지만 별반 차이는 없었다.

> 신청자는 명사수가 아니므로 아무리 스스로 꼭 필요할 경우에만 사용한다고 다짐을 해도, 믿을 수 없는 노릇이다. 경사는 총기를 허락하기 전에 그 총이 발사되지 않을 거로 스스로 확신했을 것이다.

에드워드의 죽음에 이어 1903년 5월, 케미컬내셔널뱅크의 은행장 조지 G. 윌리엄스도 세상을 떠났다. 그는 헤티를 좋아하고 믿어주며 이해해주는 몇 안 되는 재정가 중 하나였다. 그는 웨스트 58번가 집에서 심장병으로 사망했다. 그의 나이 72세였다. 에드워드와 윌리엄스의 죽음은 헤티를 더욱 외롭게 만들었다. 헤티는 늘 사람들이 자신의 돈이나 생명을 노린다는 두려움에 사로잡혔다.

이런 두려움은 예전에 거의 10년 걸친 바링 소송기간에서 처음으로 공공연히 표출되었다. 〈타임스〉기자는 1894년 12월, 파인스트리트로 내려가는 그녀를 쫓아가서 그녀가 은행 업무를 끝마치기를 기다렸다. 그는 그녀에게 노골적으로 생명에 위협을 느끼고 있다는 루머가 사실인지를 물어보았다.

"네, 사실이에요." 헤티가 말했다.

"거리에서 누군가 접근하거나 위협을 당한 적이 있나요?"

"그럼요, 여러 번이요. 나는 가난한 사람들의 적이 아닙니다. 그들은 평범하게 거리에서도 부딪칠 수 있는 사람들이지요. 그들은 절대로 나를 공격하지 않습니다. 나를 괴롭히려는 사람들의 책략만 아니라면 나는 평온하게 어디든지 갈 수 있습니다."

그녀는 이 적들이 "내 아버지 재산의 유언집행자와 수탁인들입니다"고 밝혔다.

"신문기자들은 내가 검정 가방에 수많은 현금과 유가증권을 넣어가지고 돌아다닌다고 동네방네 다 소문을 내었지요. 이것은 지금 내가 언급한 사람들이 유포한 사실이라고 확신합니다. 그들은 내가 돈 때문에 공격받거나 살해당하기를 바라죠."

그러면서 헤티는 검정 가방을 열어 보였다.

"보시다시피 안에는 오늘 내게 온 비즈니스 관련 편지들뿐이라고요. 나는 늘 서신왕래를 하고 있어요. 사실 나는 1달러나 2달러 정도 이상은 갖고 다니지 않아요." 그녀가 덧붙여 말했다.

당시 이런 두려움은 훨씬 심각했던 것 같다. 헤티는 공공연히 자신의 아버지가 살해당했다고 주장하기 시작했고, 실비아 이모도 마찬가지라고 했다. 이 모든 것이 탐욕적인 협잡꾼들이 가문의 재산을 갈취하려고 벌인 음모라고 했다. 그녀의 두려움은 뉴베드퍼드를 방문했을 때 극에 다다랐다. 사실 뉴베드퍼드는 그녀가 죽은 후 실비아 이모의 상속분을 기다리는 사람들의 집합지였다. 헤티는 사업차 그곳에 가면 대체로 벤저민 아이리시 집에 머무른다. 아이리시는 옛 포경회사인 아이작하우랜드포경사의 직원이었고, 그녀가 믿는 몇 안 되는 사람 중 하나였다. 실비아 이모는 유언으로 그에게 1만 5천 달러를 남겼다. 이모와 아버지가 죽은 후, 포경회사를 정리한 헤티는 아이리시를 마을에 두고 자신의 비즈니스 에이전트로 임명해 부동산을 관리하도록 했다. 그녀는 그의 정직함과 청렴함을 신뢰했고, 이상하게도 그의 집은 그녀가 두려움을 느끼지 않고 식사를 할 수 있는 마을의 몇 안 되는 장소 중 하나였다. 뉴베드퍼드에 온 어느 날, 헤티는 친구 겸 먼 친척을 방문했다. 당연히 그녀는 헤티에게 저녁을 먹고 가라고 청했다. 헤티는 아이리시가 자신을 기다리고 있다는 말을 하며 난색을 표했다. 그녀는 친구에게 마을 주변의 친척집에서 식사하는 것이 두렵고 의심스럽다고 솔직히 털어 놓았다.

"나도 그 상속자 중 하나라고. 헤티, 내가 너에게 독을 먹일 거라는 말을 그런 식으로 돌려서 하는 건 아니겠지?" 친구가 말했다.

헤티가 친구의 구겨진 모자 깃털을 매만지려고 하자 친구는 한마디 덧붙였다. "흥, 그 오래된 유언장에 따라 나는 겨우 몇 백 달러밖에 못 받게 되겠지. 만약 내가 몇천 달러를 받게 된다면 너에게 독약을 먹일 음모를 꾸밀지도 몰라."

13장

월스트리트의 마녀

❋

경제학은 복잡해서 천여 권이나 되는 풍부한 교재를 가득 채우고도 남지만, 공급과 수요의 법칙만큼 간단하기도 하다. 세월이 흐르면서 생활의 편의는 네덜란드의 튤립과 캘리포니아의 금, 월스트리트의 현금처럼 풍요해졌다고는 하지만, 투기라는 것은 눈 깜짝할 사이에 재산을 눈덩이처럼 부풀려 주기도 하고 홀딱 망하게도 하면서 백만장자와 거지들을 생산해 낸다. 하지만 가장 보장된 자금은 항상 이런 싸움에 휘말리지 않는 훈련과 통찰력을 지닌 사람들의 몫으로, 이들은 투기꾼들에게 영광이나 몰락을 제공해준다.

주가는 20세기 초반 내내 폭등했다. 미국의 경제는 농업과 소규모의 제조업에 기반을 두고 있었으나, 새로운 거대한 기업의 등장으로 한바탕 폭풍이 몰아쳤다. 1901년 J. P. 모건이 앤드루 카네기에게 5억 달러를 주고 카네기철강Carnegie Steel을 사들여 U.S. 철강U.S. Steel을 세울 기틀을 마련했다. 모건이 카네기에게 지급한 가격은 사상 최고금액이었다. 이 사건은 기업합병의 시발점이 되었다. 모건은 유나이티드 스테이츠스피닝United States Spinning, 인터내셔널위버링International Weaving, 아메리카스틸앤와이어American Steel and Wire와 같은 거대 회사를 만들 요량으로 일련의 제조공장을 사들였다. 이런 기업들 가운데 일부는 안전한 자금을 토대로 경영되었지만, 대부분 부정거래자들이 대규모의 물탄주식회사의 자산 규모를 과대평가하여 발행한 것을 취득하여 자금을 조달했다.*

낙관적으로 투자자들은 90년 이후 인터넷 투자자들이 그랬던 것처럼, 회사의 가치가 끊임없이 영원히 올라갈 것으로 믿어, 대기업들의 물탄주식을 대량으로 열심히 긁어모았다. 실제로 1903년 짧은 침체를 제외하고는 실체가 드러나는 1907년 초까지 이런 열광은 줄어들지 않고 계속되었다. 거품이 터질 때 준비가 되지 않은 사람은 비롯 개인투자자들만은 아니었다. 많은 은행과 신탁회사들은 스스로 투기꾼이 되었고, 폭등한 주식을 담보로 무리한 대출을 해주었다. 주식은 3월에 곤두박질 치기 시작했고, 7개월 뒤인 10월 21일, 뉴욕의 주요기업 가운데 하나인 전통이 깊은 니커보커 신탁회사Knickerbocker Trust Company가 극심한 경영문제에 부딪치면서 진정한 재앙이 시작되었다. 격렬한 인출쇄도로 말미암아 니커보커가 문을 닫은 다음 날, 1만 7천 명이나 되는 예금주들이 그들의 3천 5백만 달러를 빼가려고 앞을 다투어 달려들었으나 헛수고였다. 1주일 내에 패닉은 전국으로 퍼져 나가, 이와 관련된 은행 6곳이 5천 7백만 달러를 날려 문을 닫았고, 더욱더 많은 곳에 몰락의 위험이 다가오고 있었다. 이 패닉은 곧 뉴욕 전체에 퍼져 전국

---

* '물탄주식' 이란 용어는 원래 사기의 일종이었다. 1830년대에 가축왕 다니엘 드류가 일부러 동물들에게 물을 주지 않아 목이 타게 했다. 그런 후 가축시장에 내다 팔기 전에 골짜기로 데려가 물을 먹였다. 요즘에는 물탄주식은 급속도로 과대평가 된 주식을 말할 때 쓰인다

은행을 위험에 빠트렸다.

헤티는 투기 대열에 합류하라는 어떠한 유혹도 거절했다. 1905년 11월, 투기의 붐이 절정에 이르렀을 기간에 그녀는 〈뉴욕타임스〉기자에게 말했다. "나는 뭐든지 가격이 낮고 아무도 그것을 거들떠보지도 않을 시기에 그것을 사들입니다. 그런 후 나는 그것을 엄청나게 많은 다이아몬드를 손에 쥐고 있기라도 하듯이 고이 간직합니다. 그것의 가격이 올라가서 사람들이 사고 싶어 안달이 날 때까지 계속 갖고 있습니다. 이것이 비즈니스 성공의 가장 일반적인 방책이죠." 그녀는 여기에 덧붙였다. "나는 절대 투기는 하지 않습니다. 내가 소유한 주식은 단순히 투자로 매입한 것이지, 절대 투기가 아닙니다." 그녀의 말에는 분명히 파도 꼭대기를 잡아탄 투기꾼들에 대한 절망적인 혐오감이 표출되었다. 1907년경, 그녀의 지혜로운 투자 방법은 뼈저리게 명확함이 드러났다.

주가가 바닥까지 떨어졌을 때 그녀는 불운한 투자자들에게 연민을 느끼며, 그해 가을에 보스턴에 가 있는 동안 〈타임스〉기자에게 말했다. "물탄주식의 실체를 보았나요? 그것은 중산층을 파멸시킵니다. 그들은 물탄주식을 아주 많이 보유했습니다. 그리고 그 물은 쥐어짜졌습니다." 사람들이 자신의 재산이 모두 강으로 둥둥 떠내려가는 것을 망연자실하게 지켜보는 동안, 헤티는 자기 소유의 건물들과 안전한 채권, 자신의 기준에 맞는 바이어에게 빌려주려고 준비한 현금 수천만 달러 등 실제 자산을 안정시켰다.

1907년 중반, 뉴욕시의 재원을 바싹 마르게 한 위기 상황이 닥쳤고, 조지 맥클레란 시장은 새로운 경찰관의 임명을 동결했고, 새로운 건설 프로젝트를 중지시켰으며 환경미화원들의 월급을 동결시켰다. 전에도 여러 차례 그랬던 것처럼, 헤티는 케미컬뱅크 계좌에서 110만 달러를 인출하여 단기 세입담보채로 이율 5.5퍼센트에 빌려주었다. 그녀의 돈은 뉴욕시를 운영하는 데 많은 도움이 되었다.

이번 위기는 다른 사람들이 전전긍긍하는데 반해, 특히 냉정함을 유지하는 헤티의 능력을 유감없이 보여주었다. 파티 선물처럼 대출을 나누어주던 은행들은 깊은 시름에 빠져서, 종종 건실한 회사가 확장 차원에서 대출을 요청하는 것조차도 거절했다. 은행이 돈을 빌려줄 경우에는 담보로 내놓는 주식을 실제 시장가격보다 훨씬 낮은 금액으로 책정했다. 결국, 은행들은 보유한 수많은 가치 없는 서류를 해결해야만 했다. 스스로 필요한 대출금이나 담보를 없애야 하는 홉슨의 선택Hobson' s choice 영국의 말 대여업자 토머스 홉슨이 손님에게 마구간 입구에 가장 가까운 말을 내주기로 하고 그것이 싫으면 그만두라고 한 고사에서 나옴. 주어진 것을 갖느냐 마느냐 하는 두 가지 선택 중 하나, 마음대로 고르지 못하는 선택 등을 말함-옮긴이에 직면한 많은 회사는 그저 문을 닫을 수밖에 없었다. 헤티는 계속해서 대출을 하고, 주식의 가치를 시장가와 가깝게 쳐주는 몇 안 되는 사람 가운데 하나였다.

이중에 델라웨어, 레카와나앤웨스턴 철도회사Delaware, Lackawanna and Western Railroad(이하 DL&W)는 펜실베이니아에서 동서로 석탄을 나르고 버펄로의 그레이트 레이크Great Lakes에서 호보컨의 대서양 어귀까지 바다를 보러 가는 승객들을 실어 날랐다. 이 외에도 DL&W는 진보적인 철도회사로, 기차를 타는 승객들이 비교적 그을림에서 벗어나도록 해준 무연탄 기관차를 처음으로 운영한 회사들 가운데 하나이다. 헤티는 공황시기에 이 회사에 대출의 손길을 뻗쳤을 때 당연히 이런 요소를 고려했다. 1909년 10월 19일, 공황이 끝난 지 2년 후, 〈뉴욕타임스〉는 철도를 구하는데 도움을 준 수훈자로 헤티를 선별했다.

> 패닉 기간에 발생한 주식의 큰 가격 폭에도 기꺼이 위험을 무릅쓰고 그 주식이 가진 본래의 가치를 인정해준 그녀의 확신은 참으로 위대했다. 공황의 수백 가지 문제점을 지적했고, 주식을 바라보는 그녀의 관점이 옳다는 것이 입증되었다.

카네기 철강을 사들여 기업합병의 물결을 유발한 J. P. 모건이 결국 1907년 패닉을 잠재우는 주도적인 역할을 했다. 니커보커가 문을 닫은 바로 직후, 뉴욕의 주요 신탁회사 트러스트컴퍼니어브아메리카Trust Company of America(이하 TCA)와 링컨트러스트컴퍼니Lincoln Trust Company(이하 링컨신탁)가 붕괴할 위험에 직면했다. 모건은 월스트리트의 역사상 가장 특별한 회의를 조직해 이 문제를 해결하려 했다. 이스트 36번가에 있는 그의 개인도서관을 본부로 하여, 전국에 내놓으라 하는 은행가와 기업가 30명이 참석하여 온종일 격렬한 협상을 벌였다. 이 모임을 '신탁회사구제위원회Committee of Trust Companies'라 칭하며, 그들은 서둘러 두 회사를 구할 계획을 내놓았다. 두 신탁회사의 경영자와 함께 벌인 이 협상은 밤늦게까지 지속하였다. 밤 12시, 월돌프 호텔에서 온 마차가 모건의 도서관 앞에 멈춰 섰다. 호텔 직원 여섯 명이 마차에서 내려 음식과 커피포트가 담긴 카터를 밀고 안으로 들어갔다. 시어도어 루스벨트 대통령의 재무장관 조지 B. 코텔유는 호텔 근처에서 기다리고 있었다. 비록 코텔유가 직접 이 회합에 참여하지 않았지만, 모건의 요청으로 파산지경에 이른 신탁회사를 구할 목적으로 국립은행연방정부의 인가를 받은 상업 은행-옮긴이에 3천 5백만 달러를 예치했다.

11월 6일, 새벽 3시, 마침내 신탁회사구제위원회는 두 신탁회사의 주식을 관리하기로 하고 그들을 구할 계획을 발표했다. TCA와 링컨 신탁은 예금자들이 원하면 언제든지 현금을 지급하고, 경영권을 위임 받은 5인위원회가 두 회사를 당분간 책임진다는 내용이었다. 은행장들은 또한 뉴욕 어음교환소에서 이용할 수천 달러를 확보하기로 했다. 이 위원회는 6년 후 은행산업에 안정을 공급할 연방준비은행 시스템을 향하여 첫 걸음을 내디딘 것이다. 이 모임에는 여성 한 명이 포함되었다. 〈타임스〉는 검은 베일을 쓴 여성이 모건의 도서관으로 저녁 6시 30분에 들어가서 새벽까지 나오지 않았다고 전했다. 비록 이 여성의 신분이 명확하게 밝혀지진 않았지만, 기자들은 이 여성이 헤티 그린이라는 것을 확신했다. 헤티는 자신을 알아보지 못하게 하려고 항상 검은 베일을 쓰고 다녔다. 아마 모건과 다른 은행가들이 어음교환소 자금을 마련하기 위한 목적으로 그녀에게 6퍼센트의 이율을 제시했을 가능성이 크다. 그녀는 논리적인 바이어였다. 어찌 됐든 그 시대에 국가재정위기를 토론하고자 J. P. 모건과 그의 동료에게 초대받아 간 여성이 헤티 그린이 아닐 가능성은 거의 없다.

그녀의 재정적 파워가 정점에 다다르자, 헤티는 돈은 많지만 몹시도 불행한 사람이라는 루머가 퍼져 나갔다. 그녀가 가끔 검은 베일과 늘 입는 검정 드레스는 로어 맨해튼 거리를 걸을 때 마녀와 같은 인상을 주었다. 일부 사람들은 그녀를 '월스트리트의 마녀'라고 불렀다. 그녀가 불행하다는 의견은 당시 시대상을 반영하고 있다. 비즈니스와 재정을 지배하는 여자가 어떻게 행복할 수 있단 말인가? 돈을 향한 그녀의 몰입은 분명히 가정생활의 거대한 틈을 일부 메어주었을 것이다. 틀림

| 노년의 헤티
('월스트리트의 마녀'란 별명을 얻게 한 복장)

없이 그녀는 자신이 불행하다는 의견에 절대 찬성하지 않을 것이다. 사실상 그녀 스스로 만든 세간의 소문은 그녀가 그저 몇 가지 단순한 규칙에 따라 스스로의 삶에 만족해하는 여자라는 점을 더욱 강화시켰다. 1905년 11월, 그녀는 〈뉴욕타임스〉기자에게 말했다. "나는 나이가 들었지만 건강해서 일반사무를 보는데 아무런 문제가 없으니 고맙다는 말 외에는 할 말이 없습니다. 이 세상에 나보다 더 바쁘거나 나보다 더 기쁘게 비즈니스를 하는 여성은 드물 겁니다." 기자가 은퇴할 계획이 있는지를 물었더니 헤티가 대답했다. "왜 벌써 일을 포기해야만 하죠? 이제야 일을 제대로 처리할 수 있게 되었는데요."

결국 그녀의 죄는 사회통념대로 살지 않고 그녀 스스로 살기로 선택한 데 있었다. 1908년 1월, 잡지 〈브로드웨이〉는 그녀를 '뉴욕에서 가장 행복하지 않은 여자'로 묘사하면서 유난히도 길고 노골적인 글을 내보냈다.

마벨 포터 다겟이라는 사람이 쓴 이 기사는 이렇게 시작한다.

> 여러분이 매일 로어 브로드웨이로 가려고 서로 밀치며 서두르는 군중 속에 끼어 있다면, 아마도 그녀를 보았을 것이다. 아, 불쌍하고 외로운 사람! 시들어버린 잎사귀가 이상하게도 거대한 금융 흐름에 던져졌다. 남루한 검은 드레스를 입은 작고 늙은 여자가 케미컬내셔널뱅크로 들어가는 것을 쫓아가 봐라. 그녀는 청소부가 아니다. 청소부도 그녀처럼 그런 옷은 입지는 않는다. 그 알파카 드레스는 너무 오래 되어서 해졌고, 어깨에 걸친 검은 모직 망토는 10년간 사용한 것이고, 작은 꽃다발이 달린 꾸겨진 보닛은 수많은 여름을 지내면서 다 닳아빠졌다.
>
> 누더기를 걸친 이 작은 늙은 여성은 6천만 달러의 재산을 지녔다. 일부 사람은 1억 달러쯤 된다고 주장한다. 그녀는 헤티 하우랜드 로빈슨 그린으로 어마어마한 거액을 지닌 자본가이다. 거대한 돈다발 꼭대기에 앉은 쭈글쭈글한 늙은 여성은 남자의 운명과 회사의 운명을 두 손으로 주무르고, 이 대륙에서 주목하는 인물이다. 늙은 손가락으로 펜을 굴리는 힘이 대단하고, 수척한 손가락으로 온종일 이자표를 자르고 수표에 서명을 하느라고 분주하다. 그녀는 다른 그 누구보다도 마음대로 현금을 쓸 수 있는 위치에 있기에. 월스트리트는 그녀의 자금을 기다리고 있다. 구식 마호가니 책상 앞에는 경영인들이 손에 모자를 들고 몸을 낮춰 겸손하게 절을 하는 행렬이 줄을 선다. 심지어는 돈이 필요한 뉴욕시조차도 가장 부유한 시민인 그녀에게 간청하고 있다.

> 그러나 이런 권력에도 헤티 그린은 현재 파산자이다. 욕망의 파산자! 돈으로 세상에서 파는 것은 뭐든지 살 수 있는데도, 그녀는 좋아하는 것이 아무것도 없다. 그녀는 보스턴에서 샌프란시스코에 이르기까지 헤아릴 수 없는 토지를 담보로 소유했다. 그녀는 철도회사와 기선회사, 미시간의 구리광산, 네바다의 금광산, 미주리의 철광산을 소유하고 있고, 전신전화 유가증권과 공채를 가지고 있다. 그녀의 금고에는 0.47리터 다이아몬드와 지구 상에서 가장 좋은 진주가 들어 있다고 한다. 하지만 그녀의 말을 받아쓰는 속기사는 홀가분한 마음으로 새로 산 봄 드레스를 입고, 그녀가 임대료 12센트를 주고 사는 정육점 집주인은 일요일에 더 비싼 저녁을 사먹고, 호보컨 아파트에 사는 그녀의 이웃은 코니아일랜드뉴욕 항구의 롱아일랜드에 있는 유원지-옮긴이에 놀러 갈 때 화려한 옷을 입어, 그녀의 칙칙한 나날들보다 더욱 다양한 삶을 산다.

비록 헤티가 평생 다른 사람들의 생각과 기대를 저버리고 살았다고는 하지만, 그들의 가시 돋친 날카로운 비판에 완전히 면역된 것은 아니었다. 어느 날, 그녀가 친구 애니 리어리에게 "애니야, 정말로 내가 그들이 말한 것처럼 그렇게도 끔찍해?"라고 물었을 때 '작고 남루한 늙은 여성'이라는 다젯의 묘사를 염두고 두고 한 말이었을 것이다. 애니 리어리의 영향으로 한동안 헤티는 잠시 달라졌다. 실비아처럼 헤티도 애니의 5번가 집을 정기적으로 찾는 게스트가 되었다. 분명히 그곳에 가서도 그녀는 애니에게 모든 치장이 사치스럽다고 잔소리를 늘어놓았을 게 뻔했다. 1907년 10월, 헤티와 실비아는 뉴포트로 애니를 방문했다. 그날 애니는 헤티를 위해서 26명을 초대해 저녁을 함께했다. 애니 리어리는 단호하게 헤티가 자신의 돈으로 좀더 삶을 즐기며 동료

집단에서 살아야만 한다고 생각했다.

동기가 무엇이든 간에, 헤티는 1908년 봄 어느 날, 어디론가 걷는 중이었다. 목적지가 은행이나 증권거래소가 아니라 완전히 생소한 곳이었다. 바로 미용실이었다. 그녀가 선택한 미용실은 5번가에 있었는데, '점점 사라져가는 매력을 간직해주는 귀부인들의 메카'로 신문에 보도된 곳이다.

그녀는 미용실 안으로 조심스럽게 들어섰다. 안에는 접견실 너머로 여자들이 둘러앉아 머드 마스크와 증기목욕, 이색적이고 향이 나는 오일로 얼굴 마사지 등을 하느라고 분주해 보였다. 헤티가 호기심이 가득하여 두리번거리자, 종업원 역시 길고 낡은 검은 드레스에 구식 보닛을 쓴 이 기괴한 여자를 호기심 있게 바라보았다.

"어떻게 해야 하는 거죠?" 헤티가 물었다.

의도를 재빨리 알아차린 종업원이 6개월에 걸쳐 행해지는 〈21번 프로그램〉을 제안했다.

"얼마인가요?" 헤티가 물었다.

"300달러입니다." 종업원이 말했다.

헤티는 머릿속에서 계산이 빙빙 돌아가자, 잠시 안정을 취하려고 의자에 앉았다. 300달러면……호보컨이나 브루클린에서는 몇 달치 집세더라? 여객선을 몇 번이나 탈 수 있더라? 그녀는 잠시 고뇌했다. 그러더니 드레스 자락을 들어 올려 호주머니에 손을 넣더니 지폐뭉치를 꺼냈다. 50달러짜리 지폐 6장을 세어 두 눈이 휘둥그레진 종업원에게 건네었다.

"지금 당장 지급하죠." 헤티가 말했다.

몇 분 후 헤티는 밀실로 안내되어 그곳에서 증기목욕을 하고, 그런 후 앉아서 검정 머드팩을 했다. 종업원은 그녀에게 근육을 편안히 하고 모든 생각과 근심을 다 떠나보내라고 주문했다.

헤티가 갑자기 바뀌려고 하는 데는 또 다른 이유가 있었다. 마침내 실비아에게 애인이 생겼다. 헤티는 실비아의 결혼 결정을 인정해주기로 했다. 헤티는 지난 수년간에 걸쳐 실비아에게 구혼하는 사람들 때문에 꽤나 마음고생이 심했다. 자신들의 이런저런 가문 좋은 혈통과 미국의 현금을 교환하자는 아주 인상적인 유럽 구혼자들의 행렬이 이어졌었다.

1900년 4월 초, 실비아는 프란체스코 세라노 도밍게스, 즉 델라토레 공작으로 알려진 사람과 잠시 만나는 중이었다. 스페인 출신의 공작은 미국의 군사훈련 방식을 배우고자 미국으로 건너왔다. 애니 리어리가 공작에게 실비아를 소개했고, 6주 정도 지나서 두 사람 사이의 로맨스가 그녀가 공작부인이 될지도 모른다는 추측과 함께 마을 전체에 퍼져나갔다. "공작은 키가 크고 뛰어난 외모를 지녔다. 그는 영어를 유창하게 구사한다"고 〈타임스〉가 3월 19일 자 신문에 보도했다. 귀족 출신인데도 공작은 1년에 수입이 4천 달러 정도밖에 되지 않았다. 이것은 대망을 품을 젊은이가 품위를 유지하기에는 턱없이 부족한 금액이었다. 신문은 공작이 6월 결혼에 앞서서 네드에게 인사차 텍사스에 들를 요량으로 멕시코 여행을 계획 중이라고 보도했다.

실비아와 공작은 자신들의 노출된 로맨스에 대해 될 수 있으면 말을 아꼈었다. 분명히 이 모든 상황이 성가신 헤티는 의견을 확실히 말했다. "그런 일에 대해서는 나도 처음 듣는 일입니다. 늘 나와 내 아이들에 대해서는 거짓이 떠돌고 있군요." 그녀는 호보컨의 현관문을 두드린 기자에게 말했다.

1년 후인 1901년 봄, 실비아는 야머스의 백작 찰스 프랜시스 시모어와 로맨틱하게 사귀었다. 그는 백작이라는 타이틀과는 전혀 다르게 1899년 6월에 미국으로 건너와 배우가 될 길을 모색 중인 가난한 백수였다. 배우 이름이 에릭 호프인 그는 자신의 백작 타이틀을 사교계에 입문하는데 이용하였다. 그리하여 그는 애니 리어리를 통하여 실비아를 만났다.

신문은 백작을 '골드디거'로 보도했다. 특히 〈뉴욕 텔리그래프〉의 기사는 유난히 불쾌감을 주었다. "그녀가 사귄 귀족들을 말하다 보니, 야머스 백작이 요즘 빈털터리라는 것이 마음에 걸린다. 백작은 상당히 쪼들리고 있다." 이 기사는 또한 귀족 타이틀을 찾는 어느 젊은 상속녀는 아마도 싼 가격에 그 백작을 사들일지도 모른다는 글을 보도했다.

백작은 이 신문을 상대로 명예훼손으로 2만 5천 달러 소송을 걸었다. 그는 이 기사가 배우인 자기에서 엄청난 손상을 입혔고, 대중적 스캔들에 휘말리게 했을 뿐만 아니라 직업상 조롱거리가 되었다고 주장했다. 이에 굴하지 않은 〈텔리그래프〉는 이렇게 응답했다.

> 일반적으로 재산이 없는 영국 귀족들이 자신들의 직위를 이용하여 부유한 미국 상속녀와 결혼하는 행운을 누리고 있다. 이번 백작의 행동도 그가 그런 이유로 상속녀를 찾았다는 일반적인 믿음에 부합된다."

피고인은 백작에게 이런 말을 덧붙였다.

> 그리고 그의 명성은 여전히 보잘것없고 손상된 상태이다.

실비아는 피고 측에게 증인요청을 받았다. 신문사는 백작이 적극적으로 상속녀와의 결혼을 찾고 있다는 주장을 아주 확고히 해두려 했다. 하지만 실비아는 증인요청을 거부했다. 배심원이 백작의 손을 들어주어 2만 5천 달러를 탄 그는 실비아를 소송에 간접적으로라마 관련시킨 것에 공식적으로 사죄했다. 이후에 백작은 피츠버그의 상속녀와 결혼했다. 그녀는 그에게 평생 여유롭게 지낼 부를 주고 자신은 왕족의 직위를 얻었다.

이렇게 공작이나 백작과 비현실적으로 얽히는 것은 모두 실비아가 멋진 왕자님을 찾은 결과물이라 할 수 있다. 소송을 건 백작 사건이 있은 후 3년쯤 지나서 로마의 돈조반니 델드라고라는 왕자가 나타났다. 〈타임스〉가 이탈리아 왕실이라는 그 왕자의 주장을 보도했다.

> 델드라고 가문은 로마의 전통 깊은 가문 가운데 하나이다. 그들은 조반니 왕자의 증조모가 스페인의 여왕 마리아 크리스티와 그녀의 두 번째 남편 듀크 데 리안자르즈 사이에서 난 딸이기 때문에 왕실과 밀접하게 연관되어 있다.

결과적으로 조반니 왕자는 증조모가 마리아 크리스티나인 현재 스페인 왕의 먼 친척이다. 하지만 이 로맨스는 다른 사람들처럼 얼마 가지 못했다. 1909년 이 왕자는 미국인 조세핀 슈미드와 결혼했다. 그녀는 맥주 거물의 미망인으로, 그녀의 남편은 그녀에게 1천만 달러를 남겨주고 사망했다. 결혼하던 시절 조세핀은 50세였고, 이 왕자는 27세였다.

1908년, 실비아는 30대 후반이 되었다. 이제는 독신의 냄새가 확실히 풍겼다. 신문사들조차도 그녀와 관련 있음 직한 결혼 얘기에 대해서 보도를 거의 중단한 상태였고, 잠재한 구혼자들도 다 사라졌다. 이제는 실비아가 독신으로 지낼 작정이라는 의견이 만연했다. 이 시기에 실비아는 다시 한번 자신의 수호천사 애니 리어리를 통하여 한 남자를 만났다. 그는 상당히 예의가 바르고 부드럽고 곧아서 헤티조차도 쉽게 반대할 수 없었다. 그의 이름은 매슈 아스터 윌크스로, 모피 비즈니스로 재산을 모은 존 자코브 윌크스의 증손자이다. 매슈 아스터 윌크스는 상대적으로 유산을 얼마 받지 못했고, 비즈니스에 특별한 야망이나 재주가 보이지 않는 인물이었다. 그는 "적극적으로 경제활동을 해 본 적이 없다"고 신문은 보도했다. 하지만 그는 대략 200만 달러라는 재산이 있어서 '골드디거' 라는 의심을 받지는 않았다. 그의 가문은 온타리오 걸트에 모여 사는데, 그는 매디슨 애비뉴 440번지의 최신식 저택에 살았다. 그는 니커보코, 메트로폴리탄, 터프앤필드(잔디축구장회), 팬싱, 배드민턴, 뉴욕요트클럽 등이 포함된 대부분의 상류층 클럽 회원이었다. 그는 많은 시간을 에드워드 그린이 자주 가던 유니언클럽에서 보냈다. 게다가 그는 57세로, 실비아보다 20세나 많았다. 그렇기에 헤티가 가장 두려워하는 한 가지 걱정은 덜어준 셈이다. 헤티는 자식들이 결혼해서 배우자보다 먼저 죽어, 자신이 힘겹게 번 수많은 재산을 탐욕스러운 다른 가족 품안에 넘겨줄 것이 걱정이었다. 이러한 기괴한 논리대로라면, 실비아는 그보다는 훨씬 오래 살 것이다.

헤티는 두 사람의 로맨스가 새어나가기 시작할 때에도 조금도 내색하지 않았다. 그녀는 아무것도 아는 것이 없다고 했다. 하지만 1908년 봄, 그녀는 하나밖에 없는 자신의 딸이 곧 결혼하게 될 거라는 사실을 명확하게 인정했다. 아마도 실비아가 고집을 부린 덕에, 5월 초 헤티는 호보컨의 아파트에서 이사해 센트럴파크가 내려다보이는 확 트인 플

‖ 헤티와 실비아

라자호텔 2층 스위트룸으로 거주지를 옮긴다고 발표하였다. 이것은 주위 사람들을 어리둥절하게 했다. 실비아와 애니 리어리가 협력하여 호보컨은 백만장자 신부의 어머니가 살 곳이 못 된다고 헤티를 설득했다. 5월, 헤티는 심지어 실비아와 윌크스를 축하해 주려고 플라자호텔 최고급 저녁식사에 20명을 초대하기에 이르렀다. 와인이 곁들여진 〈10-코스〉 식사는 특별한 스위트룸에서 행해졌는데, 이곳은 커다란 객실에 푸른색과 황금색으로 치장한 식당, 양 측면에 드레싱 룸이 꾸며져 있었다. 실비아와 함께 손님들을 맞이하러 나온 헤티는 지저분한 검은 드레스를 입은 게 아니라, 고풍스러운 레이스가 달린 깔끔한 검은 공단 드레스를 입고 있었다. 실비아는 진주가 일렬로 박힌 회색 드레스를 입었다. 이번 파티는 아무런 공식적인 발표가 없었다 하더라도 실비아와 윌크스의 약혼을 공표하는 것과 마찬가지 효과가 있었다. 파티에 참석한 손님들은 양각으로 무늬를 넣은 좌석표를 기념으로 집으로 가져가기도 했다. 헤티 그린이 개최한 이 파티는 사교계에서 거의 경험할 수 없는 행사였기 때문이다.

손님들과 호텔 직원들, 호기심이 가득한 기자들은 헤티가 이번 파티에 돈을 아낌없이 썼다는 사실을 알고는 대경실색했다. 하지만 6월쯤 헤티는 돌연히 플라자호텔을 체크아웃했다. 아마도 경비가 너무 많이 지출되어서든지, 아니면 들락날락할 때마다 그녀에게 주목하는 시선 때문일 것이다. 그녀와 실비아는 다시 아파트로 이사 왔지만, 매디슨 애비뉴에 꽤나 괜찮은 방 두 개짜리 보딩하우스였다. 그들은 한 달 남짓 그곳에서 머무르다, 뉴포트의 애니 리어리에게 들려 여름을 보내러 벨로스폴스로 향했다.

헤티는 8월에 호보컨으로 돌아가 예전에 살던 블룸필드스트리트 1309번지 같은 건물에 아파트를 얻었다. 실비아와 윌크스의 결혼이 임박했다는 소문은 가을 내내 소용돌이치며 주위를 휘젓고 다녔다. 헤티와 실비아, 윌크스는 계속해서 경계를 소홀히 하지 않았지만, 그들의 함구는 오히려 루머를 더 부추긴 셈이었다. 2월 초, 온타리오에 사는 윌크스의 누이 캐서린 L. 윌크스가 친지들에게 짧은 성명서를 보냈다.

> 미시즈 헤티 그린은 뉴욕에서 자신의 유일한 딸 미스 실비아와 온타리오 걸트의 크루이크스톤 파크에 사는 고 매슈 윌크스의 맏아들 미스터 매슈 아스터 윌크스와의 약혼을 발표했습니다.

그런데 막상 헤티 당사자는 어떠한 공식적인 태도도 밝히지 않았다. 부득이하게 사교계란에 입장표명을 해야 했을 때 헤티는 윌크스 가족이 어디에서 이런 정보를 얻었는지 의문스럽다고 모호하게 이 사실을 부인했다. 기자들은 특종을 놓치지 않으려고 몇 시간을 그녀의 집 앞에 진을 쳤다. 일순간에 호보컨에서는 그녀의 집 앞에 경찰을 배치하여 기자들의 접근을 막는 사태가 벌어졌다. 결혼식 날짜와 장소에 대한 루머가 퍼져 나가더니, 심지어는 두 사람이 이미 비밀리에 결혼식을 올렸다는 루머가 무성했다. 이런 루머는 부분적으로는 헤티 스스로 조장했다고 해도 과언이 아니다. 기자들을 싫어한다는 명확한 입장인데도 그녀는 이 상황을 마치 '고양이와 쥐' 게임처럼 즐기는 것처럼 보였다. 그녀는 루머를 대할 때 몸에 밴 위트와 독특한 행동을 창출했다.

헤티는 기자들이 정보를 얻으려고 이웃들을 꼬드기는 것을 알고 있었다. 그녀의 이웃들은 가십의 원천인데다 정보를 퍼트리는 것에 전혀 스스럼이 없었다. 특히 기자들이 팁으로 현금을 제공하는 경우에는 더욱 그랬다. 건물의 승강기는 자연스러운 정보의 교환 통로였다. 이웃 여자들은 승강기 안에서 다른 층에 사는 여자들과 가십을 서로 주고받았다. 이런 사실을 아는 헤티는 은근슬쩍 승강기 근처로 가서 하루 간의 비공식 일정을 중얼거렸다. 그러면 보나 마나 이 소식은 밖으로 퍼져 나간다.

"비록 내가 모든 기자를 죽이고 싶다고 말한다 하더라도 그들을 모두 죽일 수는 없는 노릇 아닌가요. 아! 그래도 지금은 그들의 머리카락이라도 좀 쥐어뜯어 놨으면 좋겠어요." 이 글은 어떤 이웃이 도대체 언제 결혼식을 올리느냐고 물었을 때 헤티가 한 대답이다. 이 대답은 충분히 기삿거리가 되었다.

"언제냐고요? 음, 비밀이지만 말해줄게요. 하지만 절대로 누구한테도 말해선 안 돼요. 실비아와 미스터 윌스크와 나는 사람들 눈을 피해서 지난 수요일에 모리스타운에 가서 비밀 결혼식을 올렸어요. 정말이에요! 이건 사적인 일이라고요. 내 딸아이는 새 드레스를 입으니 참으로 예쁘더군요. 하지만 그 옷을 입느라고 지독한 감기에 걸렸지 뭐예요."

〈뉴욕타임스〉는 다음날 이렇게 보도했다.

'윌크스는 수요일에 이미 실비아 그린과 결혼식을 올렸다?'

호보컨 블룸필드스트리트 1309번지 아파트에 사는 이 세상에서 가장 부유하다고 평판이 난 미시즈 그린은 어제 이웃에게 털어놓았는데, 기자들의 눈을 피해서 그녀의 딸 미스 실비아는 이미 존 자코브 아스터의 증손자 매슈 아스터 윌크스와 결혼했다고 한다.

미시즈 그린이 한 말에 따르면, 결혼식은 지난 수요일에 모리스타운 N.J.에서 이루어졌다. 미스 그린은 거의 두 달간 준비한 웨딩드레스를 입었는데, 그것으로 말미암아 감기에 걸렸다고 했다. 미시즈 그린은 또한 결혼식이 끝나고 참석한 웨딩파티 케이크에 대해서도 말했다. 미스터 윌크스가 지금 이 마을에 없고, 미시즈 그린은 입을 꾹 다물고 있어서 현재로선 이 사건의 전모를 확인하기는 어렵다.

며칠 후 이 신문은 기사 내용을 소심하게 취소하며, 이번에는 진짜 실비아의 결혼 소식을 재보도 했다. 사실 결혼식이 열렸다는 뉴저지 모리스타운은 헤티와 실비아가 자주 옮겨 다니는 와중에 잠시 머물렀던 보딩하우스였다. 가능하면 결혼날짜 비밀을 유지하려고 그들은 공식적인 초대장도 만들지 않았다. 2월 23일 아침 9시가 막 되기 전에 택시 마차가 집 앞에 와서 섰다. 헤티와 실비아는 집 건물에서 나와 아무런 말없이 마차 안으로 올라탔다. 기자들과 다른 호기심 많은 구경꾼은 기차역까지 짧은 거리를 달리는 마차를 따라잡으려고 서로 앞을 다투었다. 기차역에서는 정확히 9시20분 특별히 예약한 객차가 두 사람과 웨딩파티에 가는 다른 사람들을 태우고 모리스타운까지 짧은 거리를 달렸다. 실비아와 윌크스는 세인트피터 감독교회에서 정오에 결혼했다. 빌레몬 스터지스 목사가 진행한 이 간단한 결혼식에는 신부 들러리도 없었다. 이상하게도 신문보도에는 네드에 대한 언급이 없었다. 아마도 헤티가 사람들을 따돌릴 요량으로 오지 말라고 한 듯하다. 웨딩파티는 교회의 앞좌석도 완전히 차지 않을 정도로 조촐했다. 뭔가 다른 게 있다면 뒷좌석을 가득 메운 기자들과 호기심 많은 구경꾼이 초대된 손님들보다 훨씬 더 숫자가 많았다는 것이다.

결혼식에서 헤티는 하얀색 레이스로 포인트를 준 검은색 실크 드레스를 입고 중앙의 맨 앞에 앉았다. 실비아는 전통적인 하얀색 웨딩드레스를 입지 않았다. 그녀는 다소 단조로운 갈색 드레스에 하얀색 모피 목도리를 목에 둘러 길게 늘어트렸고, 얇은 검은색 레이스 베일이 달린 모자를 썼다. 모자 위에는 하얀색 꽃과 깃털을 달았다.

결혼식이 끝난 후 규모가 작은 모리스타운 호텔에서 피로연이 열렸다. 2월 24일 〈타임스〉 보도이다.

> 미시즈 그린은 모든 것을 동원하여 이 결혼을 승낙하지 않으려 했다는 이야기들이 난무했지만, 그녀는 기분이 몹시 좋아 보였다. 비록 그녀가 결혼에 대해 어떠한 말도 하지 않았지만, 사진기자들이 호텔 앞에서 웨딩파티 사진을 찍는 것도 모르는 체했다. 그녀는 윌크스 부부와 나란히 맨 앞줄에 서서 사진을 찍었다.

헤티, 매슈 아스터 윌크스, 실비아
(1909년, 실비아와 매슈의 결혼식 날)

현재 결혼식 사진 한 장이 아직까지 보존되어 있다. 사진은 밖에서 찍은 듯이 보였다. 아마도 호텔의 포치인 듯하다. 하얀 장갑을 낀 실비아의 왼쪽 손에 쥔 신부 부케만 아니라면 어느 사교 모임에서 찍은 사진이라고 생각할 정도이다. 혼례용으로 미리 맞추어 놓은 드레스에 대해서 알려진 것은 없다. 카메라는 이 특별한 날에 즐거움이라는 감정이 거의 없다는 것을 보여준다. 카메라 왼쪽으로, 헤티가 등을 꼿꼿이 세우고 앉아 있고, 손은 양옆으로 내려놓았다. 머리는 뒤로 젖혀 턱을 들었고, 얼굴은 무표정하다. 윌크스는 검은색 정장을 입고 손으로 양쪽 의자 뒤를 짚고 있다. 눈에 띄는 그의 얼굴은 둥그렇게 머리가 벗겨진 것이 눈에 들어오고, 덥수룩한 콧수염이 웃지 않는 입 위에 달려있다. 사진상으로 그가 신부의 아버지가 아니라 신랑이라는 유일한 증거는 그의 몸이 살짝 실비아 쪽으로 기울어져 있다는 것뿐이다. 유일하게 실비아만이 감정을 드러내고 있다. 거의 알아보기 어려울 정도이지만, 얼굴에 아주 희미하게 미소를 머금고 있다. 베일 아래의 모습은 완전히 미소 짓고 있지는 않지만, 두 눈엔 뭔가 행복하다는 암시를 주고 있다. 이 사진은 기묘한 가족의 실제 초상화만큼이나 상징적인 것처럼 보인다. 헤티는 도도하고 금욕적이고 강하게 보이고, 실비아는 좀 지친 듯이, 자신의 결혼식 날에 완전한 즐거움을 표현하진 않았지만, 나름 만족한 듯이 보인다.

실비아에게 있어서, 미스 그린에서 미시즈 윌크스로 바뀐 것은 쓸데없는 곳에 돈을 지출한다는 어머니의 심한 잔소리를 들으며 호보컨과 브루클린의 싸구려 아파트에서 사는 삶의 종식을 의미했다. 보통 객차를 타지 않아도, 몰래 잔돈을 슬쩍하지 않아도, 시장에 나가면 물건을 깎으려고 옥신각신하는 어머니의 모습을 보지 않아도, 케미컬내셔널뱅크에서 몇 시간씩 빈둥거리지 않아도 된다는 것을 의미했다. 그녀는 결혼생활의 여러 단계를 건너뛰었다. 신혼부부의 행복한 미래, 자식에 대한 혼돈, 아찔한 로맨스에서 협력관계로 들어가는 결혼생활. 그 대신 실비아와 윌크스는 곧바로 편안한 결혼생활로 진입했다. 결혼생활로 접어드는 단계의 모양새가 약간 빠지긴 했지만, 그들은 별 문제없이 로맨틱한 기대를 편안함으로 대체하며 살았다.

딸의 결혼이 마음에 들었는지 아닌지에 대한 질문을 받았을 때 헤티는 대답했다. "내 딸이 행복하다면 나도 행복합니다." 이로부터 7년 후 헤티의 죽음은 이 결혼이 자리를 잡는데 약간 곤란한 문제를 발생시켰다. 잠시 그녀의 유언을 공개해 보면, 그녀는 윌크스에게 5천 달러를 남겼는데, 그가 재산에 대한 어떠한 요구도 하지 않겠다는 혼전 약정에 서명하는 조건이었다.

14장

네드의 금의환향

헤티는 혼자 된 것에 전혀 신경 쓰지 않았다. 그녀는 고독을 초래하는 삶을 살았다. 독립은 그녀의 자긍심이자 힘이었다. 그녀는 꽤 오랜 세월을 남편하고도 뉴베드퍼드와도 5번가와도 거리를 두고 살았다. 하지만 그것은 그녀의 선택이었다. 이제 그녀는 70대 중반이 되었고, 완전히 혼자인 것은 아니지만, 외로운 것은 어쩔 수 없었다. 1908년에 에드워드는 80세로 저세상으로 갔고, 네드는 텍사스에 살고 있는데, 이제 50세가 되었다. 그녀의 변함없는 동반자 실비아는 강 건너 맨해튼으로 가서 남편과 조용하고 편안한 삶을 살고 있다.

윌크스 부부는 매디슨 애비뉴 440번지에 살았다. 그들은 여름을 보내러 뉴포트와 새러토가, 혹은 바 하버로 갔다. 그들의 이름은 자주 사교계란에 나왔다. 대체로 정기적인 동정에 대한 총괄적인 내용이었다. 실비아와의 관계에서 우의적인 자리를 오랫동안 차지한 헤티는 생각보다 아주 많이 실비아가 그리웠다. 결혼식이 끝난 후 몇 달 동안 헤티는 플라자호텔과 세인트리지스호텔을 돌아다녔다. 이런 그녀의 행동은 실비아 옆으로 이사를 계획하고 있다는 루머를 퍼트렸다. 하지만 매번 실비아 곁으로 가서 잠시 머무른 후 호보컨으로 돌아왔다. 1910년, 그녀는 강아지 스카이 테리어 듀이를 잃는 고통을 겪었다. 듀이는 오랫동안 그녀의 벗이었고, 흐릿한 돈의 망령에서 벗어나 평생 자유롭게 사랑을 주고받은 몇 안 되는 관계 중 하나였다. 이런 벗을 잃자, 그녀는 주체할 수 없는 슬픔에 빠져들었고, 이것은 몇 주 동안이나 계속되었다.

이와 동시에 헤티는 자신이 늙는다는 사실을 인식했다. 그녀는 평생 육체적으로 절대로 나약해지지 않을 것으로 여겨왔고, 이런 자만을 뒷받침할 만한 놀라운 체력도 지니고 있었다. 이렇게 70대에 자기 나이의 절반밖에 안 된 사람들이나 가질만한 에너지와 예리함을 지닌 것은 이제껏 건강하게 지낸 탓이다. 그녀는 절제하고 절약하고 자제하며 살았다. 헤티에게 질병과 건강은 늘 도덕적 기준이 되었다. 아픈 사람은 아마도 자신의 욕망을 억제하지 못하여 탐욕스러워지고, 허약해지고, 돈도 많이 소비하게 되고, 걱정이 많아 일찍 죽게 된다고 생각했다. 자신처럼 습관적으로 일을 하면 점점 더 의욕이 생긴다고 여겼다. 1910년, 그녀는 아들에게 텍사스 일을 정리하고 뉴욕으로 와서 자신의 비즈니스를 도와달라고 청했다.

네드는 텍사스에서 거물이 되어 있었다. 물론 그는 처음부터 엄청나게 유리한 상황에서 시작했었다. 하지만 그는 자신의 능력과 스타일로 성공했다. 수천 킬로미터가 떨어진 헤티의 감시에서 벗어난 네드는 별반 다양하게 눈에 띄는 특색이 없는 텍사스에 많은 발전을 이룩했다. 15년 간 그는 텍사스미드랜드에 건설한 아주 작은 철도 선로에서부터

노년의 헤티

테럴의 외곽 곳곳에, 심지어 댈러스까지도 영향력을 미쳤다. 그는 텍사스에서 단순히 헤티 그린의 아들이 아닌 네드 그린으로 유명해졌다. 그는 시민의 후원자, 정치적 수완가, 플레이보이, 비즈니스맨, 세계적 수준의 스포츠맨이었다. 그가 완전히 헤티의 그늘에서 벗어나지 못했다 하더라도 텍사스만큼은 그렇지가 않았다.

정치적으로 그는 텍사스 주 공화당 일에 적극성을 띠었다. 텍사스 주 남부 전역에서 공화당은 민주당보다 수적으로 훨씬 열세였고, 여전히 링컨당이라 하여 원망을 샀다. 많은 백인 인구는 공화당을 양키당이나 흑인당처럼 의심과 경멸적인 눈빛으로 바라보았다. 공화당은 유일하게 아프리카계 미국인들에게 문을 연 당으로, 그들은 '블랙앤탠스Black and Tans'로 알려진 커다란 분파를 형성했다. 이들에 맞서서 모두 백인으로만 구성된 '릴리 화이트Lily Whites'로 알려진 분파를 세우기도 했다. 그러니 공화당 내에 권력 투쟁은 다소 소란스러울 수밖에 없었다. 하지만 공화당은 빠른 기간에 돈을 번 야심 많고 상냥한 젊은이에게 완벽한 기회를 제공했다. 그는 몇 년간 남 밑에서 고생하지 않아도 되었고, 민주당원처럼 자신의 목적을 위해 요구될지도 모르는 아첨을 하지 않아도 되었다.

네드는 '블랙앤탠'과 제휴를 맺었다. 1896년, 텍사스에 온 지 이제 겨우 3년밖에 되지 않은 28세의 네드는 공화당 의장이 되었다. 텍사스에서 이 당의 명성이 취약하긴 했어도, 그 지위는 정치적 집회에서 전국적으로 그의 영향력을 발휘할 기회를 주었다. 그는 집회에 갈 때 개인열차를 타고 화려하게 도착했다. 백악관에 있는 공화당원 윌리엄 매킨리와 함께 참석한 이 모임은 그에게 정치에서 전국적인 영향력을 지닌 고위 인사들과 접촉할 기회를 주었다.

〈뉴욕타임스〉는 뉴욕호텔에서 전국 공화당 모임이 진행 중인 1899년 8월 29일 자 신문에 보도했다.

> 월도프 아스토리아뉴욕시의 고급호텔-옮긴이에 모인 텍사스 인들은 텍사스에서 헤티 그린의 아들 에드워드 H. R. 그린보다 더 유명한 사람은 없다고 말했다. 월도프에 텍사스 대표로 온 미스터 그린은 정치적 야망이 크다고 보도되었고, 텍사스 주민들은 그가 지방 주지사를 거쳐 미국 의회에 입성하려는 희망으로 자유로이 돈을 지출하고 있다고 말했다.

정치적 야망의 바퀴에 기름칠을 하고자 네드는 1898년경 걸프 해안에 '타폰클럽Tarpon Club'으로 알려진 호화롭고 독점적인 낚시클럽을 만들었다. 이 클럽은 자연스러운 둑의 형성으로 말미암아 한쪽은 확

트인 바다가 보이고 또 다른 쪽은 좁고 얕은 내륙 운하가 보이는 코퍼스 크리스티 항구에서 몇 킬로미터 정도 떨어진 평평한 모래 위에 지어졌다. 거대한 클럽하우스는 모래 위에 우뚝 솟아 있어서 밤에는 보트 타는 사람들이 저 멀리서도 볼 수 있게 봉홧불을 밝혀놓았다. 이 집은 참으로 높이 지어서 모랫바람이 집 위에까지 다다르지 않아, 낚시나 사냥을 한 후에 베란다에서 칵테일을 즐기는 회원들에게 아무런 지장을 주지 않았다.

회원들은 겨울에 오리사냥을 했고, 1년 내내 타폰, 배스, 전갱이, 엘리게이터 가아, 킹피쉬 등을 잡았다. 회원들은 특별히 낚시를 하고 싶은 마음이 들지 않을 경우엔 베란다에 앉아서 22 소총으로 게를 쏘아 맞혔다. 이 집의 널찍한 방마다 175파운드나 나가는 타폰 전리품과 다른 낚싯고기와 오리, 사냥새 등으로 장식되어 있다. 이 클럽은 즉각적인 성공을 거두어, 회원이 300명이나 되었는데, 그중에는 매킨리 대통령, 그로브 클리블랜드 전 대통령, 상원의원들과 다른 정치가들, 뉴욕과 세인트루이스, 오하이오 등지에서 온 백만장자들이 있었다.

1903년, 네드는 세인트루이스 박람회에 참가를 할당받아 텍사스세계박람회 위원으로 활동했다. 네드와 또 다른 한 의원은 위원회가 텍사스전시장으로 별 모양의 건물을 짓기로 결정했을 때 돌연히 사퇴했다. 네드는 텍사스가 아웃사이더로 참여하는 이 행사에 그저 초라하게 관례적인 역할만 한다고 여겼다. 4월 13일 〈타임스〉에 따르면, 네드는 "텍사스를 기형으로 묘사한 건물에서 일할 수 없다. 나는 텍사스가 위엄 있다는 것을 각인시킬 건물을 원한다. 이제 텍사스는 총격과 벌채, 솜브레로챙이 넓은 모자, 맥고모자라고도 함. 미국 남서부 · 멕시코 등지에서 사용-옮긴이와 굽 높은 부츠 등의 이미지는 벗어던졌다. 풍자 만화가들은 과장된 그림으로 우리 가슴을 아프게 한다. 별들은 하늘에 속한 것으로 우러러봐야할 대상이다. 이런 건물을 세우는 것은 돈 낭비다."

1899년, 네드는 텍사스에서 최초로 자동차 여행을 한 사람으로 널리 알려졌다. 이것은 댈러스에서 테럴까지 먼지를 일으키는 말이 달리는 울퉁불퉁한 길을 가로지르는 고된 여행이었다. 1905년경, 그는 열정적인 후원자 겸 재정가였고, 급속히 성장하는 자동차경주에도 참여했다. 그는 자동차경주에 수만 달러를 들이부어, 텍사스에서 자동차경주에 가장 열정적인 사람으로 널리 알려졌다. 1905년 초 어느 날, 추운 날씨에도 굴하지 않고 3,000명이나 되는 구경꾼들이 역사상 최초 160킬로미터 자동차 경주에 참여한 5명의 선수를 보려고 모여들었다. 그린은 이 행사의 주최자가 아니라 5명의 선수 가운데 한 명으로 참여했다. 그는 성한 다리로 페달을 밟으며 참가자들을 앞질러 선두에 섰다. 110킬로미터쯤에 그린은 맞수 A. B. 워튼과 접전에 접전을 벌이다가 워튼의 자동차가 고장이 나는 바람에 승리를 거머쥐었다. 2주 후에 미국자동차연합회에서 네드의 2시간 06분 160킬로미터 기록이 인정되어 신기록으로 등록되었다. 같은 달에 사람들은 뉴욕에서 매디슨 스퀘어 가든 자동차 쇼에 참가한 그를 보려고 모여들었다. 그는 이 쇼에 부분적으로는 경주 전용차를 만드는 제작자를 만날 요량으로 참석하기도 했다. 그는 자신이 세상에서 가장 날쌔고 가장 빠른 선수들 사이에 끼기를 희망했다. "나는 무게가 1400파운드가 넘지 않는 경주용 자동차를 원합니다. 마력이 무엇인지 아세요? 음, 이런 것은 내겐 그리 중요하지 않습니다. 만약 나만의 자동차를 제작한다면 분명히 속도는 더 빨라질 겁니다. 훨씬 더 빨라지고 좋아질 겁니다. 그러니 마력은 전적으로 제작들의 몫으로 남겨둘 겁니다."

네드가 최고로 영예롭게 느낀 때는 O. B. 콜퀴트 주지사가 그에게 '콜로니얼Colonel' 이라는 영예로운 타이틀을 주었을 때였다. 네드는 이 타이틀을 남은 생애 내내 자랑스럽게 여겼다. 콜퀴트는 민주당원이었지만 그는 테럴 토박이로, 네드와는 좋은 친구가 되었다. 콜퀴트의 취임식에 네드는 금줄로 장식한 제복을 입고 나타났다. 그가 어디를 가나 사람들은 그를 '콜로니얼 그린' 이나 단순히 '콜로니얼' 이라고 불렀다.

이제 마지막으로 다소 난처한 상황인 네드와 함께 사는 '가정부' 마벨 할로우에 대한 얘기가 남았다. 네드의 가정에서 마벨의 진정한 역할이 무엇인지는 공공연한 비밀이었다. 네드의 친구와 동료는 텍사스와 시민들에게 늘 상냥하고 관대했기 때문에 침착하게 이 사실을 받아들였다. 헤티는 마벨의 존재에 대해서 오래전부터 알고 있었지만, 두 사람은 이 주제를 서로 회피했다. 네드에게 뉴욕으로 돌아간다는 것은 헤티에게 달라붙은 두통거리를 하나 더 추가하는 것이든지, 아니면 마벨과의 이별을 의미했다. 그는 마벨과 결혼하여 어머니의 진노를 사는 위험을 무릅쓰지는 않았지만, 마벨과 헤어져 관계를 끝내지도 않았다. 두 사람의 관계는 처음에는 완전히 성적 대상이었지만(적어도 네드의 입장에서) 중년이 되어가면서 서로 사랑하고 필요한 관계로 성장했다.

그렇지만 마흔둘이나 된 네드에게는 아직도 대를 이을 자식이 없었다. 헤티의 부름을 받고 네드와 마벨은 짐을 싸서 뉴욕으로 향했다. 1910년 6월, 네드는 개인열차를 타고 뉴욕에 도착해 월도프호텔 디럭스 스위트룸에 짐을 풀었다. 이 방은 특별히 그를 위해 생활공간과 사무실 공간을 따로 만들었다. 여름의 숨 막히는 열기 속에서 호텔방에 포터가 마지막 짐을 내려놓을 때 네드는 와이셔츠만 입고 전기 선풍기 아래에 서서 기자들과 얘기를 나누고 있었다. 기자들이 어머니에 대해 질문했을 때 네드는 상당히 친절했다고 〈타임스〉는 보도했다. 뉴욕으로 오는 결정은 당연한 것이었다고 그는 말했다. "어머니가 이곳에 와서 재정 일을 좀 도와달라는 편지를 받자, 나는 텍사스의 모든 일을 정리했습니다. 물론, 나는 어머니 재산을 모두 돌볼 수는 없을 겁니다. 어마어마하니까요. 그러니 저는 일부 세부사항을 처리하게 될 겁니다." 네드가 말했다.

"어머니는 지난 몇 달간에 많은 이익을 남겼어요. 이제 어머니를 만나서 여러 가지를 의논하고 나면, 어머니는 버몬트 주 벨로스폴스로 가셔서 푹 쉬시다가 오실 겁니다. 나는 어머니가 무척 자랑스럽습니다. 어머니는 만 명에 한 명 나오실 만한 분으로, 그 연세에도 계속해서 일을 해야 한다고 주장하시고 계십니다. 나는 어머니와 내 몫을 할 각오가 다 되었습니다." 네드가 덧붙였다.

헤티가 버몬트에서 휴식을 취하고 돌아온 후, 마벨은 그녀의 시야에 띄지 않으려고 노력했다. 이것은 상대적으로 자율적인 세월을 보내다가 네드의 어머니 사정거리에 있게 된 충격을 흡수하려는 노력에서였다. 네드는 어머니가 이제는 은퇴해서 벨로스폴스에서 편하게 흔들의자에 앉아서 탁상보나 뜨기를 내심 희망했다.

그러나 헤티는 매일 배를 타고 허드슨 강을 건너 월스트리트까지 출근했다. 하지만 네드의 온화한 요청으로, 점차로 횟수가 줄기 시작했다. 1911년, 네드와 헤티는 집안의 재산을 관리한 신탁회사를 건립하는 문제에 대해 토론했다. 네드는 신탁금을 두루두루 살피었는데, 이것은 거대하고 광활한 제국을 모두 살펴봐야 하는 헤티의 과도한 업무를 많이 덜어주었다. 그들은 회사 이름을 웨스트민스터컴퍼니 Westminster Company로 정하였다.

웨스트민스터컴퍼니의 경영지도자로서 네드의 첫 임무 중에는 헤티의 거대한 자산 가운데 일부를 팔아 정리하는 것을 돕는 일이 포함되었다. 네드는 이들을 즉시 현찰로 팔든가 아니면 평생 임대 방식으로 처분했다. 특히 헤티는 상당한 양의 시카고 자산을 처분하기 시작했다. 지금까지 시카고에 각각 분산된 물품이 90가지 정도로, 가치는 족히 600만 달러에 달했다. 시카고 주위에 산재해 있는 토지도 점점 늘어나 헤티가 관리하기엔 어려움이 많았다. 이 토지는 대부분 아직 미개발인 상태였다. 개발을 하지 않은 이유는 자산 가치가 오르는 동안에도 세금을 적게 낼 요량으로 장기보유 정책을 썼기 때문이다. 20세기 초, 시카고는 세계의 거대 도시가 될 발판을 마련해, 이미 인구가 터져나갈 듯이 가득 찬 상태였다. 헤티의 토지는 예전에는 초목이 우거진 시골이었지만, 지금은 거의 다운타운에 가까워졌고, 개발자들과 거주민들은 이 공간을 달라고 아우성쳤다. 그녀의 빈 땅에 농사를 짓던 농부들을 구하려는 일부 사람은 그녀의 이런 전략을 비난했지만, 경제를 내다보는 그녀의 재정적 확신은 딱 들어맞았다.

처분 대상물 가운데에는 제일 먼저 게이지파크의 남서쪽 토지 480에이커가 있다. 네드는 이 땅의 협상 가격을 거의 100만 달러나 불렀다. 코브와 매킨논 두 바이어는 시카고의 팽창 요구에 부합하고자 즉시 이곳을 개발하여 주택과 아파트, 건물 등을 짓겠다고 발표했다.

이번에 네드는 위넷카 교외의 북부 호반에 있는 11에이커 8만 달러 가치의 땅을 살 바이어를 찾았다. 앞으로 여러 해에 걸쳐 헤티는 네드를 통하여 판매나 평생 임대 형식으로 무수한 자산을 처분했다. 헤티의 시카고 부동산 에이전트 R. F. 로웬스타인을 포함한 개발회사들은 오랫동안 휴면상태에 있던 자산을 앞다투어 사들였다. 1912년 6월, 헤티는 시블리스트리트에 있는 아파트 건물 여섯 동을 14만 달러에 팔았다.

전체가 대략 3천 5백만 달러에 달하는 다운타운에 소재한 소유물 중 디어본과 먼로 남서 코너에 있는 하우랜드 블록은 특히 금전적 가치가 높았다. 이 지역에 외로이 서 있는 5층짜리 건물은 낡아 쓸모가 없어졌지만, 개발업자들은 몇 년간 시카고 에이전트를 통해서 헤티에게 이 땅을 팔든가 아니면 임대를 해달라고 계속해서 설득 중이었다. 거의 30년 전에 압류로 얻은 이 땅은 본디 그대로 보존되어 있다. 시카고 부동산 평가단에 따르면 1911년 이곳 가치는 162만 5천 달러라고 했다. 개발업자는 이곳을 1년에 6만 5천 달러를 주고 장기임대를 했다. 헤티는 워배쉬 애비뉴 183번지에서 187번지까지 가치가 32만 5천 달러에 달하는 땅은 팔거나 임대를 놓았다. 해리슨스트리트 근처 워배쉬의 땅은 대략 20만 달러가 나갔고, 미시간 애비뉴 정면 끝에 있는 땅은 가치가 대략 100만 달러가 나갔고, 먼로스트리트 211번지와 213번지에 있는 저택들은 15만 7천 달러였다.

웨스터민스터컴퍼니 본사는 맨해튼 브로드웨이 111번지에 있는 6층짜리 트리니티 빌딩Trinity Building으로, 사무실이 세 개로 운영되었다. 1906년에 사망한 헤티의 친구인 백만장자 러셀 세이지도 같은 건물에서 사무실을 운영했다. 헤티는 여전히 하루를 알차게 보냈다. 그녀는 오래된 접뚜껑이 달린 오크 책상과 의자 세 개가 갖춰진 간소한 사무실에서 일했다. 그녀는 종종 곧 지급기일이 되는 거대한 채권이자표 더미를 쌓아놓은 곳 옆에 앉은 모습이 포착되었다. 느긋이 꼼짝도 안 하고 그녀는 이자표 더미를 차례차례 커다란 가위로 자른다. 가위가 끝없는 그녀의 부의 흐름에 의해 무뎌지면 그녀는 일어서서 가위를 들고 회전숫돌로 가서 가위를 갈았다. 네드는 정기적으로 사무실에 출근을 했고, 텍사스 시절부터 그의 개인비서로 활동한 월터 마셜도 그와 행동을 같이했다. 일상적인 사무실 경영은 윌버 포터라는 작고 깐깐한 남자가 맡았다. 그는 책임감 있고 침착하게 작은 사무실 직원들을 인솔했다.

헤티는 여전히 아침 일찍 출근해서 저녁까지 일했다. 그녀의 현금 수백만 달러와 대출된 돈은 그녀를 여성 혼자서 운영하는 연방준은행으로 만들었다. 이자율 결정은 연방의장 앨런 그린스펀의 지시에 따랐다. 그녀가 32만 5천 달러를 4.5퍼센트 이율로 이스트 83번가와 84번가 사이에 있는 파크 애비뉴 로마 가톨릭 교회 세인트아그나티우스 로요라에 대출해 주었을 때 1911년 1월 7일 자 〈타임스〉는 보도했다.

> 헤티 그린 이율을 내리다
>
> 이것은 거의 1년간 이 도시의 부동산 담보 최저 이율이다.

사실, 헤티는 종종 30여 개가 넘는 교회에 시장가보다 훨씬 낮은 이율로 대출해 주었다. 이런 교회들은 낮은 이율로 혜택을 받았지만, 그렇다고 헤티는 그들에게 불로소득을 용인하지는 않았다. 7년 전 1903년, 시카고의 장로교회가 1만 2천 달러 대출한 것에 대해 디폴트를 선언하고 말았다. 목사는 빚을 탕감해 달라고 헤티를 공개적으로 모욕하는 실수를 저질렀다. 그는 다른 시카고 교회의 목사들을 모아 설교단에서 헤티를 냉혹한 금융가라고 비난했다. 그러면서 헤티에게 편지를 보냈는데, 압류가 들어온다면 천당에 가지 못할 거라고 으름장을 놓는 내용이었다. 헤티는 답장을 썼다. "이런 식으로 위협한다면 당신은 주춧돌에 올라가 기도나 하는 것이 좋을 거요. 왜냐하면 나는 압류에 들어갈 테니." 수많은 목사가 헤티를 막아보려고 이리저리 날뛰었다. 시카고의 렉싱턴 애비뉴 침례교회의 M. P. 보이튼이 기자들에게 말했다. "돈을 절차에 따라 빌려간 후 채권자에게 종교를 내세워 그것을 철회해 달라고 기대하는 것은 터무니없는 요구입니다." 〈뉴욕타임스〉도 1903년 2월 29일 자 사설란에 이에 동의하는 글을 실었다. "만약 교회가…… 돈을 빌려주는 업을 하는 사람에게서 정식 절차를 거쳐 돈을 빌려갔다면 부채를 지급하지 않을 정당한 이유란 없다." 1년 안에 그 장로교회가 있던 자리에 트리니티 감리교회가 들어섰다.

낮은 이자로 교회에 돈을 빌려주는 것은 당연히 명백한 선물과는 다른 것이다. 그녀가 거대한 재산 일부를 기증하는 경우에는 익명으로 처리했다. "돈을 기부하고 시끌벅적한 쇼를 하는 것은 내 취향이 아닙니다. 나는 퀘이커교도입니다. 비록 퀘이커들이 모두 죽게 된다 하더라도 나는 그들의 뜻을 따를 겁니다. 자랑을 하며 떠벌리는 그런 기부는 하느님의 눈에는 선물이 아닙니다." 1913년 5월, 헤티는 C. W, 드레욘 니컬러스와 인터뷰한 것이 잡지 〈비즈니스 아메리카〉 인물소개란에 실렸다.

물론 그녀가 선행을 감추는 데는 또 다른 이유도 있었다. 만약 자선을 한다는 말이 새어나간다면 그녀는 더 많은 자선 요청에 포위당하고 말 거라는 두려움이 컸다. 1913년 11월, 〈뉴욕타임스〉는 익명으로 자선사업을 하는 기사를 실었다. "이름을 밝히지 않는 기부자들은 종종 굳이 소박해서가 아니라 기부를 해달라고 밀려드는 수천 통의 편지로부터 스스로 보호하려는 의도에서 그리하는 것이다." 이 기사는 작년 봄에 오하이오 주 데이튼에서 엄청난 홍수 피해자들한테 5천 달러를 익명으로 기증한 사람이 헤티일 가능성이 크다는 말도 함께 언급했다.

"이런 상황으로 볼 때 미시즈 헤티 그린이 비밀리에 자선을 했을 가능성에 대한 의문이 제기된다."

한번은 자선에 대해 세워놓은 규칙을 흐트러트리면서 헤티는 니컬러스에게 말했다. "나는 자랑으로 여길만한 행동을 하나 한 것이 있습니다. 한 30~40만 달러 정도를 어린 남자 아이들이 학교에 가도록 도운 적이 있어요." 헤티는 학교 이름은 밝히지 않고 그냥 뉴욕 주에 있는 학교라고만 말했다. 헤티는 1907년 패닉 기간에 아주 싼 가격에 땅을 사 둔 것이 있었다. "그 땅에는 가난한 사람들이 긴급하게 일자리가 필요할 시기에 건물들을 지을 예정입니다."

익명으로 자선행위를 했다는 기사를 본 헤티는 이를 완강히 부인했다. 1904년, 헤티가 뉴욕시 요양원에 50만 달러를, 다른 요양원에 5만 달러를 기부했다는 루머가 나돌았다. 기자들이 이것의 진위를 알고자 케미컬내셔널뱅크로 몰려오자, 헤티는 간결한 글을 써 그들에게 답장으로 내주었다. "그건 터무니없고 근거 없는 이야기다. 그 안에는 조금도 진실이 들어 있지 않다. 모두 공상일 뿐이다." 애니 리어리가 센트럴파크 맞은편 5번가에 예술학교를 짓겠다는 계획을 발표했을 때 신문들은 헤티가 50만 달러를 기부했다고 앞다투어 보도했다. 헤티도 애니도 이 기사의 사실 여부를 확인해주지 않았다.

1911년, 니컬러스는 사교계 여성들을 중심으로 가난한 여자아이들에게 줄 부활절 모자 바자회를 개최했다. 여성들은 매디슨 애비뉴의 헤티 친구 조지 크램프라는 부유한 여성의 집으로 모였다. 헤티는 스폰서였을 뿐만 아니라 누구를 참가시킬지를 판단하는 일을 도왔다. 그녀가 가장 마음에 들어 한 모자는 꽃가지와 커다란 그린 색 매듭이 달린 창이 넓은 모자였다. 그런 색이 들어간 이 모자를 바자회 참가자들은 '헤티 그린'으로 명명했다.

자선행위 중에서 모자 바자회는 분명히 아주 사소한 행사였다. 하지만 헤티의 참석은 뉴스거리였다. 그녀가 하는 모든 것이 뉴스거리나 마찬가지였다. 이제 그녀는 미국인에게 자신이 인기가 많은 아이콘이라는 것에 점점 익숙해졌다. 그녀의 존재는 곳곳에 있는 듯했다. 그녀의 이름은 유명한 노래로도 불렸다. 1905년 시드니 S. 톨러가 쓴 「나도 헤티 그린처럼 부자라면If I Were As Rich As Hetty Green」이라는 노래가 있다.

> 매일 나는 가난한 사람들에게 1,000달러씩을 준다.
> 모든 불쌍한 여왕에게 다이아몬드 반지를.
> ……
> ……
> ……
> 오 내 인생에는 한계가 있네.
> 나도 헤티 그린처럼 부자라면.

또 다른 노래는 1914년 제임스 화이트가 쓴 「백만 달러 탱고 무도회에서At the Million Dollar Tango Ball」이다.

> 월스트리트 홀에서 백만장자들을 만나네.
> 존 D. 록펠러가 티켓을 20장이나 파네.
> 앤드루 카네기는 문 앞에서 티켓을 받네.

헤티 그린은 안에서 춤을 추고 있네.

밴더빌트는 앙코르라고 외치며 장난하고 있다네.

1912년, '헤티 그린'이라는 경주마가 디트로이트의 말 경주에서 7개의 필드 중에서 6개를 완주했다. 같은 해에 뉴욕의 부유한 빈민가 집주인 미시즈 파스콸레 스피넬리가 살해당했다. 그녀는 '리틀 이탈리안 헤티 그린'으로 알려졌다. 1914년, 맨해튼의 39번가 극장에서 연극 《너무 많은 요리사들Too Many Cooks》에서 주인공 앨버트 베넷이 사랑하는 약혼녀에게만 말을 걸고, 미니라는 다른 등장인물에게는 "아무리 미니가 릴리언 러셀만큼 예쁘고, 헤티 그린만큼 부자라도…… 나는 그녀를 비웃어 주겠다"고 말하며 눈길도 주지 않았다. 몇 달 후, 〈뉴욕선〉은 헤티가 시카고 클럽을 인수할 계획이라고 보도했지만, 이것은 잘못된 보도로 판명되었다.

대중에게 헤티는 나이도 먹지 않는 영원한 사람이었다. 사람들은 헤티가 로어 맨해튼 거리를 부산하게 움직이는 모습을 볼 수 없을 때가 올 거라는 상상은 하지도 못했다. 마치 그녀는 영원히 살 것처럼 보였다. 그리고 그녀는 주말도 쉬지 않고 일주일 내내 일한다는 강한 인상을 주었다. 하지만 그녀는 죽음을 숙고하기 시작했고, 조용한 방식으로 준비했다. 1911년 그녀는 모든 재산을 자신의 두 아이에게 남긴다는 유언장을 직접 작성했다. 1년 후, 그녀는 다른 준비를 했다. 1912년 6월의 어느 토요일, 헤티는 평소대로 웨스트민스터컴퍼니 사무실에서 아침을 보냈다. 얼마 후 오거스틴 엘먼도프 목사님이 회사에 도착했다. 네드도 함께 있었다. 세 사람은 네드의 운전자가 딸린 자가용에 올라탔고, 네드는 운전자에게 엘먼도프 목사님이 수도생활을 하는 호보컨의 옆 마을인 저지시로 가라고 주문했다. 차가 알링턴과 클레어몬트 애비뉴 코너에 있는 교회에 도착하자, 일행은 차에서 내려 사제관으로 들어갔다. 이런 경우는 엄격한 비밀을 요했고, 더군다나 꼬치꼬치 캐묻는 기자들은 피해야 했다. 이곳 사제관에서 증인은 오직 아들밖에 없이 헤티는 감독교회에서 세례를 받았다. 하지만 그녀는 신앙심이 가득한 대화를 하거나 갑자기 독실한 신자가 되지는 않았다. 그녀의 대화는 좀더 실질적으로, 더욱 감동적이었다. 남편이 묻힌 벨로스폴스의 작은 묘지는 감독교회 신도들이 묻히는 곳이었다. 그리고 때가 되면 그곳 에드워드 옆에 자신도 묻히고 싶었다.

15장

그 누구보다도 오래 살 것이다!

❋

헤티가 뉴욕에서 압류로 획득한 많은 자산 가운데 월스트리트에서 조금 떨어진 브로드스트리트 74번지에 있는 낡은 건물은 유난히도 볼품없고 정이 안 가는 건물이다. 1층에 간이식당을 제외하고는 전체가 다 비어 있다. 그나마 1층에 세를 놓은 것은 건물 세금이라도 충당하기 위해서였다. 이 건물은 낡고 거미줄이 잔뜩 처 있고, 불결하고 음침한 먼지투성이 바닥으로 연결되는 나무 계단은 삐걱삐걱 소리가 났다. 침입자들을 막으려고 못을 박아놓은 더러운 창문으로 인색하게나마 희미한 빛이 들어와 겨우 실내를 희미하게 밝혔다. 하지만 이 오래된 건물은 아마도 헤티에게 가장 귀중한 자산인 듯했다. 그것은 자산의 가치로서가 아니라 개인적인 이유 때문이었다. 브로드스트리트 74번지 6층에 감추어 둔 이 보물단지는 너무 신중한 나머지 헤티는 호기심꾼들이 정탐하지 못하게 일부러 수년간 전체 건물을 비워놓은 것이다. 그녀는 1년에 예닐곱 번을 이 보물단지 내용물을 살펴보러 이곳을 찾았다.

이 날은 이 의식을 치르는 날이었다. 의식에 함께한 사람은 네드의 개인 비서 월터 마셜이었다. 마셜은 헤티의 지시대로 한 2미터 뒤에서 그녀를 따라 월스트리트와 커브 마켓을 통과했다. 브로드스트리트 74번지에 도착하자, 마셜은 빌려온 랜턴으로 앞의 컴컴한 계단을 밝히며 헤티와 6층까지 올라갔다. 6층에 다다르자 헤티는 검은 손가방에서 열쇠 꾸러미를 꺼내 들고 맹꽁이자물쇠로 안전하게 채워진 커다란 문 앞으로 갔다. 문을 열기 전에 헤티는 무릎을 구부리고 더블도어 밑으로 손가락을 넣었다. 그녀는 문 안 오른쪽 바닥 못과 왼쪽 바닥 못에 연결해 놓은 검은색 실이 안전한지를 살폈다.

"이것이 내 예방책이야, 이 까만 실이. 누군가가 이곳에 들어오면 이 실이 끊어지기 때문에 나는 그 사실을 알 수 있지." 그녀는 마셜에게 말했다. 자신의 보물이 안전한 것에 만족한 헤티는 문을 열었다.

"마침내 우리가 방 안으로 들어서자, 기괴한 그림자들이 어지럽게 흩어져 있는 거대한 물건들 위로 솟아올랐어요. 물건마다 회색 먼지가 잔뜩 쌓여 있었어요. 나는 그 안에서 버펄로 가죽으로 만든 무릎 덮개가 깔린 썰매, 아주 오래된 낡은 다양한 사무용품과 가정용 가구들, 양장점용 마네킨, 바늘이 없는 대형 괘종시계, 윗부분에 금이 간 커다란 거울, 트렁크 여러 개와 무거운 나무상자들, 가죽으로 제본된 회계장부 묶음, 많은 액자, 인어가 그려진 배의 모형 등을 보았어요. 내가 신문 한 장을 들어 먼지를 털어내자, 그제야 빛바랜 색이 어렴풋이 나타났어요." 훗날 마셜이 회상했다.

이 밀실은 전혀 공기가 통하지 않았다. 마셜은 기운이 빠지는 것을 느꼈다. 검은 옷을 층층이 껴입은 헤티는 이런 열기를 느끼지 못하는 것 같았다. 그녀는 생양파를 씹으며 마셜에게 열기가 고통스러우면 숨을 적게 쉬라고 충고했다.

"이 썰매는 우리 아버지 것이지. 검은 말이 끄는 이 썰매 뒤에 아버지와 함께 타고 뉴베드퍼드를 힘껏 달렸지. '검은 매' 로빈슨의 딸은 뉴베드퍼드의 모든 여자아이가 부러워하는 대상이었지." 썰매 안에는 버펄로 가죽으로 만든 무릎 덮개가 있었다. 그녀는 그곳에 앉아서 아늑한 겨울 드라이브를 즐겼다고 했다. 그녀는 손으로 이미 수명을 다한 이 덮개 끄트머리를 들어 올렸다. 두 눈엔 눈물이 글썽거렸다.

다른 상자에서는 또 다른 추억이 열렸다. 젊은 시절에 입었던 드레스가 나왔다. 웨일스 왕자와 춤을 출 때 입었던 핑크색 허리띠가 달린 하얀색 드레스도 함께 있었다.

"그린 여사가 자신이 살았던 그 오랜 세월의 삶을 가로질러 다양한 추억거리를 내게 보여주었을 때, 마치 모자에서 신기한 것들을 끄집어내는 마법사와 같았다고나 할까요. 명주 숄과 몇몇 선장들이 중국에서 가져다주었다는 벽걸이 장식품들, 보석류(어떤 것은 디자인이 환상적이었음), 멋진 옛 유리제품, 신발과 슬리퍼, 댄스 프로그램, 오페라 티켓, 그녀의 아버지가 연주한 오카리나, 실비아와 네드가 신었던 아기 신발들, 젊었을 때 헤티의 사진들이 있었어요" 마셜이 회상했다.

헤티는 생각에 잠겨 주위를 둘러보았다. "사람들은 내가 옛날엔 꽤 예뻤다고 했어." 그녀의 말은 잠시 허공에 머무르더니 뜨거운 열기 속으로 사라져버렸다.

무도회와 파티, 썰매 타기 등과 같은 유쾌한 추억이 없었다면, 헤티에게는 악전고투를 상기시키는 무시무시한 기억만이 남아 있었을 것이다. 그녀는 한복판을 샅샅이 뒤지더니 신문 스크랩 더미를 하나 찾아들었다. 그것은 콜리스 P. 헌팅턴에 관한 기사였다. "이 늙은 하이에나는 자기보다 내가 먼저 죽을 거로 생각했을 거야. 하지만 이 늙은이는 오래전에 무덤에 들어갔지." 이렇게 말하면서 그녀는 영원히 적대 관계에 있던 다른 재정가 무리의 이름을 언급했다. 그녀는 마셜에게 이제 나가야 할 시간이라는 신호를 보냈다. 그녀는 몸을 구부려 엿보는 시선을 막아주는 검은 실을 다시 고정했다. 그녀는 일어서더니 어둠 속에서 주먹을 불끈 쥐었다.

"사람들은 날 결코 죽이지 못해! 난 그들보다 더 오래 살 테니까!"

80대에 접어들자, 헤티는 센트럴파크 근처 웨스트 90번가 7번지 4층짜리 벽돌 건물에서 업무를 대부분 처리하기 시작했다. 네드는 옆집에 살았다. 두 집은 헤티의 아버지 것으로, 그녀가 유산으로 받은 것이다. 그녀는 네드와 실비아, 애니 리어리의 각자 뉴욕 집으로 자주 찾아갔지만, 뉴욕으로 이사 오라는 청은 거절했다. 1915년 5월 10일, 〈저지 저널〉은 헤티가 자코브 반 트위스크의 손님으로 호보컨에 살고 있다고 보도했다. 반 트위스크는 옐로우 아파트의 관리인이었는데, 이 건물에서 남쪽으로 9블록 떨어진 곳에 살았다. "저명한 여성 재정가는 분명히 가명을 쓰고 있다." 기사는 보도했다. 아무리 그래도 헤티는 신분이 노출될 수밖에 없다고 기자는 덧붙였다. 어떤 젊은 여자가 그녀에게 다가가 다소 건방지게 부자가 되는 방법에 대해서 물었다. 헤티는 값비싼 드레스를 입은 여자를 바라보더니 대답했다. "우선, 네 옷에 돈부터 그만 들여라."

그녀는 11월에 81세 생일을 보내러 뉴욕으로 돌아왔다. 이 날 그녀는 네드와 실비아하고 조용하게 보냈다. 1915년 11월 22일, 〈뉴욕선〉은 헤티의 생일에 짧은 설명을 달았다.

미시즈 그린은 자신이 살던 '호보컨 어딘가'로부터 아침 일찍 뉴욕으로 와서 매디슨 애비뉴행 전차를 탔다. 그녀는 시내를 가로지르는 분기점인 86번가에서 차를 갈아타고 센트럴파크 서쪽으로 향했다. 팔순이 넘은 나이에 걸음걸이는 활기차고 가벼웠다. 미시즈 그린은 아들이 사는 북쪽으로 걸어갔다.

오후에 그녀는 자동차를 타고 센트럴파크를 둘러본 후 6시경 매디슨 애비뉴 딸의 집으로 갔다. 물론, 화려한 파티는 없었다. 미시즈 그린의 생일 파티는 한 번도 화려한 적이 없었다. 그녀는 이것을 아주 당연한 것으로 여겨서 사람들은 그녀가 파티를 전혀 하지 않는 줄 안다.

1916년 4월 17일, 애니 리어리와 함께 5번가에 머무르는 동안 헤티는 발작을 일으켰다. 훗날 네드는 헤티가 리어리의 여자 요리사와 언쟁이 붙었다고 말했다. 그리고 이 사건은 오랜 세월 전해져 내려오는 전설이 되었고, 『기네스북』에는 그녀가 "탈지유의 효능성에 대해 논쟁하다가 뇌졸중으로 죽었다"고 실렸다. 그 논쟁의 스트레스가 실제로 헤티의 발작에 원인이 되었는지 그렇지 않은지는 확실하지 않다. 하지만 발작은 그녀의 왼쪽 몸을 부분적으로 마비시켰다. 헤티는 웨스트 90번가의 네드의 집으로 와서 병구완을 받았다.

신문기자들이 그녀가 병이 났다는 소문을 듣고 달려오자, 네드는 별로 심각한 것이 아니라고 이를 부인했다. 4월 26일, 첫 발작이 있은 후 9일째 되던 날, 그는 〈뉴욕타임스〉에 헤티가 감기로 고생하고 있지만, '간단한 치료'만 받으면 곧 나을 것이라고 했다. "어머니는 지난주 일요일에 드라이브를 나갔어요. 그 결과로 약간 감기에 걸렸어요. 집에 와서 뜨거운 물주머니를 발에 올려놓고 뜨거운 토디위스키에 뜨거운 물 · 설탕 · 레몬을 탄 음료-옮긴이를 한 잔 드셨어요. 이제는 의사를 부를 필요도 없어졌어요. 사실, 어머니는 어제부터 평소대로 많은 일상의 업무를 처리하고 계시거든요." 네드는 사실을 숨겼다.

웨스트 90번가 5번지의 실제상황은 무척 심각했다. 첫 발작이 있은 후 헤티는 계속되는 발작으로 걸을 수 없을 지경에 이르렀다. 네드는 24시간 내내 어머니를 돌볼 간호사들을 고용했다. 그는 간호사들에게 유니폼 말고 평상복을 입도록 지시했다. 헨리 M. 페인터 의사도 정기적으로 방문했다. 간호사들은 휠체어에 헤티를 앉히고 센트럴파크가 내려다보이는 창가로 갔다. 나무들 사이로 그녀는 사람들로 가득 찬 공원 전경과 커다란 저수지의 희미하게 반짝이는 물을 볼 수 있었다. 뉴욕에는 봄이 찾아오기 시작했다.

5월에 어머니와 가까이 있고 싶은 마음에 실비아와 매슈는 웨스트 81번가 7번지에 4층짜리 집을 샀다. 헤티의 상태가 개선되는 것처럼 보이자, 종업원들은 그녀를 안아 네드의 차에 태워 공원을 한 바퀴 돌았다. 그녀는 자신이 수십 년 전에 아버지와 할아버지를 위해 한 것과 똑같이 네드도 매일 그날의 업무에 대해 자세한 이야기를 해줬다.

〈뉴욕선〉의 한 기자가 6월 25일 저녁 일찍 집을 나서는 네드를 막아섰다.

"어머니께서는 지금도 업무를 보시나요?" 기자가 물었다.

"음, 어머님은 매일 저를 몰아세우세요. 어머님은 제 일처리가 마음에 안 드셔서 저를 늘 꾸짖고는 당신께서 저를 잘못 교육했다고 말씀하시지요. 또 제가 일을 좀더 잘해야 한다고도 하시고요." 네드는 만족한 미소를 지으며 말했다.

네드가 이런 말을 하고 있을 즈음, 헤티는 이미 자리를 보전하고 누운 상태였다. 결국 네드는 어머니가 '약한 발작'을 일으켰다고 인정했다. 6월 25일, 책임감이 강한 닥터 페인터는 〈타임스〉기자에게 말했다. "미시즈 그린은 10여 년 전에 비하면 그때보다는 좋지 않습니다. 하지만 이건 당연한 겁니다. 지난 며칠간 여사는 평소보다 좀 상태가 안 좋아졌습니다. 그래서 나는 그린 여사가 누워서 휴식을 취하도록 했습니다. 미시즈 그린이 마비를 유발하는 발작을 일으켰다는 것은 사실이 아닙니다. 비록 이런 말이 간호사들의 입을 통해서 퍼진 말이긴 하지만, 약간 와전된 점이 있습니다. 사실, 내가 어제 진찰을 해보고는 여사에게 안락의자에 앉아도 좋다는 허락을 했습니다. 그런지 이제 하루 정도 지났는데, 여사가 곧 좋아지리라고 확신합니다."

내밀한 이야기지만, 헤티는 혈색이 좋지 않았다. 이제 때가 되었다는 것을 감지한 헤티는 자신의 삶을 규정한 돈에 대해 마지막 말을 전하고자 실비아와 네드를 불렀다. 그녀는 둘이서 자신의 재산을 균등하게 나누게 될 것이라고 했다.

7월 3일 아침, 헤티는 간호사가 부르는 말에 대답하지 않았다. 그들은 즉시 네드와 실비아를 불렀다. 그리고 닥터 페인터도 불렀다. 아침 7시 30분, 닥터 페인터는 헤티의 상태가 매우 안 좋아서 그날 하루를 넘기기 어렵다고 했다. 의사는 다시 오겠다고 하고 집을 나섰다. 30분 후에 아들과 딸이 지켜보는 가운데 헤티 그린은 세상을 떠났다. 그녀의 나이 81세였다.

1916년 7월 3일은 유난히도 무거운 뉴스가 많이 발생한 날이었다. 제1차 세계대전에서 프랑스와 영국 군대가 독일에 대항해 본격적인 공격을 단행했다. 북미에서는 미국과 멕시코 사이의 긴장이 고조되어 판초 비야Pancho Villa 멕시코의 전설적인 혁명가-옮긴이가 텍사스를, 존 퍼싱 장군이 판초 비야를 찾으려고 멕시코를, 두 나라는 이렇게 번갈아가며 급습을 해댔다. 이런 상황에서 헤티의 죽음은 뉴욕, 로스앤젤레스, 시카고, 덴버, 보스턴, 세인트루이스, 외 수많은 도시의 첫 페이지 헤드라인을 장식했다.

〈로스앤젤레스 타임스〉는 1면 중앙에 "세계에서 가장 부유한 여자 죽다"는 헤드라인 밑에 커다란 그녀의 데생 사진과 프로필을 실었다. 〈시카고 트리뷴〉은 검은 드레스를 입고 검은 베일이 달린 보닛을 쓴 나이 든 헤티의 사진을 실었다. 트리뷴은 "재정의 마법사"라는 헤드라인 제목을 붙였다. 사진 아래에는 "사치스러운 여성들은 자신들의 시간을 브리지카드게임의 일종-옮긴이 놀이, 담배 피우기, 차와 위스키 마시기 등을 하면서 허송세월을 보낸다"는 헤티의 말과 함께 '헤티 그린'의 일화를 소개했다.

신문 대부분은 비슷한 긴 문장의 기사를 실었다. 일부는 다음과 같다.

> 헤티 그린은 세상에서 가장 주목할 만한 여성 재정가였다. 그녀가 남긴 재산은 최소 1억 달러에 가깝다. 미국에서 가장 부유한 이 여성은 거의 점원처럼 검소하게 살았다. 그녀가 사는 집에는 늘 작은 검은색 망토와 보닛이 걸려 있었다. 그녀는 가끔 아주 싼 보딩하우스에서 기거하기도 했고, 뉴욕에서 꽤 멀리 떨어졌거나 뉴욕 주변의 소박한 아파트에서 살았다.

기사들은 대부분 헤티를 존경한다는 평가를 했다. 〈뉴욕타임스〉는 약간 긴 네드의 말을 인용했다. 그는 어머니를 주로 오해받고 산 여자로 묘사했지만, 어머니는 사람들이 생각하는 그런 구두쇠가 아니라고 했다.

> 어머니는 냉담했어요. 어머님의 처지에선 어쩔 수 없었으니까요. 어떤 사람이 돈이 많다는 것을 알게 되면 사람들은 진심으로 그 돈을 빌려달라는 요청을 하지 않을지도 모릅니다. 최근에 어머니는 사무실을 여러 번 옮겼고, 마침내 90번가에 이 돈을 노리는 자들을 피할 회사를 세웠어요. 같은 이유로 어머니는 자선을 여러 번 했는데도, 이 사실을 말하지 않았어요. 500달러, 1,000달러, 1만 달러씩 어머니는 수차례 자선 활동을 하셨고, 정기적으로 돈을 보내는 가족 리스트가 30명은 될 겁니다. 그들은 대체로 우리 가족과 아주 오랫동안 연관된 가족의 후손들입니다.

헤티가 사망한 지 6일이 지난 7월 9일, 〈보스턴선데이글러브〉에 A. J. 필포트는 보도했다.

> 사실, 헤티 그린이 재정적 면에서 이제껏 살았던 사람 중에서 가장 위대한 여자가 아니라면 오히려 그것이 의문이다.

헤티의 삶을 탐욕과 인색함으로 다루지 않고, 도리어 배워야 할 덕목으로 다룬 신문 가운데 〈세인트루이스-디스패치〉가 있었는데, 이 신문사는 헤티의 행동은 여성으로서 극히 자연스러운 것이라고 했다. "헤티 그린, 여성적인 크리이소스Croesus: B.C. 6세기 리디아의 마지막 왕으로 큰 부자로 유명함-옮긴이)"라는 헤드라인 아래에 다음과 같이 보도했다.

> 반사회적인 방법으로 어마어마한 재산을 축적한 남성 억만장자는 세월이 흐르면서 자연스럽게 자선사업가로 변신한다. 그들은 돈을 마구 긁

> 어모으던 시절처럼 자선을 절제 없이 베푼다. 심지어 그들은 새로운 형태의 자선을 발명하고 증여함으로써 사람들의 존경을 다시 찾으려고 한다. 하지만 여성으로서 미시즈 그린은 이 모든 것에 환멸을 느꼈고, 자신의 신념을 흔들림 없이, 양심의 가책에 밀리지 않고 계속 추구했다. 거의 모든 마을에, 아주 작은 마을조차도, 그녀와 같은 여성은 어디서나 찾아볼 수 있다. 오직 차이점이란 미시즈 그린이 수백만 달러를 보호하고 증가시키려고 제한된 삶 속에서 일종의 희생으로 인생을 바친 것이라고 하면, 마을 여성들은 단지 수천 달러를 보호하고 증가시키려고 희생한 것이다.

그녀가 죽은 이틀 후, 좀더 균형 있고 사려 깊은 평가가 〈뉴욕타임스〉 사설란에 실렸다. 이 신문은 헤티가 남성 일에 뛰어들었다는 비판에 대해서 거의 주목하지 않았다.

> 한 남자가 미시즈 헤티 그린처럼 살았다면, 상속받은 재산을 증가시키고자 삶 대부분을 바쳤을 것이다. 그런데 처음부터 모든 인간이 만족할 만한 금액보다 훨씬 더 많은 것을 상속받았다면 아무도 그가 특별나다고 여기지는 않을 것이다. 또한 비범하게 뛰어난 사람이라고 여기지도 않을 것이다. 그는 제한된 테두리 안에서 일반 사람들의 예상대로 살 것이고, 냉혹한 고도의 재정 충돌에 참여하면서 얻는 즐거움을 이해하는데도 어려움이 없을 것이다. 미시즈 그린이 여자라 끝없는 호기심과 풍문, 놀라움을 일으킨 것은 사실이다.

가장 통찰력 있는 평가는 다음 부분이다.

아마도 그녀는 행복했을 것이다. 어쨌든 그녀는 자신이 원하는 대로 검소하게 사는 선택을 할 만큼 충분히 용기가 있었고, 사람들이 내뱉는 말을 냉담하고 침착하게 무시하여, 세상의 인습에도 그런 식으로 당당하고 실용적으로 맞섰다.

〈뉴욕선〉은 이와 비슷한 주제로 헤티의 독립심과 용기를 칭찬했다.

만약에 미시즈 그린이 이 세상에서 가장 부유한 여자가 아니었다면 그녀는 가장 분별 있는 사람이었을 것이다. 그녀는 자신을 알아보는 것을 극도로 싫어했다. 그녀의 검소함이 구두쇠로 묘사된다면 그것은 괜찮다. 그녀가 세금을 피하려고 이리저리 옮겨다닌 사람으로 묘사된다면 그녀는 대답을 회피할 것이다. 그녀는 타협이나 양보 없이 과감한 삶을 살았다. 이것은 분별 있는 행동이다. 왜냐하면 어떤 사람도, 부자건 가난한 사람이건 구두쇠건, 낭비벽이 심한 사람이건, 다른 사람의 처방에 따라 살아간다면, 행복은 말할 것도 없고 편안함조차 이끌어낼 수 없기 때문이다.

죽은 지 이틀이 지난 7월 5일, 헤티는 평생 한 번도 타보지 못한 호화로운 차를 탔다. 벨로스폴스로 향하는 마지막 긴 여행을 위해 그녀는 평소대로 보통 객차가 아닌 네드가 공급한 개인열차를 탔다. 네드와 실비아, 매슈 윌크스도 함께 열차에 탔다. 벨로스폴스에서부터 헤티의 오랜 친구로 지금은 뉴욕에 사는 미시즈 허버트 반크로프트도 동행했다. 어머니의 심정을 존중해서 네드의 아내 마벨 할로우는 장례식에 참석하지 않았다.

헤티의 시신을 실은 기차는 예정보다 한 시간 정도 늦게 다음날 새벽, 벨로스폴스에 도착했다.

시신을 말이 끄는 마차에 옮겨 기차역에서 임마누엘 감독교회까지 엄숙한 행렬이 진행되었다. 중간에 터커하우스의 잠긴 창문이 보였다. 200여 명의 사람이 장례식에 참석했다. 그 속에는 과거 몇 년간 면식 정도만 있거나 호기심 많은 구경꾼도 포함되었다. 교구 목사 앨프리드 C. 윌슨이 전통적인 장로교 장례식을 주재했다. 평범한 관은 브로드 천으로 덮여 있었고, 그 위를 하얀 카네이션이 감싸고 있었다. 성가대가 찬송가를 불렀다. '축복 가득한 집'과 '나는 하느님의 목소리를 들었다'였다.

나는 신성한 도시를 보았네
새로운 예루살렘
하늘에서 내려온 신부가
보석이 박힌 왕관으로 치장하네.
크리스털 물이
황금빛 거리로 넘쳐흐르네.
나라마다 그것의 영광을 누리네.
그녀의 발치에 그것들이 놓이리라.

장례식은 헤티의 시신이 들어 있는 나무로 만든 관만큼 평범하고 수수한 의식이었다. 나이 때문에 장례식에 참석하지 못한 애니 리어리가 백합과 난초를 보내왔다. 장례식 날, 텍사스미드랜드 철도회사 기차는 모두 애도의 표시로 5분간 정차했다. 텍사스 테럴의 비즈니스는 한 시간 동안 운영을 중지했다. 시신은 에드워드가 묻힌 곳으로 옮겨졌다. 그녀는 그와 나란히 누웠다. 늘 함께 하지 못한 두 사람은 이제 영원히 함께 있게 되었다. 그들은 적당한 크기의 무덤을 공유했다. 마지막으로 그녀는 비문에 살아생전에는 거부했던 에드워드보다 낮은 지위를 받아들였다. 그녀의 재정적 파워나 명성에 대한 언급은 없었다. 그저 에드워드의 이름 아래 '헤티 H. R. 그린. 그의 아내'라는 글뿐이었다.

16장

라운드힐의 추억

늘 변하는 부동산과 유가증권의 시장가치 때문에 헤티의 전체 자산을 정확하게 측정하기란 상당히 어려운 일이다. 아니 어쩌면 불가능할지도 모른다. 특히 헤티는 유언장에 재산목록을 기록해 놓지 않았기에 더욱 복잡했다. 정확하게 말하면, 이 유언장은 수탁인들(네드와 실비아)이 상속분을 나누려고 목록이나 평가를 할 필요성이 없다는 것을 선언한 것이다. 줄잡아 재산의 가치를 평가를 해보면, 1억 달러 정도에서, 최고로는 2억 달러로 추정되었다. 하우랜드 가문의 족보학자인 윌리엄 에머리가 인용한 평가 금액을 보면, 뉴욕시의 부동산 담보 소유물의 가치가 3천만 달러에서 4천 5백만 달러에 이르고, 산업과 광산 유가증권이 1천 5백만 달러에서 2천 5백만 달러가 나가고, 농경지와 석유자산, 그 외 남서부 부동산이 1천 달러 정도 나가고, 시카고와 보스턴, 세인트루이스와 다른 도시의 부동산이 1천만 달러가 나간다고 했다.

6월 22일, 유언장은 아무런 논쟁 없이 벨로스폴스에서 검열을 통과했다. 평생 자신을 어느 도시의 어느 마을의 주민으로 분류하는 것을 피한 헤티는 마지막에 버몬트 거주민으로 명기되었다. 그녀가 벨로스 폴스 주민이 된 것은 감상적인 면 외에 다른 뜻도 있었다. 버몬트 주는 아주 보잘것없는 상속세만 징수했다. 유언장은 건조하고 간결하고 빈틈없었다. 헤티는 2만 5천 달러만을 다른 사람들에게 유언으로 남겼다. 5천 달러는 벨로스폴스의 미시즈 허버트 반크로프트에게, 1만 달러는 보스턴의 에이모리 로렌스에게 남겼다. 에이모리 로렌스는 실비아 이모 재산의 수탁인으로, 헤티가 애정을 느끼는 몇 안 되는 수탁인 가운데 한 사람이었다. 그리고 5천 달러는 뉴욕 친구 루스 로렌스에게 남겼다. 이 중에서 가장 흥미로운 것은 사위인 매슈 아스터 윌크스에게 혼전계약서에 서명해 준 것에 대한 대가로 5천 달러를 남겼다는 것이다. 헤티는 자선 단체에는 아무런 기부도 하지 않았다. 신문은 이 사실에 재빠르게 반응했다.

다른 무엇보다도 헤티는 네드와 실비아에게 고르게 분배했다. 그녀는 자신의 아버지 토지를 네드에게 주었고, 실비아에게는 4천 2백만 달러 가치가 나가는 10년간 신탁에 걸어놓은 철도채권과 담보채권을 남겼다. 에드워드 모트 로빈슨의 소유지가 얼마나 나가는지 평가하기는 어려웠다. 하지만 실비아에게 준 헤티의 아버지 신탁기금은 그 가치가 최근 거의 증가하지 않았다. 반면에 헤티의 돈은 당황할 정도로 폭발적인 증가세를 보였다. 그녀가 남긴 모든 재산은 실비아와 네드에게 공평하게 돌아갔고, 네드는 이 재산의 단독 유언집행인이었다.

헤티가 죽은 지 며칠 안 되어, 뉴욕과 뉴저지는 서로 헤티를 자기 시의 합법적인 거주민이라고 주장하며 법정투쟁을 불사하겠다고 발표했다. 이것은 서로 상속세를 타내려는 속셈으로, 뉴욕 감시관은 대략 상속세를 5백만 달러로 추정했다. 하지만 헤티는 이러려고 헛되이 그렇게 오랜 세월 동안 '고양이와 쥐' 놀이를 한 것이 아니었다. 두 주는 잠시 잠깐을 제외하고는 헤티가 교묘히 피해 다니며 어디에 살았는지를 입증하기란 사실상 어렵다는 것을 금방 알아차렸다.

이 전투가 법정에서 계속 감정싸움으로 번지자, 뉴저지가 먼저 기가 꺾여, 1917년 3월 주장을 철회했다. 뉴저지는 위로금 조로 헤티가 뉴저지 회사에 소유한 유가증권 거래세로 6만 달러 정도를 받았다. 뜻밖의 횡재로 주 역사상 가장 많은 상속세를 받을 거로 기대에 부푼 뉴욕은 싸움을 계속했다. 3년간의 법적 논쟁 끝에 이 소송은 미국연방대법원에까지 가게 되었다. 1919년, 법정은 헤티가 버몬트 주 거주민이라고 선언하며 헤티의 편을 들어주었다. 버몬트 주는 얄궂게도 가장 적게 그녀에 대한 소유권을 주장하였다. 버몬트가 이 소송에 무관심한 이유는 이 주의 너그러운 세금 징수 때문이었다. 1920년 2월, 버몬트 주는 규율에 따라 5만 8천 달러를 징수했다. 거주민 전투에서 패배한 뉴욕은 이번에는 헤티의 비즈니스 거래에 눈을 돌렸다. 1920년 5월, 항소법원은 헤티가 뉴욕에서 관리한 투자금 가운데 대략 3천5백만 달러를 기초로 거래세 150만 달러를 이 주에 주도록 판결했다. 연방 상속세가 없던 시절이라 네드와 실비아는 뉴욕과 뉴저지, 버몬트 주에 160만 달러가 조금 넘는 세금을 내고 이를 일단락지었다. 이것은 총 자산의 2퍼센트도 채 안 되는 금액이었다. 이리하여 헤티가 그토록 조심하여 지킨 거대한 재산은 사실상 그대로 자식들에게 전해졌다.

헤티의 죽음과 더불어 아주 오랜 세월 남아 있던 다른 한 가지 문제도 말끔하게 해결되었다. 그것은 실비아 이모의 신탁자금 처분이다. 지금에서야 기드온 하우랜드 자손들은 자신들의 몫을 받을 수 있게 되었다. 원래 수령인들은 이미 오래전에 세상을 떠났고, 그들의 자손들

중년의 네드 그린

은 전국에 흩어져서 살고 있었다. 하지만 수십 명을 제외하고는 주로 남동 매사추세츠에 집중되어 있었는데, 무려 439명이나 되는 후손들이 실비아 이모가 세상을 떠난 지 51년 만에 거의 가치가 증가하지 않은 몫을 나누어 받게 되었다. 그들은 펜실베이니아 파올리, 뉴욕 로체스터, 텍사스 엘패소, 프랑스 파리, 뉴저지 엥글우드, 미시간 새기노, 버지니아 리치먼드, 오클라호마 제트 등에 흩어져 살았다. 임명된 족보학자가 올바른 상속자를 결정하려고 하자, 모략가들이 나타났다. 세계 각지에서 하우랜드 혈통이라고 주장하는 편지들이 줄을 이어 도착했다. 돈의 출처를 잘못 안 일부 사람들은 수탁인들에게 자기가 벨로스 폴스의 그린 가문 사람이라고 주장하는 편지를 보내오기도 했다. 칠레 출신의 한 여성은 자기 사진을 보내와서 자신의 얼굴이 양키 하우랜드 가의 강력한 얼굴 라인과 똑같다고 주장하며, 자신이 관련 있는 것이 분명하다고 했다. 기념비 디자이너는 고인의 거대한 기념비를 디자인하는 일을 맡고 싶다는 희망을 적은 편지를 보내왔다. 그는 실비아 이모가 이미 죽었다는 것도, 땅에 묻힌 지 반 세기가 더 지났다는 것도 알지 못했다.

재산이 분배된다는 소식이 퍼지자, 왁자지껄한 소란이 돈의 양을 능가했다. 실비아 이모의 재산 가치는 약 100만 달러였고, 수령인들은 각각 옛 기드온 하우랜드의 가계도에서 실비아 이모와 가까운 정도에 따라 신중하게 계산된 몫을 받았다. 신문은 미시간 주에 사는 H. A. 메릴은 좁고 지저분한 구두 가게의 수선공인데, 유산으로 10만 달러를 받았다고 전했지만, 유감스럽게도 미스터 메릴이 받은 금액은 과장된 보도였다. 정말로 미시간 주에 사는 호레이스 A. 메릴이라는 사람이 수령인 목록에 있었다. 하지만 그는 겨우 재산의 440분의 1에 해당하는 715달러를 받았다. 뉴욕 우스터에 사는 마리아 E. 스트로벡은 864분의 1에 해당하는 120달러를 받았다. 네드와 실비아는 90분의 1에 해당하는 11,500달러씩을 각각 받았다. 하지만 그들은 이 돈이 그리 필요치 않았다. 마침내 실비아 이모의 재산에 대한 거대한 논쟁과 싸움은 끝이 났다. 가장 큰 몫은 여섯 명의 하우랜드 자손에게 돌아갔는데, 45분의 1에 해당하는 2만 3천 달러씩을 각각 상속받았다.

실비아 이모의 재산 문제는 나름 명성이 난 족보칼럼 〈보스턴 트랜스크립츠〉에 활력을 불어넣어 주었다. J. E. W. B.라는 이니셜로만 신분을 밝힌 사람이 보낸 편지가 있다. "미시즈 그린이 예민한 영혼을 가졌다고 가정한다면, 아마 가슴이 미어지도록 괴로울 것이다. 그녀는 자신이 끊임없이 늘어나는 사람들의 증오와 시기를 받으며 한해 한해를 살았다는 것을 알면 몹시 고통스러울 것이다." 물론, 이것은 바로 소심한 실비아 이모의 점잖은 복수였다.

네드는 헤티가 죽은 후에도 늘 어머니를 존경했다. 그는 기자들과 인터뷰 중에도 헤티를 재정적 천재로 추켜세웠고, 어머니에게 배운 것에 대해 감사를 표현하며 그녀의 명성을 보호하려고 애썼다. 그러나 어머니가 사망한 이후, 그는 헤티 그린이 절약과 저축을 신성하게 여긴 그 모든 것을 마치 거부라도 하듯이 돈을 펑펑 써대기 시작했다. 헤티가 저축을 통해서 자신의 행복을 찾으려고 했다면, 네드는 정반대의 과정을 실험하는 듯했다.

1917년 6월 10일, 어머니가 돌아가신 지 1년하고 1주일이 지나서, 네드는 블랙스톤호텔에서 나와 렌트카를 타고 다운타운에서 몇 킬로미터 떨어진 교외 하이랜드파크로 갔다. 그곳에서 그는 24년 동안 가정부였던 마벨 할로우와 결혼 맹세를 교환했다. 마벨은 그가 20대 초에 섹스 파트너로 만난 창녀였다. 결혼사진을 보면 그들은 전성기가 한참 지난 점잖고 예절 바른 부부 같아 보인다. 마벨은 하얀 색처럼 보이는 드레스를 입었고, 커다란 부케를 들고 있다. 49세에서 약간 모자란 네드는 긴 검은색 윗도리에 빳빳이 풀을 먹인 컬러에 나비넥타이를 매고 윗도리 옷깃에 꽃 한 송이를 꽂았다.

결혼은 부적절한 관계를 적절한 관계로 완성했고, 두 사람 간의 진정하고 헌신적 행위처럼 보였다. 두 사람의 관계를 결코 비밀로 하지 않은 네드는 사회적인 비난을 두려워하지 않았다. 마벨도 마침내 인정받아, '미시즈 E. H. 그린'으로 제대로 불리게 되었다.

결혼선물로 네드는 마벨에게 62만 5천 달러 신탁자금을 주었다. 이것은 가족 재산을 요구하지 않겠다는 혼전서약에 서명해준 것에 대한 대가였다.

신혼부부는 네드가 새로 사들인 요트 「유나이티드스테이츠United

States」를 타고 크루즈 여행을 떠났다. 어머니가 돌아가신 이후 처음 즐기는 이 여행은 네드가 인생을 즐기는 첫 출발점이었다. 전신이 「5대호Great Lakes」 증기선인 요트 「유나이티드스테이츠」의 길이는 80미터 정도로, 수리하는 데만도 100만 달러가 들었고, 선원이 61명이나 되었다. 이 요트는 세계에서 가장 큰 개인요트로 널리 알려졌다. 화물과 승객을 수송하는 실질적인 설비를 없애, 순수한 화려함만을 부각시킨 이 요트는 방이 최소한 48개가 있었는데, 이 중에는 마스터 침실 9개가 포함되었고, 방마다 각각 욕실이 딸려 있었다. 네드의 방은 월넛 가구들과, 황금빛 커튼, 실버 붙박이 장식품 등 영국 조지 왕조시대 스타일로 꾸몄다. 마벨의 방은 마리 앙투아네트 스타일로 꾸며, 밝은 회색 벽에 황금장식품, 전신거울 세 개 등을 갖추었다. 도서관은 반들반들 윤이 나게 밀랍을 바른 최상의 오크나무로 장식했고, 고동색 가죽책꽂이로 가득 채웠다. 주 갑판의 거실은 커다란 돌벽난로, 발테 필하모닉이 연주한 오르간과 피아노 등 영국 왕 제임스 1세 시대의 가구로 치장했다. 카펫이 깔린 바닥에는 사자의 갈기가 보였다.

네드와 마벨은 뉴욕에서 항해를 시작해 대서양 해안으로 내려가 걸프만 주위를 돌면서 원하는 곳 어디에서나 상륙했다. 찰스턴에서 기자들이 인터뷰하려고 시도하였으나 낭패를 보았다. 갤버스턴에서 그린 부부는 텍사스와 시카고 친구들을 태워서 1주일간 낚시를 하며 크루즈를 즐겼다. 네드와 마벨은 「유나이티드 스테이츠」를 거의 2년도 채 타지 못했다. 아마도 이 요트는 역사상 가장 적은 변고로 난파된 배로 기록되었을 것이다. 매사추세츠 사우스 다트무스의 옛 하우랜드 땅인 라운드힐 근처 파다나람 항구의 고요한 물에 정박한 이 배는 천천히 빙그르르 회전하더니 그만 바위에 부딪히고 말았다. 선체에는 물이 서서히 차오르기 시작하여 승객들이 대피하는 데는 아무런 문제가 없었다. 가구들도 대부분 끄집어내었다. 하지만 배는 잃고 말았다. 엄청난 물이 가득 찬 요트는 마치 죽은 고래처럼 누워 있었다. 「유나이티드스테이츠」의 난파는 네드의 대차대조표에 명기조차도 되지 않았다. 이미 그의 끊임없는 욕구는 다른 것을 찾아 헤맸다.

네드는 50세가 되기 전까지 뉴베드퍼드와 사우스 다트무스에는 거의 가지 않았다. 실비아도 가족 역사에 대해서는 별반 관심을 보이지 않았다. 하지만 이제 네드는 가족의 옛 소유지인 라운드힐로 돌아가기로 마음먹었다. 그는 역사적인 것을 소유할 욕망은 없었기에, 그곳의 농가를 헐었다. 대신에 그는 거대한 저택을 지을 계획을 세웠다. 그는 150만 달러를 들여 어머니에게서 물려받은 110에이커에 거대한 저택을 건립할 작정이었다. 이 땅의 절반을 소유한 실비아도 반대하지 않았고, 라운드힐을 개발하는 데에 많은 관심을 보였다. 네드는 주위에 140에이커를 더 사들여, 총 250에이커에 집을 짓기 시작했다.

1921년에 완공된 이 집은 거대한 라임스톤과 대리석의 혼합 3층 건물로, 방이 60개가 있었다. 타일을 붙인 건물 입구의 통로 왼쪽에 엘리베이터가 있고, 중앙에는 커다란 곡선 모양의 현관 복도가 있다. 네드는 깜짝 놀랄만한 대단한 수집품으로 집안을 채웠다. 그는 마치 물건을 사는 것이 자신의 행복인 것처럼 아무런 거리낌도 없이 물건을 수집했다. 그는 보스턴의 서적용품 가게 굿스피드에서 책꽂이를 사 날랐다. 운이 좋은 판매원은 네드에게 의례적으로 진기하고 귀한 책을 사도록 권했다. 네드는 욕심 많은 바이어이긴 했지만, 무차별적이지는 않았다. 네드와 굿스피드 사장간에 왕래한 서신이 아직도 남아 있다. 네드는 그곳에서 뉴베드퍼드와 고래, 뉴잉글랜드의 역사책을 샀고, 사장이 부정확한 책을 보냈을 때는 그것을 돌려보냈다. 그는 사무엘 존슨의 『영어사전*Dictionary of the English Language*』초판을 110달러를 주고 사들였다. 헥클루트 소사이어티가 출판한 해양 탐사 책은 총 151권으로 1847년에서 1923년까지의 바다 생물에 관한 내용으로 파란색 천으로 표지를 입혔고, 총 가격은 962달러 50센트였다. 그는 또 1626년에 출판된 프랜시스 드레이크에 대한 책을 1,000달러에 샀다.

그는 마벨이 평생 치장하고 다닌 1,000여 가지보다 더 많은 보석을 수집했다. 그가 산 보석의 보관된 평가액을 적은 것만 해도 수십 페이지에 이른다. 반달 모양의 더블 팔찌 다이아몬드는 1만 8천 달러를 지급했고, 6.86캐럿 다이아 반지는 2만 8천 달러를 주었다. 한 알박이 보석 펜던트는 15,200달러에, 다이아몬드 목걸이와 브로치는 2,700달러……목록은 계속된다. 그는 희귀한 우표와 동전도 수집했다. 오늘날까지 네드는 우표 수집가들 사이에서 가장 유명하고 희한한 거꾸로 인쇄된 오리지널 우표 100시트를 구입한 전설로 남아 있다. 그가 구입한 우표 중에는 '거꾸로 된 제니Inverted Jenny'로 알려진 1918년 역쇄우표가 있었다. 요즘 이 우표는 한 장당 15만 달러의 가치가 나간다원래 거꾸로 된 제니는 24센트짜리로, 단 100장만 발행되었고, 2005년 4장으로 구성된 시트우표가 297만 달러에 팔리는 등 우표 수집가들 사이에서 선망의 대상이 되어 온 희귀 우표다-옮긴이. 네드는 우표 시트를 개별적으로 찢어서 친구들에게 팔았다. 그는 그중 하나를 로켓사진·머리카락·기념물 등을 넣은 목걸이 장신구-옮긴이에 넣어 마벨에게 선물했다. 동전 수집가들 사이에서 그는 1913년 '리버티헤드 V-니켈Liberty Head V-Nickels' 5매를 모두 소유한 사람으로 유명하다.1883년부터 1912년에 걸쳐 리버티·헤드·니켈이 공식으로 발행되었다. 이것은 자유의 여신의 측면 얼굴(리버티·헤드)이 그려진 면과 숫자의 5를 나타내는 그리스 문자의 「V」가

한쪽 편에 디자인되어 있어「V · 니켈이라고도 불리는 5센트짜리 동전이다. 그러나 1913년 비공식인 V · 니켈이 주조되었는데, 이 1913년의 V · 니켈에는 가짜가 많다. 진짜로 확인된 1913년의 V · 니켈 5매는 네드가 소유하고 있었다. 2003년, '올젠 스페서먼Olsen Specimen' 이라는 이름이 붙여진 이 동전은 경매에서 300만 달러에 낙찰되었음 – 옮긴이

그러나 그의 관심은 거기에서 끝나지 않았다. 그는 큼지막한 에로틱한 그림을 수집했다. 이들 중 많은 것이 유리 위에 그려진 것들이었다. 고래의 말린 거대한 페니스도 있었는데, 그는 그것을 집으로 들어오는 입구에 걸어놓아 이목을 끌게 했다. 아무런 생각 없이 집으로 들어오던 손님들에겐 그 그림은 더욱 확대되어 보였고, 네드는 이런 모습을 보고 즐거워했다. 여자 나체 조각상도 현관 홀에 세워놓았는데, 그 조각상은 우묵한 그릇에 연결된 낚싯대를 꽉 움켜잡고 있었다.

이렇게 낭비벽이 심한데도, 네드는 가끔 제기되는 것처럼 어머니의 재산을 탕진하지는 않았다. 사실 그는 어머니가 자신과 실비아에게 남기고 간 원금의 관리자 역할을 꽤 잘해나가고 있었다. 그는 어머니가 그랬던 것처럼 원금을 두 배, 세 배, 네 배로 늘리지는 못했다. 하지만 그는 그 정도면 충분하다고 생각했다. 그는 헤티에 비해 돈을 얻고자 하는 강력한 열망이 부족했다. 대신에 그는 돈을 소비하는 창조적인 방법에 더욱 관심을 쏟았다. 하지만 그는 원금을 탕진하지 않으려고 조심했다. 해마다 이자로 받은 수백만 달러는 그의 사치스러운 취미와 관심사를 커버하고도 충분했다. 브로드웨이 111번지 사무실의 윌버 포터는 계속해서 헤티의 자산을 투자하는 일을 맡았고, 네드를 통하여 유가증권 구매를 깨끗하게 처리했다.

네드와 그의 뉴욕 브로커인 R. L. 데이앤컴퍼니는 서신 왕래를 통하여 그에게 적극적인 투자자임을 보여주었다. 그는 어머니의 방식에 따

라 보수적인 투자방법을 유지했고, 막대한 현금을 보유했다. 이것으로 대공황을 다소 무리 없이 운영할 수 있었다. 그는 모든 사람이 내다 팔 때 구매하라는 헤티의 의견에 따라 대공황 시기에 주식을 사들였다. R. L. 데이는 그에게 오티스 엘리베이터와 AT&T와 같은 우량기업에 대한 상세한 자료를 보내왔다. 주식시장이 붕괴한 지 8개월 후인 1930년 6월, 하루 동안만 네드는 AT&T 주식 295주, 체이스내셔널뱅크 주식 500주, 어머니의 맞수 콜리스 P. 헌팅턴이 한때 소유했던 서던퍼시픽 주식 1,400주를 구입해 총 25만 달러 이상을 지출했다. 1928년, 네드는 애정이 많은 텍사스미드랜드 철도회사를 서던퍼시픽에 팔았다. 그의 재정적 타이밍은 나무랄 데 없이 완벽했다. 이것은 어머니와 외할아버지 에드워드 모트 로빈슨에게서 완벽하게 물려받은 특징이었다. 철도회사를 판 직후, 테럴 출신의 옛 은행가 월터 P. 앨런이 전국 각지에 새롭게 포장된 길이 생겨날 것이니, 트럭과 승객용 버스를 사들여서 선로와 같은 루트로 운영을 해보라는 편지를 보내왔다. '나는 당신이 제때에 미드랜드를 팔았다고 봅니다.' 엘렌은 편지에 이렇게 쓰면서 미드랜드와 서던퍼시픽 연합은 헤티와 헌팅턴 사이의 긴 앙숙 관계를 끝내는 마지막 춤을 추게 되었다고 덧붙였다.

네드는 또한 라운드힐 저택을 계속해서 많은 흥밋거리를 찾는 장소로 이용했다. 가끔 이웃은 이에 분통을 터트리기도 했다. 그는 과학기술과 발전상황을 내다보는 데 예리한 시야를 지니고 있었다. 1923년, 그는 이 저택에 라디오 방송국을 운영하도록 허가를 따냈다. 그는 이 사업에 돈을 아낌없이 후원했고, 미국에서 상당히 과학적으로 발전한 방송국 가운데 하나가 되었다. 네드는 라운드힐 저택 바로 왼쪽에 완벽한 장비를 갖춘 음악실이 딸린 스튜디오를 지었다. 이 스튜디오는 영국의 유능한 라디오 오퍼레이터들을 픽업해 올 정도로 대단했다. 당시 라디오가 없는 사람들을 위해서 네드는 대저택 주위에 확대경을 설치하고, 동네 사람들에게 라디오를 들으러 오라고 했다. 그들은 떼를 지어 몰려왔다. 1923년 9월 14일, 1만 5천 명이나 되는 사람이 권투선수 잭 뎀프시와 루이스 피로포의 경기를 들으려고 네드의 저택으로 몰려들었다. 이 저택으로 들어가는 도로에 차들이 꽉 맞혀jamming 있자, 역사학자 엘리엇 버리스 노울튼이 "사우스 다트무스 역사상 가장 대단한 '트래픽 잼traffic jams' 이군"이라고 말해, 트래픽 잼이란 단어가 생겨났다.

『위대한 게츠비』의 제이 개츠비처럼 네드는 사람들에게 자신의 저택을 공개하는 것을 즐겼다. 사람들은 여름이면 그의 해변으로 몰려들었다. 노울튼은 대표적인 장면을 묘사하면서 정원사의 말을 인용했다. "잡음이 지독히도 시끄럽습니다. WMAF에서 들리는 음악 소리, 자동차의 경적 소리, 아이들이 외치는 소리, 행상인들이 핫도그와 풍선, 본아미(연마분말) 파는 소리. 사람들은 자동차 창문에 본아미를 뿌리죠. 그래야, 그들이 수영복으로 갈아입을 때 보이지 않으니까요."

호기심이 많은 네드는 관심이 있는 모든 것에 돈을 쏟아부었다. 1929년, 그는 특별주문 자동차 '라우흐 앤 랑 일렉트릭 브럼' 을 8,400달러에 주문했다. 그는 이 자동차를 보스턴 자동차 딜러를 통해서 사들였다. 이 자동차의 실내 높이는 상당히 높아서 앉은 네드의 머리 위로 15센티미터 정도의 공간이 남았다. 문짝도 커서 타고 내릴 때 몸을 구부정하게 구부리지 않아도 쉽게 탈 수 있었다. 그는 차를 타고 돌면서 방문객들과 인사를 나누며 다양한 조작법을 체크했다. 하지만 차를 향한 그의 관심은 이미 사라져가는 중이었고, 새로운 갈망이 생겨났다. 그것은 비행기였다. 비록 그는 아직 파일럿 자격증은 없었지만, 해변 근처에 활주로와 격납고를 지었다. 그는 파일럿이 되고 싶어서 훈련학교에 들어가서 몇 년간 근대적이고 최신식 장비가 갖춰진 비행기를 대서양 연안에서 조종했다. 결국 그는 밤에 환하게 불을 밝힌 활주로에 착륙하는 쾌거까지 이룩했다. 찰스 린드버그1927년 첫 대서양을 단독 횡단한 미국 비행가 조종사-옮긴이부터 시작하여 오리지널 굿이어 비행선까지 비행기 지도자들이 줄줄이 라운드힐을 찾았다. 그는 즉시 소형 비행선과 여러 비행기를 수용할 격납고를 지었다.

네드는 저택에 신선한 꽃과 이국적인 식물을 기르려고 커다란 온실을 만들었다. 그는 또 집으로 과학자를 초대하여 비행기, 라디오, 초창기 텔레비전에 대해 실험하도록 자금을 대었다. 엔지니어들은 1928년에서 1930년 남극 탐험기간 동안 WMAF의 강력한 송신기를 리처드 E. 버드 장군과 통신하는 데 사용했다. 1925년부터 11년 후 네드가 죽을 때까지 매사추세츠 공과대학(이하 MIT) 과학자들은 라운드힐에서 살면서 연구 활동을 했다. 1930년대 초, MIT 교수 로버트 J. 반 드 그라프는 라운드힐에 '원자 분쇄기' 견본을 세웠다. 이 장치는 이미 판명된 대로 원자를 쪼개지는 못했지만, 막대한 전기를 생산해 냈다. 1933년 11월 27일, 어마어마한 사람들이 이 기계가 700만 볼트의 전기를 생산해 내는 광경을 지켜보려고 몰려들었다. "7월 4일 독립기념일 축하 불꽃놀이도 이렇게 형언할 수 없는 특별한 장관을 연출하지는 못했다." 뉴베드퍼드 〈스탠더드-타임스〉가 다음날 자랑했다.*

네드는 유명한 포경선 「찰스 W. 모건」이 파손되었다는 소식을 전해 듣자, 그것을 사들여 복구한 다음, 라운드힐에 전시해 놓았다. 1841년에 탄생한 「모건」은 포경회사를 운영한 증조부 아이작 하우랜드 주니어의 소유였었다. 81년이라는 세월을 거치면서 「모건」은 37번의 항해를 끝마쳤다. 네드는 해마다 수많은 관광객에게 이 배를 보여주었다. 1941년 네드가 죽은 후 5년이 지나서 「모건」은 코네티컷 주 미스틱으로 옮겨진다. 그곳 미스틱 시포트 박물관에서 「모건」은 지금도 가장 큰 볼거리이다.

소리와 빛, 비행기, 자동차, 원자 분쇄기, 소리치며 수영하는 사람, 투광조명 활주로, 음악, 수많은 시끄러운 사람으로 말미암아 점점 소란스러워지는 거대한 라운드힐의 서커스는 부유한 주인을 위해서 너무나 많은 일을 했다. 사람들은 시끄러운 보스턴이나 뉴욕의 열기를 피해서 여름이면 조용한 해변에 평화를 만끽하러 왔다. 분명히 그들도 라운드힐에서 울타리를 다듬고, 현관을 페인트칠하고, 혹은 핫도그나 태양 아래에서 시시덕거리며 본아미를 뿌리는 모습이 아닌 채소를 배달하러 온 지역 거주민들을 느끼고 싶을 것이다. 그들을 위한 해변은…… 어디에 있단 말인가? 근처 여름 별장의 주인들은 시끄러운 소리에 불평하며 라운드힐을 다시 조용하게 해달라는 청원서를 냈다.

콜로니얼 그린은 약간 양보하여 비행기를 이웃집 위로 1천 피트 아래로는 날지 않겠다고 했다. 그러나 대체로 불평은 오히려 그를 즐겁게 했다. 어쨌든 그는 이들에게 전혀 신경을 쓰지 않았다. "저에 대해 불평하는 것도 하나의 놀이입니다. 그들은 아침에 수영하고, 오후에 골프를 치고, 밤에 콜로니얼 그린에 대해 이야기를 나눕니다." 1933년

---

* 1956년, MIT는 2층짜리 발전기를 보스턴 과학박물관에 기증했다. 이곳에 이것은 몇십 년간 전시되고 있다.

그가 말한 것을 〈아메리칸 매거진〉이 인용했다.

날씨가 점점 서늘해지자 콜로니얼은 마이애미비치 근처 비스케인만의 스타아일랜드에 믿기 어려운 60만 달러짜리 하우스보트를 짓기로 했다. 그는 우선 의사의 조언으로 플로리다로 가서 웅장한 하우스보트가 완성될 때인 1927년까지 호텔에서 생활했다. 마이애미의 스타아일랜드는 더욱더 많은 부유한 사람의 매력을 이끌어냈다. 이들 중에는 악명이 높은 사람들도 있었다. 콜로니얼 바로 건너편에도 갱스터 알 카포네가 앉아 있었다. 콜로니얼과 마벨은 마이애미에서 유명 인사가 되었다. 그들은 사치스러운 파티를 열고, 운전자가 운전하는 자동차를 타고 드라이브를 하러 다녔다. 그들은 1년에 넉 달은 이곳에서 보냈다. 하지만 콜로니얼은 플로리다에 집을 짓지는 않았다. 그는 세금징수원을 따돌리는 방법으로 자주 옮겨 다닌 어머니의 방법을 따랐다. 또 자주 머무르는 매사추세츠나 뉴욕에도 집을 짓지 않았다. 텍사스에서도 집을 임대해서 있었지만, 자신의 법률상 집은 텍사스라고 계속해서 주장했다. 이것은 텍사스에서 그의 투표권을 유지하기에는 충분했다. 스타아일랜드에서 콜로니얼은 자신의 영역으로 사람들을 초대하는 습관을 그대로 유지했다. 그의 부활절 축제는 연례행사였다. 수백 명의 지역 어린이들은 하우스보트 여기저기에 숨겨놓은 계란을 찾으러 왔다. 콜로니얼은 개인적으로 직원들이 계란을 숨기는 것을 감독했다. 그는 아이들에게 바구니를 나누어주고 시작하라는 신호를 주었다. 그는 아이들이 계란을 찾느냐고 보트를 다 헤집고 다녀도 기뻐서 웃기만 했다. 네드는 이웃의 부득이한 불평을 들으면 라운드힐에서처럼 어깨를 으쓱했다.

콜로니얼의 자선행위는 몹시 주목을 끌거나 인정받지는 못했다. 그는 사람이 일한 대가를 받는 것이 그저 거저 받는 것보다 더 영예롭고 더 뿌듯한 것이라는 어머니의 신조를 자주 되새기었다. 라운드힐과 스타아일랜드에서 그의 끝없는 프로젝트는 대공황 시기에 수백 명에게 일자리를 공급했고, 지역 경제에 수백만 달러를 제공했다. 헤티의 금기를 무시하고 콜로니얼은 돈을 기부했는데, 이는 우발적이고 자발적이었다. 1932년, 그는 마이애미의 잭슨메모리얼 병원 어린이병동에 5천 달러를 기부했다. 마이애미 보이즈 드럼 앤 뷰글 모임이 자금 부족으로 뉴욕 방문이 취소되었을 때 네드는 3천 달러 수표를 써주었다. 1926년, 뉴베드퍼드 커뮤니티 펀드에 2천 달러를 헌금했다. 그는 또한 은행들이 경영에 곤란을 겪을 때 백마 탄 기사 노릇 하는 것을 즐겼다. 1921년 그는 댈러스에 있는 시큐리티내셔널뱅크에 10만 달러를 예탁함으로써 경영을 도왔고, 몇 달 후에는 테럴의 퍼스트내셔널뱅크 로비 중앙의 테이블에 현금 25만 달러를 올려놓으면서 좀더 드라마틱한 방법으로 이 은행을 구했다. 그는 대공황이 가라앉을 때까지 예금자 놀이를 했다.

콜로니얼은 자선 활동을 하는데도 이벤트 성향이 강했다. 몇 년에 걸쳐서 네드와 마벨은 여러 청소년 여자아이들의 후견인을 자청했다. 대체로 면식이 있는 사람들의 딸로, 그들을 보트에 태워 함께 크루즈 여행을 하고, 라운드힐에서 함께 지내기도 했다. 10대 여자아이들은 콜로니얼의 '보호 아이들'로 알려졌다. 네드가 이들을 위해 해준 여러 가지 중에는 그들 중 대여섯 명을 보스턴의 외곽에 있는 웰즐리 대학힐러리 클린턴이 나온 대학-옮긴이에 보냈다. 자유롭고 인습적이지 않은 곳이면 어디든지 콜로니얼의 발길은 향했고, 그곳에선 부득이하게 젊은 아가씨와 성적 관계와 관련된 이야기가 붉어져 나왔다. 하지만 이런 루머는 결코 사실이 아니었고, 여자들도 자신들을 대하는 네드의 행동은 예의 바르고, 숙부처럼 자상했다고 했다. 사실, 그때 네드는 이미 건강에 문제가 생겼고, 1921년 발기부전으로 수술했지만, 효과를 보지는 못했다. 설령 원했다 하더라도 그가 그런 상황을 이용했으리라고 추측하기란 어려운 일이다. 1925년 웰즐리 대학을 졸업한 루스 로렌스 브리그스(그의 보호 아이들 중에서 이 학교를 졸업한 유일한 사람)는 1988년 85세에 이 대학 동문회보에 기사를 썼다. "엉클 네드는 나를 좋아했다. 나는 다른 의미를 얘기하는 것이 아니다." 엉클 네드는 루스에게 말과 차를 사주었다. 브리그스가 결혼할 때 마벨은 그녀의 집에 양탄자를 사줬다. 브리그스가 찍은 사진 속에 배경으로 아주 작게 나온 아이 없는 늙은 부부 네드와 마벨은 젊은이들 속에서 몹시 즐거워 보였다.

웰즐리 대학과 이런 인연으로 1923년 네드는 실비아에게 함께 이 대학에 50만 달러를 기부하자고 청했다. 그들은 이것에 합의했고, 행정관이 지어질 때까지 각각 1년에 5만 달러씩 5년을 기부했다. 노룸베가 언덕에서 60미터 높이로 솟은 탑이 딸린 이 건물은 벽돌과 인디애나 라임스톤으로 지은 건물이다. 이것은 캠퍼스에서 가장 유명한 건물로 지금도 남아 있다. 또 이 건물에는 헤티 그린의 유일한 기념관이 있는데, 헤티 H. R. 그린 홀이라고 불린다.

성격과 기질이 천양지차로 다른데도 네드와 실비아는 서로 잘 보살피며 지냈다. 자식이 없는 부유한 두 남매지간의 편지에는 사소한 일상생활을 상세하게 전달하며 장난스럽고 애정이 넘쳐났다. 네드는 동생에게 보내는 편지에 '애정 어린 오빠가' 나 '사랑하는 오빠가' 등으로 서명했다. 그는 실비아에게 편지를 보낼 때 그녀의 첫 이름 '헤티 B.'의 헤티로 써서 보냈다.

1927년 크리스마스 다음 날, 실비아는 편지를 썼다.

> 그린위치에서 오빠가 보내준 전자시계 정말로 고마워. 서재의 조지 워싱턴 사진 밑에 걸어놨어. 두 개가 참으로 잘 어울려.

1935년, 그는 또 다른 선물, 독한 럼 세 개를 그녀에게 보냈다.

> 이건 시장에서 가장 좋은 거야. 이 럼은 잠을 자게 하는 데 특히 효험이 있어. 너에게 도움이 될 거야. 글라스에 얼음을 몇 조각 넣고, 라임을 조금 짜 넣고, 럼을 1온스 약간 넘게 넣어. 차츰차츰 2온스까지 늘여도 돼. 그리고는 설탕을 조금 넣어 잠자기 전에 마셔.

실비아에게 프린스라는 강아지가 있었다. 네드에게는 스텔라와 뷰티가 있다. 1928년 여름, 실비아는 스텔라에게 주라고 강아지 침대를 보냈다. 네드는 마치 스텔라가 자신과 마벨의 자식이라도 되는 것처럼 '안녕, 실비아 고모', '사랑하는 조카가'로 답장을 보내왔다. 이런 기발한 착상이 네드를 즐겁게 했다. 그는 이것을 몇 번이나 써먹었다. 한 번은 그가 실비아의 강아지 프린스에게 전보를 보내왔다. "네 엄마와 네가 오늘 행복하길 바란다-스텔라와 뷰티" 자식이 없는 늙은 오빠와 여동생이 선물을 교환하고 강아지의 목소리를 빌려 편지를 쓰는 비애감을 느낄 수 있다.

1926년 남편이 사망하여 홀로된 실비아는 어머니가 마벨을 경멸했던 것과 같은 감정을 공유했다. 네드와 마벨은 실비아의 감정을 누그러뜨리려고 갖은 애를 썼다. 네드는 늘상적으로 편지에 '마벨 언니'라고 언급했고, 둘 다 사랑했다. 하지만 실비아는 그녀를 위해 아무것도 사지 않았다. 실비아에게 그녀는 늘 가족의 재산을 노리는 침입자 '마벨 할로우'였다. 마벨이 헤티에게 그랬던 것처럼 실비아에게도 마찬가지였다. 1930년, 네드가 라운드힐에서 병져 눕자 마벨은 72자 전보를 실비아에게 쳤다.

> 전화선 연결이 너무 안 좋아서 원하는 말을 할 수 없음. 지금 네드가 몹시 아프니까 이곳으로 와서 네드를 만나기를 바람. 파스칼 의사는 수혈을 권했음. 아마 목요일쯤 하게 될 것임. 아가씨가 여기 오게 되면 좀더 많은 것을 알게 될 것임. 아가씨가 여기 도착할 시간을 알려주면 내가 마중 나가겠음. 우리 둘의 사랑을 전하며, 마벨.

실비아는 마치 사회의 후배가 초대한 저녁식사를 거절하기라도 하듯이 차갑게 답장을 보냈다.

> 유감이지만 지금은 집을 떠날 수 없음.
> 행복을 빌며. 실비아 윌크스.

마벨이 네드의 뉴욕 의사인 헨리 S. 파스칼에게 보낸 편지와 수혈이 언급된 실비아에게 보낸 편지를 보면 네드의 건강 상태를 엿볼 수 있다. 그는 너무 크고 무거웠기 때문에, 성인이 된 후 몸무게가 늘상 120~140킬로그램 정도 나갔기에, 그의 성한 오른쪽 다리는 무시무시할 정도로 손상되어 있었다. 50대에 네드는 관절염 말기로 상황이 아주 안 좋았다. 다리 상태가 악화하였을 때는 자주 휠체어를 타고 이동했다. 그는 엄청난 양의 브르모-셀처를 투약했다. 그는 빈혈과 심장병도 앓았다. 마이애미와 라운드힐, 뉴욕 등지에서 정규적으로 개최한 파티를 멈추고, 그는 오랫동안 레이크 플래시드 클럽에서 휴식을 취하며 치료를 해왔다. 1936년 6월 8일, 그곳에서 그는 67세의 일기로 세상을 떠났다. 검시관은 사망 원인을 심근부전으로 기록했다.

콜로니얼은 다시 뉴베드퍼드로 운송되었다. 그곳 고위 인사들의 행렬이 장례의식이 열리는 라운드힐로 그의 뒤를 따랐다. 하지만 네드는 사랑하는 라운드힐에 묻히지 않았다. 장례식이 끝난 직후 네드는 마지막으로 사랑하는 기차를 타고 버몬트 언덕으로 갔다. 비록 그가 벨로스폴스와 개인적인 인연이 약하다 하더라도 그는 감독교회 공동묘지에 어머니 아버지와 함께 묻혔다.

그린 가족에게는 돈과 소송이 늘 따라다녔다. 네드의 죽음은 두 가지 호화로운 법정소송을 불러일으켰다. 첫째, 마벨은 자신이 서명한 혼전계약을 무효로 만들려고 애를 썼다. 그녀는 콜로니얼이 텍사스의 거주민이 유력하다고 주장했다. 그것은 텍사스가 미국에서 가장 강력한 공동재산법을 갖고 있기에 자신에게 유리하다고 생각했기 때문이었다. 그녀는 네드 재산의 절반을 원했다. 하지만 네드는 1908년, 그의 어머니 생전에 유언장에 이미 서명을 해놓은 상태였다. 그는 모든 재산을 헤티에게, 헤티가 죽었다면, 자신의 동생 실비아에게 남긴다고 했다. 그가 지난 28년 동안 이 유언장을 새로 작성할 필요성을 느끼지 않았다는 사실은 가족의 재산은 순환되어야 한다는 것을 인정한 셈이다. 그는 이런 진실을 저버리지 않았다. 마벨은 이 사건을 저명한 필라델

피아 법률사무소에 맡겼다. 하지만 그녀는 맞수 실비아보다 훨씬 뒤떨어졌다. 실비아는 그녀보다 돈이 더 많았고 변호사도 더 많았고, 무엇보다 어머니 생전에 수많은 소송으로 많은 시간을 법정에서 보냈다. 실비아에게 마벨과 재산을 공유한다는 것은 어림도 없었다. 비록 그녀는 가족 구성원이 65세의 외로운 미망인 혼자로 줄어들었지만, 가족의 재산을 지키는 중요성은 오빠만큼 강렬하게 느끼고 있었다. 그녀는 자신이 할 수 있는 것은 무엇이든 할 준비가 되어 있었다. 설령 그 일이 오빠의 사생활을 상세하게 들추어내는 일이라 하더라도.

실비아의 변호사들은 마벨의 더러운 과거를 조사하러 텍사스로 갔다. 이것은 네드의 과거도 조사한다는 의미가 함축되어 있다. 그들은 단 퀼을 방문했는데, 그는 네드의 초창기 텍사스미드랜드 비서의 아들이다. 전해진 바에 따르면, 그의 부친은 네드의 테럴 초창기 시절에 관한 상세한 회고록을 썼는데, 아직 출판되지 않았다고 했다. 1936년 9월 30일, 단 퀼은 뉴욕의 포트 헨리에서 뉴욕에 머무르는 마벨에게 편지를 썼다. 퀼은 회고록을 변호사들에게 보여주지 않겠다고 약속했다. 하지만 그는 이것의 출판 가능성에 대해 얘기하고자 뉴욕 에이전트와 접촉했다고 했다. 물론 그는 자신이 나이 든 어머니를 돌볼 다른 방법을 찾는다면 출판을 보류할 수도 있다고 했다. "나는 우리 퀼 가문이 법정에서 말한 당신의 주장에 해를 입힐 만한 이유가 전혀 없다고 진심으로 말하고 싶습니다. 당신이 내 거래를 받아준다면 이 문제에 대해 함구할 것을 보증합니다." 마벨이 이런 엉터리 편지에 어떻게 답을 했는지, 아니면 전혀 반응하지 않았는지는 알 수 없다. 어떻든, 실비아는 소송에서 이기는데 굳이 미스터 퀼의 회고록이 꼭 필요하다고 생각하지 않았다. 네드의 유언장은 마벨이 혼전계약에 서명했을 때에도 완벽했다. 결국 1년 좀더 끈 소송은 화해 과정에서 실비아가 이를 갈며 마벨에게 50만 달러를 지급하는 것으로 끝을 맺었다. 마벨은 롱아일랜드로 가서 살았다. 그녀는 자신이 희망한 대로 그렇게 부자로 살지는 않았지만, 인생을 풍요롭고 편안하게 살만큼 충분히 부유하게 살았다.

두 번째 소송은 뉴욕, 텍사스, 플로리다, 매사추세츠, 이렇게 네 개의 주가 유산세를 놓고 전투를 벌였다. 네 주는 각각 네드가 자신들의 주민이라고 주장했다. 결국 그가 매사추세츠에서 한 번도 투표를 한 적도 없고, 자기가 텍사스 주민이라고 하여 소득세를 한 푼도 지급한 적이 없는데도, 법원은 그를 매사추세츠 주민으로 인정했다. 이 결과로 매사추세츠는 대략 세금으로 500만 달러를 벌어들였다. 이것은 이제껏 받은 단독 재산세 중에서 가장 큰 금액이었다.

이제 실비아는 성가신 탐욕스러운 과부와 관료들을 정리하고, 남은 재산을 품 안에 안게 되었다. 네드가 죽은 후 몇 주 내에 마벨은 라운드힐에서 쫓겨났고, 그 집은 주로 빈 채로 두었다. 변호사들을 통해서 실비아는 겨우내 네드가 애정을 품은 온실에 더는 난방을 하지 않겠다고 발표했고, 그 식물을 팔라고 지시했다. 그 집을 마음대로 드나드는 것에 익숙한 호기심 많은 주민은 이 집의 출입구가 맹꽁이자물쇠로 잠겨 있고, 고용된 경호원이 지키는 것을 보았다. 오래지 않아 주민들은 사우스 다트무스에서 콜로니얼의 멋진 파티는 끝이 났다는 것을 깨달았다. 실비아의 시대는 1월의 서릿발처럼 차가웠다.

17장

바람처럼 흩어지다

1940년 5월, 버몬트 주 러틀랜드의 폭약 기술자 조지 W. 도너휴와 그의 아들이 벨로스폴스의 지붕 위를 오르고 있었다. 경사면을 따라 조심스럽게 발을 딛는 두 사람은 남동쪽 굴뚝에 줄을 매달았다. 줄을 안전하게 매단 후 두 사람은 뒤로 몇 걸음 물러나서 밑의 일꾼들에게 잡아당기라는 신호를 보냈다. 굴뚝은 쉽게 항복하지 않았다. 이 집은 단단하게 지어졌다. 회반죽과 벽돌들은 134년 전에 지을 때와 똑같이 견고하고 단단했다.

결국 굴뚝은 저항을 멈추고 무너져 내리더니 둔탁한 쿵 소리를 내며 부서졌다. 터커하우스의 폭발이 시작되었다. 몇 주 내에 그린 조상 저택의 모든 흔적이 코네티컷 강과 킬번 산의 장엄한 전경과 함께 사라졌다. 일꾼들은 땅을 평평하게 고르고 포장을 하더니 집 대신에 인간 발전의 가장 삭막한 발자국을 남겼다. 이제 이곳은 주차장이 되어버렸다.

폭파는 이 저택의 주인인 H. 실비아 앤 하우랜드 로빈슨 그린 윌크스의 주문으로 행해졌다. 그녀는 이 저택을 마을에 기증했다. 주차장

| 콜로니얼 네드 그린의 대궐 같은 라운드힐 저택(마당에 앤티크 자동차가 서 있는 현대 사진)

은 그녀의 아이디어였다. 그녀의 선택이라는 상징성은 피하기 어려웠다. 가계도 모든 가지에서 경의를 표하는 7단어의 이름을 가진 이 여자는 어머니 옆에서 충실하게 여름을 보내고, 아버지가 돌아가신 이 장소를 단지 없애고 싶은 것처럼 보였다. 그녀는 이제 막 깔은 아스팔트 길이 적당히 자신의 지난 과거를 영원히 봉해줄 것이라고 믿는 듯했다.

마찬가지로 라운드힐도 실비아에게는 관심 밖이었다. 1948년 그녀는 콜로니얼 생전에 많은 실험을 했던 MIT에 오빠의 거대한 재산을 기증했다. MIT는 이 재산을 라디오 실험을 하는 데 사용했다. 과학자들은 수십 개의 방송 타워와 안테나를 세워 저 먼 우주로 신호를 보냈다. 당시의 유물인 접시형 안테나는 바다가 내려다보이는 절벽에 부착했고, 지역의 보트 타는 사람들에게 경계표가 되었다. MIT 연구소는 1964년까지 이곳을 사용했다. 그 이후 이곳은 개인 저택들이 들어섰다가 호화로운 아파트로 전환되었다.

실비아는 직접 재산 관리에 집중하며 뉴욕시에서 시간을 대부분 보냈다. 그녀는 오빠보다는 돈을 훨씬 덜 소비하면서 건전한 비즈니스 결정을 단행했다. 어머니와 오빠, 남편이 죽자 실비아는 15번가 988번지 뉴욕 아파트와 그린위치의 집을 왔다 갔다 하며 조용하고 외로운 생활을 했다. 코네티컷에서 그녀는 새에 대해서 공부했다. 그녀를 찾아오는 방문객들은 점점 줄어들었다. 벨로스폴스의 옛 친구들 몇 명이 아직 그녀를 방문했다. 그중에는 헬렌 길드라는 친구가 있었는데, 그녀의 어머니의 제안으로 반세기 전부터 친구로 지내왔다. 그녀의 어머니는 실비아에게 "너도 행복한 소녀 시절을 보냈어야 했는데"라는 말을 한 적이 있었다.

노인이 된 헬렌과 실비아는 그린위치의 작은 개인용 해변 1.5킬로미터 정도를 산책하면서 파도도 보고 조개껍데기도 주웠다. 그들은 운전자가 운전하는 실비아 자가용을 타고 그린위치를 관광했다. 도중에 그들은 아이스크림 가게에서 아이스크림도 사먹고, 드레스 샵에 불쑥 들어가기도 했다. 그곳에서 실비아는 드레스 7~8벌을 사면서 친구에게 봐달라고 했다.

실비아는 또한 벨로스폴스의 옛 친구 메리 님스 볼스와도 연락을 취하고 살았다. 메리는 가끔 그린위치로 실비아를 방문했고, 둘은 편지와 선물을 주고받았다. 1946년 메리가 실비아에게 플로리다에서 과일을 조금 보내자 실비아는 답장을 보냈다. "이제 네 두 눈이 제대로 구실을 못하다니, 유감이야. 우리는 어떻게 해서든 조금 먹어보려고 애썼어." 실비아는 평소에는 크리스마스카드를 보내지 않았다. 하지만 어느 크리스마스에 메리는 얇고 평평한 봉투를 하나 받았다. 봉투에는 카드나 쪽지는 들어 있지 않고, 그저 실비아가 보낸 500달러 수표가 있었다.

실비아는 1951년 2월 4일 저녁, 뉴욕 병원에서 80세로 숨을 거두었다. 신문에 실비아가 상속자도 없이 죽었고, 그녀의 죽음으로 헤티 그린의 별스럽고 믿을 수 없는 일화는 끝을 맺었다는 사망기사가 났다. 그리고 그들은 실비아의 남과 다른 삶에 주목했다.

> 실비아는 마지못해 1897년~1898년까지 뉴욕 사교계에 들어갔고, 이따금 뉴포트에 있는 친구들을 방문했다. 하지만 이런 외출은 자신이 없고 마지못한 행동이라 적당한 남편감을 찾는 데는 실패했다. 세월이 흐르면서 그녀는 어머니의 검소함을 닮아갔지만, 좀더 융통성 있는 방식이었다. 그녀는 삶에 함께한 친구도 거의 없었고, 부에서 분명한 즐거움도 얻지 못했다.

〈헤럴드 트리뷴〉은 다음과 같이 보도했다.

> 미시즈 윌크스는 키가 크고 금욕적인 여성으로, 자신을 크게 희생하여 유명한 어머니를 빛나게 해주었고, 명성을 멀리하고 개인생활을 추구했다. 비록 그녀가 계속해서 거대한 재정적 문제에 적극적인 활동을 하고 있었다고는 하지만, 심지어 그녀의 자산관리 매니저조차도 그녀를 거의 보기 어려울 정도였고, 늘 중요한 재정적 결정은 혼자 정했다.

〈벨로스폴스 타임스〉는 우울한 기사를 내보냈다.

> 미시즈 윌크스는 어머니의 의지대로 산 세월이 비통했을 텐데도, 그녀는 돈에 갇힌 어머니와 마찬가지로 그러한 삶에서 결국 탈출할 수 없었

다. 설령 그녀가 어머니의 영향을 증오했다 하더라도 그녀는 그것에서 벗어나지 못했다.

네드의 장례식 때는 1만 5천 명이 뉴베드퍼드 기차역으로 모였지만, 실비아의 장례 행렬은 자신의 삶만큼 조용하고 절제되어 있었다. 매디슨 애비뉴의 집에서 장례식을 마친 후 그녀의 시신은 어머니와 아버지, 오빠가 있는 벨로스폴스로 이송되었다. 뉴욕의 소규모 행렬이 현지 주민 15명과 합류해서 몹시 추운 날에 무덤 옆에 섰다. 뉴욕에서 온 일행 중에는 실비아가 단독 현금계좌 3천1백만 달러 이상이 예치된 체이스내셔널뱅크 소속 두 명이 있었는데, 한 사람은 그녀의 변호사고, 한 사람은 그녀의 운전자이다.

그린 가족 에드워드, 헤티, 네드, 실비아는 교회 옆 자그마한 사각 땅에 누워 있다. 네드와 실비아의 이름은 에드워드와 헤티의 이름이 적힌 같은 오벨리스크에 적혔다. 네드의 아내와 실비아의 남편은 다른 곳에 묻혔다.

실비아의 장례식 후 1억 달러 정도 되는 자산의 분배를 지시하는 실비아의 유언장이 그녀의 뉴욕 아파트 캐비닛에서 막대비누 네 개와 함께 나왔다. 유언장에는 수혜자로 63명의 개인과 기관의 이름이 적혀 있었다. 재산은 일률적인 계획성 없이 포괄적이었다. 가끔 멀리서 그녀를 기쁘게 해준 사람들도 끼어 있었다. 실비아는 뉴욕시 공원감독관 로버트 모지스에게 넓은 공원 도로를 만들어준 그의 노고에 감사하는 뜻으로 1만 달러를 남겼다. 모지스는 코네티컷의 그녀 집과 뉴욕시를 연결한 초목이 무성한 도로인 허친슨리버파크웨이를 입안한 인물이다. 보스턴 공립도서관은 50만 달러를 받았다. 그 이유는 그녀의 아버지 사촌들이 그곳에 수탁인으로 있기 때문이다.

실비아는 100만 달러를 10명의 먼 친척들에게 고르게 나누어주었다. 그들은 그녀처럼 모두 기드온 하우랜드의 후손들이었다. 그들은 대부분 실비아를 거의 몰랐기에 자신들이 상속받았다는 사실을 알고 경악을 금치 못했다. 헨리 A. 루미스는 85세로 퇴직하여 뉴욕 로체스터에 살고 있었는데, 당황하기는 마찬가지였다. "이렇게 많은 돈을 무엇에 써야 할지 모르겠어요. 난 너무 늙었어요. 그냥 더 살고 싶은 마음밖에는 없네요." 그는 기자들에게 말했다.

거대한 실비아의 자산은 140명 몫으로 나누어졌다. 각각 60만 달러 이상이었다. 그녀는 이것을 거의 개인적 친분이 없는 나라의 엘리트들, 빈곤한 대학들과 예일, 하버드, 컬럼비아, 그로톤, 바사르 등과 같은 사립학교에 나누어주었다. 유산 일부는 개인적이었다. 그녀는 메리님스 볼스와 같은 친구들에게 돈을 남겼다. 그녀는 벨로스폴스에 새로운 병원을 지으라고 돈을 남겼고, 뉴베드퍼드에 도서관에도 돈을 남겼는데, 그곳은 자신과 이름이 같은 실비아 이모할머니가 유산을 남긴 바로 그 도서관이다.

헤티가 평생을 들여서 모으고, 실제와 가상의 침입자들에 맞서 지킨 거대한 재산은 가족의 손아귀에서 침착하게 빠져나갔다. 시간과 죽음 앞에서는 월스트리트의 달인도, 참견하는 수탁인도, 세금징수인도 없었다. 거대한 재산은 헤티가 모르는 사람들과 기관들에 흩어졌다. 헤티는 인간 게임을 시작했고, 그것을 다소 거칠고 용감하고 훌륭하게 해냈다. 아마도 그녀는 게임을 좀 지나치게 하지 않았나 싶다.

감사의 글

보스턴의 외곽 내 부모님의 집에는 헤티 그린이 우리 조상님에게 주었다는 은 접시와 오트밀용 사발이 대대로 내려오고 있다. 어머니 캐롤린 슬랙은 2년 전에 내게 이 물건들을 보여주면서 나보고 헤티에 관한 책을 써보는 게 어떻겠느냐는 제안을 했다. 나는 어머니가 얘기하는 사람에 대해서는 거의 아는 것이 없었다. 겨우 『기네스북』에서 "이 세상에서 가장 인색한 구두쇠"라는 내용만을 어렴풋이 떠올렸다. 유감스럽게도 접시와 그릇에는 그녀가 주었다는 것을 증명할 만한 이니셜이나 표시 등이 없는 채로 가문의 전설로만 남아 있었다. 하지만 이 이야기만으로도 내가 이 책을 쓰겠다고 결정하는 데 충분했다.

내 조사는 헤티가 살았던 매사추세츠 뉴베드퍼드에서 시작되었고, 많은 사람과 기관이 도움을 주었다. 이디 니컬러스는 작은 사업체를 운영하는데, 지난 10년에 걸쳐서 고향에서 헤티의 이름이 공적으로 노출된 것을 부지런히 찾아주었고, 개인적으로 박물관 〈헤티 그린 역사

연구회〉를 운영하고 있다. 이 박물관은 헤티와 그녀의 가족에 대해 좀 더 많은 것을 알고 싶은 사람이라면 누구나 이용할 수 있다. 처음에 내가 이디를 방문했을 때 그녀는 나를 따뜻하게 맞이하며, 사람들에게 인사시켰고, 자료를 보여주었다. 심지어 시내관광까지 안내했다.

닥터 스튜어트 M. 프랭크와 캔달 연구소(뉴베드퍼드 고래 박물관의 일부)의 직원들은 엄청난 고래 관련 서적과 하우랜드 유언장 소송에 대한 방대한 책, 하우랜드 가문의 기록, 그 외 다른 자료들을 볼 수 있도록 시간과 공간을 내어주었다. 뉴베드퍼드 공립도서관에서 당시 기록 보관원이었던 어니스티나 퍼타도가 책과 서류, 헤티가 어린 시절을 보낸 지도 등을 보여 주었는데, 특히 지도는 그 시절의 뉴베드퍼드를 재창조 하는데 큰 도움이 되었다. 또 그들은 헤티와 그녀의 가족과 직접 연관된 매력적인 서류 등을 보여주었다. 도서관 직원 폴 시르는 이 책에 나온 사진들 여러 장을 복사해주었다.

헤티 그린과 간접적인 관계에 있는 작가 겸 편집자 겸 출판업자인 루웰린 하우랜드 3세는 뉴베드퍼드 하우랜드 가문의 방대한 지식과 헤티에 대한 자신의 생각을 얘기해주었고, 내가 꼭 필요한 중요한 책 몇 권과 자료를 일러주었다. 그는 또한 매사추세츠의 사우스 다트무스(라운드힐 저택이 있는 곳)에 사는 두 사람을 소개해주었는데, 각별한 도움이 되었다. 헤티의 아들 네드 그린이 지은 라운드힐 저택(나중에 아파트로 바뀜) 관리인 버트 힐의 아들 놀 힐 선장은 나를 집으로 초대해서 놀랄 만한 수집품을 보여주었다. 그것은 콜로니얼 네드 그린과 라운드힐 저택과 관련된 서류와 사진, 문서들이었다. 라운드힐에 사는 포틴 베델은 콜로니얼에 대해 아는 것을 말해주었다. 그녀는 『콜로니얼 에드워드 하우랜드 로빈슨 그린과 그가 라운드힐에 창조한 세계*Colonel*

Edward Howland Robinson Green』라는 훌륭한 책을 쓰면서 수집한 자료에 대해 많은 것을 내어주었다.

뉴욕시에서 나는 〈뉴욕역사모임〉 직원들에게 감사한다. 그곳에서 나는 뉴욕 신문들을 복사하고, 사진을 스캔 받느라고, 또 뉴욕 역사에 관한 서적들을 찾느라고 많은 시간을 보냈다. 뉴욕공립도서관은 당시 신문과 저널에 대해 또 다른 귀중한 자료를 공급해주었다. 미국 재정 역사박물관은 로어 브로드웨이에 있는 작은 보석으로, 이곳은 옛 케미컬내셔널뱅크와 헤티의 다른 월스트리트 근거지에서 돌을 던질 만큼 가까운 거리이다. 나는 많은 도움을 주는 서적들과 은행 기록들을 찾았고, 박물관 도서실에서도 많은 자료를 모았다. 이 과정에서 메그 벤트루도가 도움을 주었다. 로어 맨해튼에 있는 〈JP 모건 체이스 아카이브 디퍼트먼트JP Morgan Chase Archives Department〉소속 셜리 다이아몬드는 케미컬내셔널뱅크의 역사적인 정보를 복사해 주었다. 여기에는 헤티가 살던 시대의 예금자 목록과 사진 등이 포함되었다.

버몬트 주 벨로스폴스에서 로킹햄 프리 공립도서관의 크리스 버처스테드는 헤티와 그녀의 가족에 대해 스크랩해 놓은 두툼한 자료와 오리지널 편지를 살펴볼 수 있도록 허락해 도서관 2층 박물관에 있는 다른 항목들도 볼 수 있게 했다. 그 지역 역사학자 로버트 애쉬크로프트는 내게 벨로스폴스를 관광시켜 주었다. 또한 로킹햄 마을 직원 도린 알드리치에게도 고맙고, 웨스트민스터 유언 검인 법원의 원더 블랜처드의 도움으로 출생기록과 사망기록, 유언장들과 다른 기록들을 구할 수 있었다.

뉴저지 〈호보컨 역사박물관〉의 로버트 포스터는 호보컨 주위를 안내하였고, 19세기 말과 20세기 초 이 마을을 구체화할 수 있도록 도움을 주었고, 그 지역 역사의 풍부한 지식을 전달해주었다. 이웃하는 저지 도서관 조세프 돈넬리와 브루스 브랜드트에게 고마움을 표한다.

텍사스 주 테럴의 테럴 유산 협회소속 제임스 맥코드에게도, 로빈슨 가문의 후손이자 족보학자인 버지니아 어배너의 헬렌 니컬러스 배틀선에게도, 그린위치 마을의 〈역사 협회〉에게도 감사의 마음을 전한다. 매사추세츠 워체스터 〈골동품 협회〉, 〈하버드 대학 법률 도서관〉, 〈하버드 우스터 도서관〉, 〈의회 도서관〉, 코네티컷 주의 〈트럼벌 공립도서관〉 등은 모두 나에게 문을 열어주었다.

내 아내 바바라에게 무한한 고마움을 느낀다. 그녀는 이 글을 쓰는 내내 끊임없는 지지와 격려를 보내었고, 내 삶을 달콤하게 해주는 내 딸 나탈리와 캐롤라인, 그리고 조안과 앤서니 디파니에게도 고맙다. 미리 원고를 읽어준 사람들과 귀중한 조언을 해준 사람들 가운데 내 아버지 워너 슬랙은 의사 겸 작가로, 놀라우리만큼 계속해서 아낌없는 후원과 격려를 해주셨다. 딘 킹은 내게 전문적인 작가가 되는 방법을 예로써 보여주었고, 클라우디오 필립스는 내가 믿는 친구이자 지혜로운 독자이다.

나는 내 에이전트 겸 친구인 앤드루 브라우너에게 고마움을 표한다. 그는 지난 7년 동안 현명하고 상냥하게 나를 안내해주었다. 에코 출판사의 내 담당 편집자인 줄리아 세르빈스키는 처음부터 열정적인 관심으로 내 원고 편집을 세심하게 해주어 원고가 아주 좋아졌다. 책이 나오는 과정 내내 유쾌한 마음으로 그녀를 보좌해준 게나 기리잔스키에게도 고마움을 전한다.

옮기고 나서

모든 일이 그렇지만 번역 역시 쉽지도 않거니와 생각지 못한 어려움과 마주칠 때가 잦다. 하지만 남들이 모르는 나만의 즐거움도 있다. 특히 이번 작품은 '전기傳記' 라는 장르의 매력을 한껏 느끼게 했다. 이 책은 19세기 걸출한 자본가 록펠러, 카네기, J.P. 모건 등과 함께 한 시대를 풍미했지만 죽은 지 채 1백 년도 지나지 않아 거의 모든 사람에게서 잊힌 헤티 그린이라는 여성 자본가의 이야기이다. 온갖 군데 흩어져 있는 수많은 자료를 뒤지고 무수한 언론 매체에 게재된 헤티 그린의 실낱같은 흔적을 낱낱이 찾는 "헌신적인 노고로, 죽었던 헤티 그린을 다시 되살렸다"는 찬사를 받은 찰스 슬랙의 열정은 제대로 된 전기작가를 찾아보기 어려운 우리 현실에서 부러움과 부끄러움을 동시에 느끼게 했다.

이 책은 '역사상 최고의 여성 부자' 인 헤티라는 인물을 쫓으며 '부의 비밀' 을 알려준다는 점에서 매우 흥미롭다. 헤티가 발산해내는 아우라

또한 대단히 위압적이고 매력적이다. 번역이 진행될수록 낯설었던 그녀의 이름은 기괴했던 일화만큼 내 머릿속에 강렬하게 각인되었다. 지금의 가치로 대략 16조에 이르는 천문학적 재산을 지니고 영원불멸할 것 같던 헤티도 결국 죽음을 맞이한다. 그 장면에서는 인생의 허망함과 함께 과연 '부' 나 '물질' 이란 무엇인가라는 근원적 물음이 생기지만, 작가는 특별한 가치평가를 하지 않고 그저 헤티의 삶을 통해서 돈의 위력과 허무를 담담히 보여줄 뿐이다.

여성에게 아직 투표권조차 없던 시절이라, 유일한 상속자였던 헤티 또한 아버지에게 유산 관리능력을 인정받지 못하고 신탁재산으로 받는다. 그렇게 경직된 사회적 분위기 속에서 여성의 몸으로 비즈니스를 한다는 건 그리 쉬운 일이 아니었다. 그녀의 자본축적 방식은 지나칠 정도로 매우 단순하다. 하지만 아직도 금융가에서는 '복리의 마술' 을 이야기할 때 전설처럼 남아있는 이름이다. 헤티는 당시 대다수 자본가처럼 착취와 모략을 동원하지도 않았고 한때는 민중의 영웅으로 떠오를 만큼 대중의 신망을 얻기도 했다. 하지만 극도의 검소함은 오히려 그녀를 추악한 욕심쟁이로 만들고 '수전노' 라는 타이틀로 기네스북에 오르게 한다. 어쩌면 헤티를 미워하거나 잊히게 한 건 엄청난 자본을 가진 괴팍한 '여자' 에 대한 언론의 황색 속성이기도 했지만, 대중이 부자에게 갖는 허위의식이나 대리만족에 부합하지 않은 요인도 있다. 사람들은 록펠러나 카네기처럼 뉴욕 5번가에 어마어마한 대저택을 짓고 지나칠 정도의 호사를 누리는 것을 부러워하지 손가락질하지는 않는다. 그렇지만 부자가 검소한 생활을 하며 자신들처럼 누추한 생활을 하는 건 뭔가 마뜩찮다. 왜일까? '부의 욕망법칙' 에 어긋나서일까?

단순하지만 아무나 흉내 낼 수 없는 투자 방식으로 '역사상 최고의 여성 부자'가 되고 많은 재산을 가졌음에도 지나칠 정도의 절약정신으로 '검소한 삶'을 살았던 헤티 그린의 일생은 부자가 되고 싶은 사람, 이미 부자인 사람, 부자를 상대로 비즈니스를 하는 사람 모두에게 교훈을 줄 것이다.

출처 노트

이미 주류를 이루는 헤티와 관련된 논픽션 책이 두 권 있다. 1935년 출판된 보이든 스팍스와 사무엘 테일러 모어의 『헤티 그린: 월스트리트의 마녀*Hetty Green: The Witch of Wall Street*』와 1963년에 출판된 아서 H. 루이스의 『그들이 자두나무를 뒤흔들던 날The Day Shook the Plum Tree』이다. 스팍스와 모어의 책은 1930년에 『헤티 그린: 돈을 사랑한 여성*Hetty Green: A Woman Who Loved Money*』이라는 제목으로 출판되었다가 2000년에 버커니어 북스 출판사가 재출판하였는데, 이 책은 아주 자세히 연구되었고, 저자들은 이미 고인이 된 헤티의 지인들을 인터뷰했다. 몇몇 경우에 나는 그들의 인터뷰에서 나온 일화 몇 개를 인용했고, 각주에도 이 책의 사례를 인용했다. 루이스의 책은 헤티의 자식들에게 물려준 재산에 대해 주로 다루었다. 필라델피아 주 템플 대학 기록 보관소에 보관된 루이스가 연구조사한 문서는 많은 잡지 기사와 신문기사 등에 소개되었다.

서문

존 스틸 고든의 간결하고 매우 재미있는 월스트리트의 역사서 『그레이트 게임*The Great Game*』은 내가 미국 재정 발달과 헤티가 살던 시절을 이해하는 데 큰 도움이 되었다. 찰스 R. 가이스트의 『월스트리트 역사*Wall Street: A History*』와 찰스 P. 킨들버거의 『광기, 패닉, 붕괴*Manias, Panics and Crashes*』를 포함한 다른 유용한 책들도 있다.

1장 새로운 정착지, 뉴베드퍼드

나는 뉴베드퍼드와 하우랜드 가족의 역사를 조사하던 중에 고래 책과 옛 도시의 파일들에서부터 헤티가 탄생한 1834년에 콜레라가 돌연히 발생했다는 의사들의 수기, 일기 등에 이르기까지 많은 자료를 접했다. 그중에서 두 가지 책은 특히 언급할 만한 가치가 있다. 첫 번째 책은 윌리엄 M. 에머리의 『하우랜드 상속자들*The Howland Heirs*』이다. 이 작품은 에머리가 1919년에 쓴 기념비적인 계보 작품으로, 그는 헤티가 죽은 후 실비아 이모의 신탁자금 상속분을 타게 될 하우랜드 후손들의 목록을 작성하는 일을 맡았었다. 단지 계보 이외에도 『하우랜드 상속자들』에는 가문의 역사와 다채로운 조상에 대해서도 실려 있었기에 이 책을 쓰는 내내 끊임없는 참고서 역할을 했다. 두 번째 책은 레오나르도 볼스 엘리스의 『뉴베드퍼드와 그 주변의 역사*History of New Bedford and Its Vicinity*』로, 내가 필요한 세부사항이 어마어마하게 많이 들어 있는 역사서이다.

2장 실비아 이모

소송이 중요하다고 생각하는 몇 안 되는 사람들 가운데 법정변호사 외에도 역사연구원들이 있다. 옛 법정기록들을 보면 아주 멋지게 상세한 설명을 해놓았다. 실비아 이모 유언장에 맞서 헤티가 낸 1867년 소송기록은 특히 더 자세하다. 실비아 이모의 가정 고용원들이 진술한 장황한 증언은 2장과 3장에서 실비아가 뉴베드퍼드와 라운드힐에서 얼마나 외로운 생활을 했는지, 헤티가 그녀를 방문했을 때 얼마나 떠들썩한 소란을 피웠는지를 재창조하는 데 도움이 되었다. 헤티와 하인들 사이에 원한이 깊었기에, 그들이 헤티에게 불리한 증언을 한 것은 그리 놀라운 일이 아니다. 헤티의 증언은 주로 세부적인 가정사보다는 유언장을 작성하는 것과 관련이 있다. 하인들 또한 돈에 관심이 많았고, 헤티가 소송에서 지기를 바랐다. 그것은 유언장에는 그들에게 상속될 유산이 있었기 때문이었다. 더욱이 하인들의 증언은 명확하고 솔직하며 일관되고 믿을 만했다. 그들의 증언으로 실비아 이모의 다양한 가정생활이 재창출 될 수 있었다.

헤티가 웨일스 왕자와 춤을 추었다는 내용은 월터 마셜의 출판되지 않은 회고록(15장)에서 발췌한 것이다.

3장 유언장 소동

총체적으로 악덕 자본가들로 알려진 자본가들에 대한 정보는 이들의 다양한 전기와 『웹스터 아메리칸 바이오그라피*Webster' s American Biographies*』에서 얻었다. 또 다른 좋은 출처는 구스터버스 마이어스 『위대한 미국 재산의 역사*History of the Great American Fortunes*』로, 1907년에 처음 출판되었다. 마이어스의 책은 거금에 대해서 장장 700페이지에 걸쳐서 혹평해놓았다. 그는 책에 묘사된 사람들에게서 좋은 점은 거의 찾지 못했다. 이 책은 미국의 부유한 가문들이 지닌 부의 원천에 대한 매혹적인 환상을 완전히 부수었다.

4장 두 번째 페이지 법정 소송

내가 인용한 에드워드 그린의 편지 두 개는 뉴욕역사학회에서 구한 것이다. 소송에 대한 묘사는 부피가 엄청난 법정기록에서 나온 것이다. 아가시와 홈스, 다른 사람들의 전문적인 증언은 아주 철저한 과학적 위조검사이다. 비록 판사가 얄궂게도 꼭 위조라고 볼 수 없다는 결정을 내리긴 했지만, 이에 불복한 변호사들은 이 사건을 세밀하게 수사하여 최신식 과학수사로 전개한다.

5장 도피

헤티와 에드워드가 살던 런던의 상황을 묘사하려고 자료를 찾던 중 인터넷에서 도움을 받았다. 나는 세인트메릴본을 상세하게 묘사한 1868년 『대브리튼섬과 아일랜드 지명사전*The National Gazetteer of Great Britain and Ireland*』 복사본을 찾았다. 공들여서 자신의 웹사이트에서 지명사전을 복사해주었고, 그것을 인용할 수 있게 허락해 준 영국의 족보학자 콜린 힌선에게 고마움을 전한다.

6장 벨로스폴스의 다크호스

버몬트 주 벨로스폴스는 로킹햄 내에 있는 작은 마을이다. 내가 찾아낸 마을 역사 여러 개 가운데 리먼 심슨 헤이즈의 1907년 『버몬트 주 로킹햄의 역사*History of the Town of Rockingham, Vermont*』는 그린 가족뿐만이 아니라 마을의 정보를 얻는 데 특히 도움이 되었다. 더욱이 헤이즈의 출판되지 않은 글 『고향의 헤티 그린: 버몬트 주 벨로스폴스에서 그녀의 이웃들의 회상*Hetty Green at Home: Reminiscences of Her Heighbors at Bellows Falls*, Vermont』은 로킹햄 프리 공립도서관에 보관되어 있다. 헤이즈는 많은 마을 주민과 인터뷰해서 당시 즐겁고 다채로운 이야기들뿐만 아니라 그녀에 대한 인상에 대해서도 기록해놓았다. 템플 대학의 아서 루이스의 타이핑 된 원고는 메리 님스 볼스와 헤티의 평생 동반자인 딸 실비아가 말한 자료들을 보관해 두었다. 이 자료들에는 헤티와 에드워드, 네드와 실비아에 대한 흥미 있는 세부사항들이 많이 포함되어 있다.

7장 헤티, 월스트리트의 마녀

시스코은행 붕괴는 뉴욕의 신문지상에 널리 보도되었고, 기사 내용에는 주로 헤티가 주인공이었다. 〈뉴욕월드〉와 〈뉴욕테일리트리뷴〉은 특히 철저하게 취재했다.

8장 브루클린의 백만장자

뉴욕역사학회는 금박시대에 뉴욕에서 특별하게 부를 축적한 훌륭한 자료를 얻을 수 있는 공급처였다. 로버트 스턴의 『뉴욕*New York 1900*』은 5번가를 따라서 세워진 주요 산업에 대해서 믿을 수 없을 만큼 상세한 묘사를 해놓았다. 스튜어트 홀브룩의 『무굴시대*The Age of the Moguls*』 또한 유익했다. 알렉산더 노이에스의 『미국 재정 40년*Forty Years of American Fiance*(1865-1907)』은 특히 헤티가 활발하게 활동하던 시기의 미국의 유력한 경제 상황을 묘사하는 데 도움이 되었다.

9장 후계자 수업

네드의 다리를 둘러싼 사항에 대해서는 모호하여, 많은 자료에서 근거 없이 터무니없는 것을 선별하는데 어려움이 있었다. 루스벨트 병원 닥터 맥버디의 수술 기록에서는 불행히도 아무것도 찾지 못했다. 사람들은 경험상 헤티가 인색함과 심술 때문에 아들의 다리를 잃게 했다고 했다. 헤티는 틀림없이 의사를 싫어했다. 하지만 그녀는 아들을 분명히 사랑했고, 오랜 기간 아들의 상태를 바로잡으려고 많은 노력을 했지만 성공하지 못했다. 이런 면을 볼 때 나는 그녀가 단지 의사에게 가는 비용이 두려워서 아들의 다리를 잃게 했다고 믿지 않는다.

10장 무임승차를 하지 말라

헤티의 텍사스미드랜드 철도회사 습득과 이어지는 네드의 경영수완은 권위 있는 S. C. G, 리드의 『텍사스 철도의 역사*History of the Texas Railroads*』에 자세히 기록되어 있다. 콜리스 P. 헌팅턴과의 대결에서 헤티가 권총 선물을 받은 것은 스파스와 모어의 저서 『월스트리트의 마녀 헤티 그린』에 나온다. 케미컬내셔널뱅크와 은행장 조지 길버트 윌리엄스와 관련된 정보는 대부분 뉴욕에 있는 JP 모건 체이스 아케이브에 보관된 자료에서 찾았다. 1902년 월스트리트의 고전인 『어느 주식 투자자의 회상*Reminiscences of a stock operator*』의 작사 애드윈 르페브르가 쓴 윌리엄스 인물 소개는 특히나 도움이 되었다. 스크랩 된 기사는 어느 신문의 기사인지 확인할 수 없었다.

11장 위트 넘치는 법정 소송

아버지가 임명한 수탁인들과 헤티의 끝없는 법정 싸움은 신문지상에 광범위하게 보도되어 있다. 〈뉴욕타임스〉는 이 싸움을 재창조하는 데 주요한 출처가 되었다. 친구 메리에게 보내는 실비아의 편지는 벨로스폴스 로킹햄 프리 공립도서관 유리 상자에 보관되어 있다.

12장 여객선을 타고

헤티와 제임스 스미스 형제(제임스와 마이클)의 우정에 대한 정보를 준 호보컨 주민 리사 콘드에게 진심으로 고맙다. 리사와 그녀의 남편 톰은 마이클 스미스의 옛 집에 살고 있고, 우연히 헤티가 그에게 돈을 빌려준 상세한 기록을 접했다고 했다. 리사는 나에게 그 집을 보여주었고 그녀가 형제에 대해 수집한 정보를 알려주었다. 뉴욕의 하숙집에서 헤티와 에드워드, 윌리엄 크레이포와 관련된 이야기는 헨리 하우랜드 크레이포의 『윌리엄 월리스 크레이포 이야기*The Story of William Wallace Crapo*』에서 발췌했다. 이 책에는 헤티의 유쾌한 모습이 나온다. 콜리스 P. 헌팅턴의 사망 소식을 들은 헤티의 반응 이야기는 스파스와 모어의 『월스트리트의 마녀』에 처음 나온다. 12장 마지막에 독살에 대한 헤티의 두려움은 공식적인 하우랜드 족보학자인 윌리엄 에머리에게서 나왔다. 그는 헤티의 두려움을 1948년 6월 13일 자 뉴베드퍼드 〈스탠더스-타임스〉에 기사를 썼다.

13장 실비아의 구혼자들

1907년 패닉의 원인은 수도 없이 많기에 나는 아주 간략하게 설명했다. 알렉산더 노이에스는 『미국 경제 40년(1865-1907)』에는 위기에 대한 훌륭한 견해를 제공한다. 좀더 근대적인 견해는 존 스틸 고든의 『그레이트 게임』과 찰스 P. 킨들버거의 『광기, 패닉, 붕괴』에서 찾아볼 수 있다. J. P. 모건과 그 일행들에 의해 해결된 위기의 해결책은 현금의 흐름을 안전하게 가져가서 은행시스템을 안정시켰다. 이런 위기 안정화 역할에 분명히 헤티도 포함되었다. 사실, 연방준비제도Federal Reserve System의 설립은 은행시스템을 안정화 시켰지만 모건과 그 일행이 희망한 것처럼 되지는 않았다. 물론 20년 후쯤 이 시장은 다시 붕괴하였고, 수백 개의 은행이 도산하면서 대공황Great Depression을 이끌었다. 헤티의 미덕 이야기는 1908년 5월 28일 자 〈뉴욕타임스〉에 상세하게 보도되었다. 야머스의 백작 소송에 대한 묘사는 1901년 〈타임스〉기사에 여러 번 보도되었다.

14장 네드의 금의환향

유명한 전설에 따르면, 헤티의 사랑하는 강아지 듀이는 뉴욕 웨스트체스터 카운티에 있는 하츠데일 케이나인 공동묘지에 묻혔다고 한다. 1896년에 생긴 이 묘지는 미국에서 가장 오래된 애완동물 공동묘지로, 죽은 강아지 명부에는 연예인과 정치인, 다른 유명 인사들의 애완동물도 포함되었다. 헤티는 듀이에 대한 사랑이 워낙 컸기에 강아지 무덤에 돈을 아끼지 않았다. 얄궂게도 이 공동묘지의 명부에서는 '듀이' 라는 이름을 찾을 수 없었다. 아무리 헤티가 비밀스러운 경향이 있다고 해도 듀이를 필명으로 기록했으리라고는 상상하기 어렵다. 헤티의 다른 전설들처럼 듀이의 무덤도 호기심을 자극하는 미스터리로 남아있다.

15장 나는 누구보다도 더 오래 살 것이다!

테럴에서 콜로니얼 네드 그린의 개인 비서 월터 마셜은 1911년 네드와 함께 뉴욕에 왔다. 마셜은 텍사스보다 뉴욕을 더 마음에 들어했다고 말할 수 있다. 그것 중 한 가장 주요한 이유는 헤티와의 관계 때문이다. 마셜의 출판되지 않은 회고록에는 헤티와 함께 그녀의 소중한 보물창고에 갔다 왔던 부분이 상세하게 적혀 있다. 마셜의 회고록을 출판할 준비 중인 바버라 포틴 베델은 마셜이 헤티와 그녀의 보물창고에 갔다가 온 부분을 묘사한 곳을 내게 보여주었다.

16장 라운드힐의 추억

콜로니얼 네드 그린에 대해서 많은 시간을 내기는 어려웠고, 만족할 줄 모르는 그의 호기심, 생활 규모, 그의 유머, 그의 생활 방식 등은 내게 크게 관심을 끌지는 못했다. 그의 말년 생활을 응축하여 한 장에 넣기란 참으로 어려운 과제였다. 내가 '감사의 글' 에서 언급한 놀 힐Noel Hill의 수집품에는 네드와 실비아 사이에 서신 왕래를 포함하여 흥미 있는 상세한 것들이 많았다.

1963년 아서 루이스의 『그들이 자두나무를 흔들던 날』과 존 M. 블러드의 『내가 아는 그린 가족*The Greens As I knew Them*』(1964)은 또한 콜로니얼에 대한 흥미 있고 상당히 색다른 관점을 제공해주었다. 블러드는 네드와 함께 일한 뉴베드퍼드 변호사였고 루이스와도 인터뷰했다. 블러드가 개인적으로 출판한 책에는 『자두나무』에서 표현된 네드의 냉소적이고 경멸적인 부분과는 반대였다. 나는 또한 이 책에 대한 블러드의 신문기사와 메모를 참고 했다. 이 자료는 하버드 로스쿨 도서관에 보관되어 있다.

'라운드힐Round Hill' 이란 이름을 살펴보면 이 재산은 'Round Hill' 과 'Round Hills' 두 가지로 쓰였는데, 어느 정도는 둘 다 써도 무방하다. 네드는 사실상 재산과 관련된 모든 것을 단수로 사용했기에, 나도 일관성 있게 이에 따랐다.

17장 바람처럼 흩어지다

벨로스폴스에 함께 어린 시절을 보낸 실비아와 헬린 길드는 노인이 되어서도 그린위치에서 만났다는 묘사는 실비아가 죽은 직후 길드가 보스턴 글로브 기자인 프랜시스 번스와 장기간 인터뷰한 데서 따온 것이다("실비아는 장난감을 좋아했어요. 그것은 어릴 때 장난감을 가지고 놀지 못했기 때문이에요." 1951년 3월 4일). 메리 님스 볼스와 실비아의 우정 부분 묘사는 벨로스폴스의 로킹햄 프리 공립도서관에서 보관된 두 사람의 편지와 메리의 회고록에서 가져왔다. 실비아 재산의 분배는 전국 신문에 널리 보도되었다.

참고자료

BOOKS

- Allen, Everett S. *Children of the Light: The Rise and Fall of New Bedford Whaling and the Death of the Arctic Fleet*. Boston: Little, Brown, 1973.
- Ambrose, STephen E. *Nothing Like It in the World: The Men Who Built the Transcontinental Railroad, 1863-1869*. New York: Touchstone Books, 2001.
- Anonymous(작가불명), *History of the Chemical National Bank 1823-1913*, privately printed, New York, 1913.
- Ashley, Clifford W. *The Yankee Whaler*. New York: Dover Publications, 1991. Reprint of 1942 edition.
- Bedell, Barbara Fortin. *Colonel Edward Howland Robinson Green and the World He Created at Round Hill*. South Dartmouth: self-published, 2003
- Black, Ladbroke. *Some Queer People*. London: Sampson Low, Marston & Co., n.d.
- Browne, William Bradford. *The Babbitt Family History, 1643-1900*. Tauntion, Mass., 1912.
- Bullard, John M. *The Greens As I Knew Them*. New Bedford, Mass.: Reynolds-De Walt Printers, 1964.
- Collier, Peter, and David Horowitz. *The Rockefeller*: An American

Dynasty. New York: Holt, Rinehart & Winston, 1976.

- Collins, Anne L., Virginia Lisai, and Louise Luring. *Around Bellows Falls, Rockingham, Westminster, and Saxtons River.* Charleston, S.C.: Aracadia Pulishing, 2002.
- Congdon, James Bunker. *New Bedford, Massachusetts.* New York: Jared W. Bell, printer, c. 1841.
- Carpo, Henry Howland. *Certain Comeoverers*, 2 vols. New Bedford, Mass.: E. Anthony & Sons, 1912.
- ________. *The New-Bedford Directory.* New Bedford, Mass.: Press of Benjamin Lindsey, 1841.
- ________. *The Story of William Wallace Capo, 1830-1926.* Boston: Thomas Todd Co., Printers, 1942.
- Crossen, Cynthia. *The Rich and How They got That Way.* New York: Crown Business, 2000.
- Dean, Sidney, ed. *History of Banking and Banks.* Boston: Pellham Studios, 1884.
- *Directory of Directors in the City of New York.* Audit Company of New York, 1898.
- Ellis, Leonard Bolles. *History of New Bedford and Its Vicinity, 1602-1892.* Syracuse, N.Y.: D. Mason & Co., 1892.
- Emery, William M. *The Howland Heirs: Being the Story of a Family and a Fortune and the inheritance of a Trust Established for Mrs. Hetty H. R. Green.* New Bedford, Mass.: E. Anthony & Sons, 1919.
- ________. *New Bedford Lawyers of the Past.* Old Dartmouth Historical

Society. Reprinted from the *New Bedford Sunday Standard-times*, 1943-44.

- Evans, Cerinda W. *Collis Potter Huntington*. Newport News, Va.: The Mariner's Museum, 1954.
- Evans, Thomas. *An Exposition of the Faith of the Religious Society of Friends*. Philadelphia: Kimber & Sharpless, 1828.
- Flynn. John. T. *Men of Wealth: The Story of Twelve Significant Fortunes from the renaissance to the Present Day*. New York: Simon and Schuster, 1941.
- Geisset, Charles R. *Wall Street: A History*. New York: Oxford University Press, 1997.
- Gordon, Jonh Steele. *The Great Game: The Emergence of Wall Street as a World Power, 1653-2000*. New York: Touchstone Books, 2000.
- Hayes, Lyman Simpson. *History of the Town of Rockingham, Vermont 1753-1907*. Bellows Falls, Vt.: published by the town, 1907.
- Hazard, Thomas R. *Recollections of Olden Times: Rowland Robinson of Narragansett and His Unfortunate Daughter*. Newport, R.I.: John P. Sanborn, 1897.
- *History of the Chemical National Bank 1823-1913*. Privately printed, 1913.
- Holbrook, Stewart H. *The Age of the Moguls*. New York: Doubleday & Co., 1954.
- Howland, Franklyn. *A Brief Genealogical and Biographical History of Arthur, Henry, and John Howland and Their Descendants, of the United*

States and Canada. New Bedford, Mass.: privately published, 1885.

- Kindleberger, Charles P. *Manias, Panics, and Crashes: A History of Financial Crises*. 4th ed. New York: John Wiley & Sons, 2000.
- King, Moses. *King's Notable New Yorkers, 1896-1899*. New York: Orr Press, 1899.
- Klepper, Michael, and Robert Gunther. *The Wealthy 100: From Benjamin Franklin to Bill Gates-A Ranking of the Richest Americans, Past and Present. Seacaucus*, N.J.: Carol Publishing Group, 1996.
- Lavender, David. *The Great Persuader*. Garden City, N.Y.: Doubleday & Co., 1970.
- Leonard, John William, ed. *Who's in Finance and Banking.* New York: Josephy & Sefton, 1911.
- Lewis, Arthur H. *The Day They Shook the Plum Tree*. New York: Harcourt, Brace & World, 1963
- Lovell, Francies Stockwell, and Leverett C. Lovell. *History of the Town of Rockingham, Vermont 1907-1957*. Bellows Falls, Vt.: published by the town, 1958.
- Melville, Herman. *Moby Dick, or The Whale*. New York: Library of America, 1983. Reprint of 1851 edition.
- Myers, Gustabus. *History of the Great American Fortunes*. New York: Modern Library, 1936. Reprint of 1909 edition.
- Nash, Jay Robert. *Zanies: The World's Greatest Eccentrics*. Piscataway, N.J.: New Century Publishers, 1982.
- Noyes, Alexander Dana. *Forty Years of American Finance: 1865-1907*.

New York: G. P. Putnam' s Sons, 1909.

- Pease, Zephaniah W. *The Diary of Samuel Rodman: A New Bedford Chronicle of Thirty-seven Years, 1821-1859.* New Bedford, Mass.: Reynolds Printing Co., 1927.
- Perrin, William F., Bernd Wursig, and J. G. M. Thewissen. *Encylopedia of Marine Mammals.* San Diego: Academic Press, 2002.
- Philbrick, Nathaniel. *In the Heart of the Sea: The Tragedy of the Whaleship Essex.* New York: Penguin Books, 2000.
- Reed, St. Clair Griffin. *A History of the Texas Railroads.* New York: Arno Press, 1981. Reprint of 1941 edition.
- *The Robinsons and Their Kin Folk.* Third Series. New York: Published by the Robinson Family Genealogical and Historical Association, 1906.
- Ross, Ishbell. *Charmers and Cranks: Twelve Famous American Women Who Defied the Conventions.* New York: Harper & Row, 1965.
- Smith, Arthur D. Howden. *Men Who Run America: A Study of the Capitalistic System and Its Trends Based on Thirty Case Histories.* New York: Bobbs-Merrill, 1936.
- *Souvenir Edition of the Bellows Falls Times.* Bellows Falls, Vt.: W. C. Belknap & Co., 1899. Local history.
- Sparkes, Boyden, and Samuel Taylor Moore. *Hetty Green: The Witch of Wall Street.* Garden City, N.Y.: Doubleday, Doran & Co., 1935.
- Stern, Robert M. *New York 1900.* New York: Rizzoli International Publishing, 1983.
- Wall, Joseph Frazier. *Andrew Carnegie.* Pittsburgh: University of

Pittburgh Press, 1989. Reprent of 1970 edition.

- Wilson, Neill C., and Frank J. Taylor. *Southern Pacific: The Story of a Fighting Railroad.* New York: McGraw-Hill Book Co., 1952.

NEWSPAPERS

헤티 그린은 당시에는 유명인사 이였기에 그 시절 신문과 잡지는 중요한 자료로, 아주 자세한 세부사항 외에도 동시대에 그녀를 어떤 시각으로 바라보았는지를 알 수 있었다. 나는 수십 가지 신문에서 수백 가지 기사를 수집했다. 수많은 자료를 공급해준 신문은 〈뉴욕월드〉 〈뉴욕 데일리〉 〈트리뷴〉 〈뉴욕선〉 〈뉴욕타임스〉 〈브루클린 데일리 이글〉 〈뉴베드퍼드(매사추세츠) 모닝 머큐리〉 〈뉴베드퍼드 이브닝 스탠더드〉 〈뉴베드퍼드 가제트 앤 커리어〉 〈뉴베드퍼드 스탠더드 타임스〉 〈벨로스폴스 타임스〉로 특히 〈뉴욕타임스〉는 귀중한 자료가 되었다. 1851년부터 단어와 구에 따라서 모든 사건을 검색할 수 있게 한 신기한 컴퓨터 검색엔진 덕택에 자료를 팩시밀리로 출력할 수 있었다. 전문조사원 로저 D. 조슬린은 나를 대신하여 검색작업을 해서 며칠 간격으로 엄청난 양의 기사를 보내어주었다. 게다가 세상에 알려지지 않은 세부사항인 부동산거래, 금융거래, 심지어 헤티라는 이름의 경주마에 대해서 까지도 자료를 보내왔다. 이런 자료는 〈뉴욕타임스〉 인덱스에도 거의 나타나지 않는 것들이다.

JOURNAL ARTICLES

- 고든, 존 스틸. '헤티 그린의 재산.' 〈오데시티〉, 1996년 봄
- 그리스울드, J. B. '자신이 가진 돈의 가치를 아는 부유한 남자.' 〈아메리칸 매거

진〉, 1933년 9월. 네드 그린 프로파일.

• 그린, 헤티. '왜 여성들은 돈을 벌지 못할까.' 〈하퍼스 바자〉, 1900년 3월 10일.

• 글래스콕, 진. '대학과 콜로니얼.' 〈웰즐리〉, 1988년 봄.

• 니컬러스, C. W. 드레욘. '헤티 그린: 성격 연구.' 〈비즈니스 아메리카〉, 1913년 4월.

• 다게트, 마벨 포터. '헤티 그린: 재정의 여왕.' 브로드웨이 매거진, 1908년 1월.

• '돈의 부담.' 〈더 아웃룩〉, 1917년 2월 28일. 헤티 회고록.

• 르페브르, 애드윈. '미스터 윌리엄스와 캐미컬 내셔널 뱅크,' 〈출처 모름〉, 1902년. JP 모건 체이스 아카이브스 소장.

• 메넌드, 루이스. '그녀는 그것을 가져야만 했다: 상속녀, 재산, 그리고 위조.' 〈뉴요커〉, 2001년 4월 23일.

• 브레드스트리트, 엘리자베스 앤. '헤티 H. R. 그린 홀' 〈웰즐리 매거진〉, 1931년 4월.

• 브리그스, 루스 로렌스. '그런 다음, 엉클 네드가 왔다.' 〈웰즐리〉, 1988년 봄.

• 스펜서, 미란다. '미친 돈.' 〈바이오그라피〉, 1997년 8월.

• 오퀸, 트루먼. '텍사스, 텍사스, 콜로니얼 그린은 어디에 살았나?' 〈텍사스 바 저널〉, 1961년 9월.

• 와이코프, 피터. '미다스의 여왕: 헤티 로빈슨 그린.' 〈뉴잉글랜드 쿼터리〉, 1950년 6월.

• '콜로니얼 에드워드 하우랜드 로빈슨 그린.' 〈뉴잉글랜드 역사와 계보 명부〉, 1936년 7월. 사망기사.

• 쿠퍼, 단과 브라이언 그린더. '월스트리트의 여성들: 역사적 전망.' 〈파이낸셜 히스토리〉, 73번, 2003년 가을

• 톨프, 로버트 W. '헤티 H. R. 그린의 믿을 수 없는 이야기.' 〈웰즐리〉, 1988년 봄.

• 플린, 존 T. '월스트리트의 마녀.' 더 멘토, 1929년 12월.

• '헤티 그린의 철학.' 〈터어리 다이제스트〉, 1916년 8월 5일.

• 헨리, 사라 M. '파업자들과 지지자들: 1895년 전차 파업이 일어난 브루클린.' 〈레이버 히스토리〉(1991).

• 호지스, 레이 미첼. '미국에서 가장 부유한 여성.' 〈레이디스 홈 저널〉, 1900년 6월.

PAPERS

• 겔트, 조, 그리고 다른 사람들. '투손 지역에서의 물 : 이용 가능한 곳을 찾아서: 수자원 리서치 센터에 의한 현상 보고서, 애리조나 대학 농업과, 2002년.

• 웹사이트: http://ag.arisona.edu/AZWAER/publications.

• 메데이로스, 페. '헤티 하우랜드 로빈스 그린의 생일.' 뉴베드퍼드 고래 박물관 켄달 연구소에 소장된 출판되지 않은 글.

• 볼스, 메리 님스. 헤티의 딸 실비아의 회상이 실린 표제가 없는 논문. 템플 대학의 아서 루이스 논문에 기재.

• 익명, '공개편지: 항의와 탄원, 캘리포니아 시민들로부터 미국 의회에 이르기까지' 1895년. 국회 도서관

찾아보기

ⓩ

ⓒ

ⓚ

ⓣ

ⓟ

ⓗ

지은이 찰스 슬랙Charles Slack
뉴욕공립도서관 '2002년 올해의 책'으로 선정된 『Noble Obsession』의 작가로 유명하다. 월스트리트에서 가장 매력적인 인물 중 한 사람인 헤티의 일생을 진지하게 그린 이 책으로 그는 수전노로만 인식된 그녀를 비로소 악의적인 편견에서 구했다는 평을 받았다.

옮긴이 권혁정
영어영문학을 전공하고 학교에서 아이들을 가르쳤다. 외화를 다수 번역하였고 지금은 전문번역가로 활동 중이다. 옮긴 책으로 『책벌레 만들기』『우주전쟁』『엑스를 찾아서』『내 마음의 크리스마스』『아프가니스탄의 눈물 1, 2, 3』『히치콕 : 공포의 미로 혹은 여행』『12월의 웨딩』 등이 있다.

헤티 월스트리트의 마녀

인쇄일 | 2008년 11월 11일 초판 1쇄
발행일 | 2008년 11월 20일 초판 1쇄
지은이 | 찰스 슬랙
옮긴이 | 권혁정
발행인 | 엄건용
발행처 | 나무이야기
주　소 | 경기도 고양시 일산서구 가좌동1086
전　화 | 02-337-7279(서울사무실)
팩　스 | 02-337-7230
이메일 | nspub@naver.com

ISBN 978-89-90976-07-9(03320)